고려대학교 한국어문교육연구소 국어교육실천총서

우리가 SF 세계로 갈 수 있다면

미래교육을 꿈꾸는 융합수업 이야기

저자

정재림　고려대학교 국어교육과 교수, 문학평론가

이주라　원광대학교 문예창작학과 교수

윤미영　세종 도담고등학교 국어 교사

안지현　서울 인왕중학교 국어 교사

김다희　고려대학교 대학원 국어교육학과 재학

김서경　고려대학교 국어교육과 재학

문선영　한국공학대학교 지식융합학부 교수

최예슬　경기 경기과학고등학교 국어 교사

김은태　서울 동대문중학교 국어 교사

오제혁　고려대학교 대학원 국어교육학과 졸업

지소영　고려대학교 국어교육과 졸업

이우빈　고려대학교 국어교육과 재학

그림

조주희　서울 목동중학교 국어 교사, 만화가

고려대학교 한국어문교육연구소 국어교육실천총서

우리가 SF 세계로 갈 수 있다면
- 미래교육을 꿈꾸는 융합수업 이야기

초판1쇄　인쇄　2023년 9월 11일
초판1쇄　발행　2023년 9월 20일

지은이　　정재림 문선영 이주라 최예슬 윤미영 김은태
　　　　　안지현 오제혁 김다희 지소영 김서경 이우빈
그림　　　조주희
펴낸이　　이대현
편집　　　이태곤 권분옥 임애정 강윤경
디자인　　안혜진 최선주 이경진
마케팅　　박태훈

펴낸곳　　도서출판 역락
출판등록　1999년 4월 19일 제303-2002-000014호
주소　　　서울시 서초구 동광로 46길 6-6 문창빌딩 2층 (우-06589)
전화　　　02-3409-2060
팩스　　　02-3409-2059
홈페이지　www.youkrackbooks.com
이메일　　youkrack@hanmail.net

ISBN　979-11-6742-598-0　94370
　　　　979-11-6742-592-8 (세트)

*정가는 뒤표지에 있습니다.

*잘못된 책은 바꿔 드립니다.

고려대학교 한국어문교육연구소 국어교육실천총서

우리가 SF 세계로 갈 수 있다면

미래교육을 꿈꾸는 융합수업 이야기

글

정재림·문선영·이주라·최예슬·윤미영·김은태
안지현·오제혁·김다희·지소영·김서경·이우빈

그림

조주희

역락

이 책은 고려대학교 국어교육과 명예교수이신 혜당 박영순 선생님께서
한국어문교육연구소에 기부하신 기금의 지원을 받아 만들어졌습니다.

《국어교육실천총서》를 펴내며

'교육백년지대계教育百年之大計'라는 말이 그 어느 때보다도 절실합니다. 가르치고 배우는 우리의 아름다운 전통은 한국전쟁 이후 초고속의 현대화 과정에서 폭발적인 힘을 발휘했습니다. 역사상 물질적으로 가장 풍요로운 시간을 누리고 있는 지금, 그림자처럼 따라붙은 정신적 빈곤과 공허함은 발길을 멈추고 다시금 교육의 본질과 역할을 되돌아보게 합니다.

2010년 7월 8일 개소한 저희 한국어문교육연구소는 한국어와 한국어로 이루어진 문화의 우수성과 중요성에 대한 진지한 인식을 바탕으로, 우리 문화유산의 안정적 계승과 미래 지향적 발전을 목적으로 합니다. 특히 1980년대 이후 한국 중등국어 교육계를 실질적으로 이끌고 있는 고려대학교 국어교육과와 밀접한 협력관계를 유지하며 한국의 국어교육 발전을 위해 함께 노력하고 있습니다.

이번에 발간되는 《국어교육실천총서》는 2021년 9월에 처음 기획된, 한국어문교육연구소의 총서 시리즈 중 하나입니다. 연구자와 교사 및 예비교사가 한 팀을 이루어 학교 현장에서 직접적으로 활용할 수 있도록 만든 실용서라는 특징을 지닙니다. 이론과 실천의 조화를 추구함으로써 이 책이 실용성과 전문성 모두를 갖춘 새로운 차원의 수업 길잡이 역할을 수행할 수 있기를 기대합니다.

수시로 바뀌는 교육과정에 따라 주기적으로 달라지는 교과서와 교사용 지도서가 지닌 한계를 극복하는 것도 《국어교육실천총서》의 보이지 않는 역할이 될 것입니다. 그것은 어떠한 교육과정과 교과서가 사용되는 상황에서도 해당 주제와 관련해 가장 중요하고 필수적인 내용을 담음으로써 흔들리지 않는 '항상성'을 지니는 것이 가능하기 때문입니다.

《국어교육실천총서》가 학교 현장에 계신 선생님들께 유용한 정보뿐 아니라 좋은 수업을 구상하는 새로운 활력을 드릴 수 있길 희망합니다.《국어교육실천총서》의 기획과 발간의 계기를 마련해 주신 혜당 박영순 선생님, 총서가 발간되기까지 보이지 않는 곳에서 애써주신 모든 분들께 진심을 담아 감사의 인사를 드립니다. 끝으로《국어교육실천총서》가 국어교육의 새로운 희망의 빛이 되길 꿈꿔봅니다.

고려대학교 한국어문교육연구소

우리 교육에서 융합은 하나의 트렌드로 자리 잡았습니다. 불확실성, 복잡성을 특징으로 하는 미래 사회에는 한 분야에 정통한 I형 인재가 더 이상 전문가로 대접받지 못하게 되었습니다. 한 분야를 깊게 알 뿐만 아니라 주변 분야에 대한 넓은 지식을 가진 T형 인재, 나아가 폭넓은 교양을 토대로 두 가지 이상의 전문성을 갖춘 π형 인재가 각광을 받을 것이라고 합니다.

융합 담론은 과학기술 및 산업계에서 시작되었지만, 학문과 학문의 만남, 지식과 지식의 융합은 자연스러운 현상입니다. 오히려 근대 학문 분과가 세분화, 전문화되고 학문 간 장벽이 높아지면서 인문학, 사회과학, 자연과학 사이의 소통이 어려워지게 되었다고 할 수 있습니다. 현대 사회에 발생하는 문제는 한 분야의 지식만으로 해결하기에는 역부족입니다. 그래서 학문 간 칸막이를 걷어내고 다양한 학문 분야가 적극적 대화와 협력을 해야 할 필요성이 대두되었습니다.

융합 열풍은 교육계에도 적잖은 영향을 끼쳤습니다. 특히, 융합인재교육 STEAM이 주목을 받으며 초·중·고등학교에 다양한 융합교육 프로그램이 도입되었고, 국가 교육과정에서도 인문·사회·과학기술 소양을 갖춘 창의융합형 인재가 강조되고 있습니다. 하지만 새로운 학문이나 제3의 생성물을 창출하는 데 목적을 둔 대학원 수준의 융합교육과 초·중등교육에서의 융합교육은 그 지향점에 차이가 있다는 점에 유의해야 합니다. 초·중등학교에서는 융합수업 경험을 통하여 학생의 융합적 감수성과 문제해결력을 기르는 데 그 목적이 있습니다.

『우리가 SF 세계로 갈 수 있다면』을 기획하며 필자들은 미래를 살아갈 학생들에게 융합교육이 꼭 필요하다는 데 의견을 모았습니다. 즉 교과와 교과, 학문과

학문의 만남이 이루어지는 융합수업을 경험함으로써, 학생들이 다양한 문제를 유연하고 종합적으로 사고하고 이를 해결해가는 훈련을 하도록 해야 합니다. 하지만 문제는 수업을 설계하고 실천하는 교사 입장에서 융합수업이 적지 않은 부담이라는 것입니다. 또한 융합수업으로 1+1=2+α라는 성공적 결과가 나와야 하는데, 수업이 자칫 알맹이 없는 기계적 융합으로 그칠 우려도 생깁니다.

융합수업이 꼭 필요하지만 수업을 설계하는 교사에게 부담이 적지 않다는 문제의식 하에, 필자들은 최근 한국 문학계에서 돌풍을 일으키고 있는 SF를 적극 활용하고자 하였습니다. SF는 다양한 담론이 교차되는 장르적 특성을 가질 뿐만 아니라, 중·고등학생을 포함한 젊은 독자층을 두텁게 확보하고 있다는 매력을 갖고 있습니다. 우리는 인문학, 사회과학, 자연과학의 다양한 분야와 지식이 등장하는 SF를 매개로 하여 융합적 사고력과 문제해결력을 기르는 융합수업을 시도하자는 아이디어를 갖게 되었습니다.

때마침 고려대학교 한국어문교육소에서는 '교육실천총서' 지원사업을 공모하였고, 이를 기회로 우리는 연구자, 현장 교사, 학부생이 공동으로 참여하는 SF를 활용한 융합수업 도서 집필을 본격적으로 준비하게 되었습니다. 2022년 초부터 일 년 넘게 모임을 가지며 책의 방향과 구체적인 내용을 결정해 나갔습니다. 최종적으로 『우리가 SF 세계로 갈 수 있다면』을 SF 문학과 융합교육의 주요 개념을 설명하는 '이론편', 수업에 활용할 만한 다양한 SF 작품을 소개하는 '내용편', 교실에서의 수업 방법과 관련한 '교수방법편'으로 구성하게 되었습니다.

융합수업을 고민하는 교사들에게 실제적인 도움을 주는 저술을 의도하였기 때문에 이론보다는 교실에서의 실천에 초점을 두고자 하였습니다. 하지만 융합수업을 준비하는 교사에게도 SF 장르 및 융합교육에 대한 기본적인 지식이 필요하다고 보아 '이론편-SF와 융합 수업에 대한 아홉 가지 질문'을 마련하고 교사들이 가질 법한 이론적 질문을 아홉 가지로 추려 제시하였습니다.

필자들은 융합수업을 하기에 적합하면서 문학적으로 손색이 없는 SF 작품을 교사들에게 제공하는 것이 핵심이라고 보았습니다. 그래서 작품 선정을 위해 SF

작품을 읽고 토론하며 몇 개월의 시간을 보냈습니다. 매주 SF 작품을 읽고 토론하는 작업은 독서의 즐거움을 재발견하는 시간이었다고 말할 만큼 흥미진진했습니다. 더불어 지면 제한으로 좋은 작품을 싣지 못하는 게 아쉬울 만큼 우리나라 SF의 넓이와 깊이를 체감하는 시간이기도 했습니다.

최근 발표된 SF 작품을 집중적으로 읽으며, 우리는 작품을 몇 개의 주제로 범주화할 수 있었습니다. 물론 한 작품이 여러 범주에 걸치는 경우가 많았기 때문에 토론을 거듭하며 범주를 재확정하고 각 주제에 속하는 작품을 재배치했습니다. 최종적으로 확정된 주제는 '시간여행', '생태와 아포칼립스', '시간여행과 우주', '가상현실', '사회 비판'의 다섯 가지였습니다.

필자들은 내용편을 어떤 식으로 구성해야 교사에게 구체적인 도움이 될 수 있을지 긴 시간 고민하였습니다. 우리는 단순히 줄거리와 해설을 제시하는 것으로는 교사에게 도움을 주는 데 한계가 있다고 보아 질문이라는 끈을 활용하기로 했습니다. '내용편-질문으로 들여다보는 SF'에서 '핵심 질문', '사실 질문', '가치 질문'의 순서에 따라 작품 설명을 제시하였습니다.

핵심 질문, 사실 질문, 가치 질문은 융합수업의 단계에 그대로 적용해볼 수 있습니다. 수업에서 교사와 학생은 SF가 던지고 있는 중요한 문제제기인 '핵심 질문'을 찾고, 핵심 질문과 관련한 과학이나 사회 현상의 사실 및 진위 여부를 묻는 '사실 질문'을 탐구하며, 이어서 핵심 질문과 관련한 윤리적, 철학적, 정치적 가치판단을 묻는 '가치 질문'에 대해 토론할 수 있습니다.

학생들의 열정과 시간이 충분하다면 핵심 질문, 사실 질문, 가치 질문을 학생들이 스스로 생성하고 질문에 대해 탐구하는 것이 바람직할 것입니다. 여건과 환경에 따라, 교사가 책에 제시된 사실 질문과 가치 질문을 미리 제공하고 학생들이 질문에 대한 답을 모색하게 하는 것도 가능할 것입니다. 필자들은 다양한 분야의 지식과 정보를 바탕으로 사실 질문과 가치 질문에 대한 예시 답안을 작성하여, 수업을 구상하고 실천하는 교사에게 실질적인 도움을 제공하고자 하였습니다. 또한 집필에 참고한 논문 및 저서, 기사 등 다양한 자료를 참고문헌으로 제공하여 융합수업을 준비하는 교사의 수고를 덜고자 하였습니다.

'교수방법편-SF로 융합수업 설계하기'에서는 SF 활용 융합수업의 실제 방법을 제안하였습니다. '질문과 토의로 작품 깊이 읽기', '문제 발견하여 바꿔쓰기', '작가가 되어 작품 창작하기', '교육과정 기반 범교과 융합수업', '주제 중심 교과 간 융합수업' 등 다섯 가지 방법을 제안하고, 수업 목표와 단계, 유의점, 학습지 등을 제공하여 융합수업을 시도하는 교사에게 실제적 도움을 주고자 하였습니다.

『우리가 SF 세계로 갈 수 있다면』의 독자는 융합수업을 준비하는 교사와 예비 교사로 국한되지 않습니다. SF 장르와 미래 사회에 관심을 가진 학생, 학부모, 일반 시민 누구나 독자가 될 수 있습니다. 필자인 우리들이 그랬듯 『우리가 SF 세계로 갈 수 있다면』을 읽는 독자들이 SF를 읽고 격렬한 토론을 벌이게 되길 기대해 봅니다. 특히, SF와 『우리가 SF 세계로 갈 수 있다면』을 매개로 하여 국어, 과학, 사회, 정보, 도덕, 가정·기술 등 다양한 교과의 교사들이 대화와 토론을 벌이게 되길 소망합니다. 서로 다른 관심과 배경 지식을 가진 여러 교사들의 독서 체험과 나눔에서 이미 융합수업은 멋지게 시작될 것이기 때문입니다.

한 권의 책은 수많은 분들의 수고와 도움을 거쳐서 세상에 나오게 됩니다. 『우리가 SF 세계로 갈 수 있다면』 또한 그렇습니다. 고려대학교 한국어문교육연구소 실천총서 지원사업 덕분에, 가정법으로 존재하던 우리의 기획이 『우리가 SF 세계로 갈 수 있다면』이라는 현실의 책으로 탄생하였습니다. 함께 공부하고, 함께 책을 기획하고 써보는 행운을 주신 한국어문교육연구소와 국어교육과 박영순 명예교수님께 감사드립니다.

또한 표지와 삽화를 그려주신 조주희 작가님이 아니었다면 『우리가 SF 세계로 갈 수 있다면』이 지금의 모습이 되지 못했을 것입니다. 필자의 핵심을 꿰뚫는 조작가님의 삽화 덕분에 독자의 이해가 한결 쉬워질 것 같습니다. 그리고 고려대학교 국어교육과와 교육대학원 국어교육전공 학생들에게도 감사의 마음을 전합니다. 지난 몇 년간 수업에서 융합교육을 주제로 다루었는데, 융합수업에 대한 학생들의 아이디어와 열정은 놀라울 정도였습니다. 그 논쟁과 고견은 『우리가 SF 세계로 갈 수 있다면』이 나오는 데 훌륭한 자양분이 되었습니다. 마지막으로 책이 나오기까지 편집과 교정에 힘써주신 역락출판사 직원분들에게도 감사드립니다.

모쪼록 이 책이 융합수업과 미래교육을 고민하는 독자들에게 도움이 되길 기원합니다.

2023년 8월
필자들을 대표하여
정재림 씀

목차

이론편

SF와 융합수업에 대한
아홉 가지 질문

SF와 융합수업에 대한 아홉 가지 질문

『우리가 SF 세계로 갈 수 있다면』은 SF와 융합수업에 관심이 있는 교사들을 위해 집필된 책입니다. SF는 자연과학, 인문과학, 사회과학의 여러 관점을 두루 포함할 뿐만 아니라 현재와 가까운 미래 우리에게 어떤 일들이 벌어지게 될지 상상하게 하는 힘이 있습니다. 어떤 융합 주제를 다룰 수 있을지, 어떤 작품을 어떻게 활용할지 구체적으로 알아보기로 해요.

[내용편]과 [교수방법편]을 다루기에 앞서 [이론편]에서는 SF 융합수업을 준비하는 교사들이 가질 법한 이론에 대한 질문을 아홉 가지로 정리하여 제시합니다. SF의 개념, 특징, 유형, 그리고 융합수업의 필요성, SF 융합수업의 장점 등을 살펴보며 SF와 융합수업에 대한 이해를 넓히기로 해요.

1. SF의 개념은 무엇이며 다른 장르물과는 어떤 차이가 있나요?

2. SF의 장르적 특징은 무엇인가요? 어떤 점에 초점을 맞추어 작품을 읽으면 좋을까요?

3. SF의 유형에는 어떤 것들이 있으며 어떤 특징을 가지고 있나요?

4. SF는 유치하고 흥미 위주의 이야기가 아닌가요? 또는 매니아들만 읽는 접근하기 힘든 장르 아닌가요? 왜 이걸 학생들과 읽어야 하나요?

5. 이 책에서 소개된 작품 외에도 다른 작품을 보고 싶어요. 어디서 작품을 고르면 좋을까요? 유명한 문학상이나 추천작이 있나요?

6. SF소설의 어떤 요소가 융합수업을 하기에 적절한가요?

7. 과학적 지식이 SF 장르를 감상하는 데에 어느 정도 필요하고, 수업 중에 얼마나 다루는 것이 좋을까요?

8. SF소설로 융합수업을 할 때 학생들의 이해를 돕고 수업 참여를 이끌기 위해 함께 제시할 수 있는 자료는 무엇이 있을까요?

9. 많은 SF 영상콘텐츠 중에 학생들과 융합수업하기에 적합한 작품은 무엇이 있나요?

1. SF의 개념은 무엇이며 다른 장르물과는 어떤 차이가 있나요?

　SF란 글자 그대로 '과학science' '소설fiction'입니다. 소설 중에서도 '과학'이라는 설정을 중요하게 생각합니다. 여기에서 말하는 과학은 '기술'의 의미와는 다릅니다. 조금 단순하게 생각해 보자면, 기술은 하드웨어적인 측면에서 접근할 수 있는 기계류와 소프트웨어적인 측면에서 접근할 수 있는 프로그램류를 나누어 볼 수 있습니다. 그래서 기술의 발전은 우리가 물리적으로 사용하는 여러 도구들이 더욱 간편해지고 세련되어지는 것이고, 그러한 물리적 도구를 작동시키는 프로그램이 더욱 고도화되어, 사용자들에게 편리함을 제공하는 것이죠.

　하지만 과학은 이러한 기술보다 더욱 넓은 개념입니다. 과학을 바탕으로 기술은 발전하지만, 오로지 기술만을 과학이라고 한정할 수는 없는 거죠. 과학은 기술의 발전을 가능하게 하는 이성적이고 논리적인 사고의 발전도 포함하는 개념입니다. 그래서 우리는 흔히 인문과학이나 사회과학이라는 말을 쓰기도 하죠. 자연과학이나 기술발전과는 전혀 상관 없어 보이는 학문 분야이지만, 인간에 대한 탐구와 연구 그리고 인간이 살아가는 사회에 대한 탐구와 연구, 이 모든 것이 이성적이고 합리적인 방법으로 이루어진다면 이 또한 과학입니다.

　SF를 이해하기 위해서는 이렇게 과학이라는 개념이 기술보다 더 넓은 범주의 개념이라는 것을 이해하는 것이 매우 중요합니다. 이는 SF라고 불리는 작품의 스펙트럼이 무한정 확장되는 양상을 파악하는 데에도 필요할 뿐만 아니라, SF와 다른 유사 장르와의 차이점을 명확하게 하는 데에도 필요하기 때문입니다. SF 내의 하위 유형에 대한 설명은 아래 질문에 대한 대답에서 자세하게 설명되니, 여기에서는 SF와 다른 장르와의 차이점을 살펴보도록 하죠.

　SF는 과학입니다. 물론 과학이 소설과 결합하였기 때문에 '상상가능한 과학'이라고 할 수 있죠. 현실에 없는 허구의 세계를 그려낼 수 있다는 것입니다. 허구의 세계라고 하면 리얼한 일상과 다른 판타지의 세계라고 할 수 있죠. 그렇다면

SF는 판타지와 유사한 장르일까요? 그렇지 않습니다. 판타지의 허구 세계는 대체로 '마법'으로 작동하는 세계입니다. 이 마법의 힘은 과학으로는 설명되지 않는 초현실적인 힘을 말합니다. 반면 SF는 '과학'의 힘으로 작동하는 세계입니다. 이때 과학은 '논리'입니다. 현재까지 밝혀진 과학적 이론 혹은 그 과학적 이론을 토대로 논리적으로 유추할 수 있는 미래 실현 가능한 이론을 바탕으로 하여 구축한 세계가 SF의 세계입니다.

예를 들어, 소설의 주인공이 폐허가 된 도시를 마주했습니다. 주인공은 도시가 폐허가 된 이유도 찾아야 하고, 이 혹독한 환경에서도 살아남아야 합니다. 이때 주인공이 마법의 지팡이를 가지고 '루모스'라고 외친 후 그 불빛에 의존에 도시를 탐험하고, 어둠 속에서 나타난 적에게 '릴라시오'라고 외쳐 불꽃을 날려 해치웠다면, 이것은 마법의 힘입니다. 현재와 미래의 과학은 아직까지 한 인간의 에너지만으로 불을 피우고 불꽃을 날리는 방법을 알지 못합니다.

하지만 이 주인공이 음성 인식이 가능한 스마트폰을 인체에 내장해서 다닐 수 있는 시대에 살고 있었고, 그래서 이 주인공이 폐허에 떨어졌을 때, '루모스'라는 명령어를 외쳐 자신의 팔목에 내장된 기계를 작동시켜 빛을 환하게 밝혔다면, 이것은 과학의 세계입니다. 현재 스마트폰을 넘어 웨어러블 기계들에 대한 기술 발전이 진행되면서, 언제가 될지는 모르지만 스마트폰 및 메모리 장치를 인체에 내장하고 다닐 가능성이 점점 커져가는 것이 과학의 세계 내에서 설명 가능하기 때문입니다.

이렇게 SF는 초현실적인 힘이 존재한다고 믿는 판타지 장르와 달리, 현실적으로 설명 가능한, 그리고 논리적으로 설명 가능한 허구의 세계를 상상합니다. 이러한 논리라면, 호러 장르와 SF 장르의 구분도 쉽

죠? 호러 또한 초현실적인 힘을 긍정하는 장르입니다. 인간에게 영혼이라는 것이 존재하고, 인간의 죽음 이후 사후 세계가 살아 있는 인간의 세계에 간섭할 수 있다고 믿는 거죠. 이것은 초현실적인 힘입니다. 호러와 판타지는 모두 이렇게 초현실적인 힘을 믿고 이에 대해 상상하는 장르입니다. 하지만 SF는 초현실적인 힘이 아닌 현실적인 과학과 기술 그리고 논리의 힘을 믿고 이를 바탕으로 상상하는 장르입니다.

2. SF의 장르적 특징은 무엇인가요?
어떤 점에 초점을 맞추어 작품을 읽으면 좋을까요?

첫 번째 질문에서 우리가 강조한 내용이 기억나시나요? 그것은 SF 장르의 핵심은 '과학'이라는 거고, '과학'은 기술에만 국한되는 것이 아니라 이성과 논리로 접근하는 모든 연구 방법을 포괄한다는 점입니다. 그렇기 때문에 우리는 처음 SF 장르를 공부할 때 많은 혼동을 느낍니다. 사실 처음 SF 장르를 접할 때는 어렵지 않습니다. 우주선 나오고, 날아다니는 자동차 나오고, 로봇 나오고, 이런 것이 그냥 SF라는 막연한 이미지를 가지고 있죠. 기술이 고도로 발전한 사회를 배경으로 펼쳐지는 재미있는 모험 이야기 정도로 우리는 SF를 생각하고 있습니다.

그런데 SF 작품에 흥미를 느껴서 더 많은 작품들을 읽어 나가다 보면, 즉, 공부를 시작해 보면, 그때부터 혼란스럽습니다. 여자들만 사는 세상에 떨어진 지구인의 이야기와 같은 것들도 SF의 대표작으로 꼽히니까요. 여자들만 사는 세상은 대중적으로는 '아마조네스'와 같은 신화 속의 상상의 도시로 알려져 있습니다. 여기에 떨어진 남성 지구인의 이야기는 사실 우리가 흔히 생각하는 과학과는 전혀 관계없는 모험담인 것 같습니다. 미지의 세계를 탐험하는 인간의 이야기인 거죠. 그런데 이 작품이 SF라고 합니다. 이것이 과학인가요?

물론 이것은 '기술'은 아닙니다. 하지만 '과학'일 수는 있습니다. 그 이유는 바로 이러한 이야기가 우리가 상식이라고 생각했던 사고 방식을 새롭게 전환시키는 힘을 가졌기 때문입니다. 이를 우리는 '사고실험'이라고 부르기로 합시다. SF가 말하는 과학은 이러한 '사고실험'을 포함하는 개념입니다. 현재 우리가 당연하다고 느끼는 사회의 모든 제도와 규칙 그리고 기술의 상태에 대해서 '꼭 그래야만 하는가?', '다른 가능성은 없는가?' 라는 질문을 던지고, 그것에 대해서 다시 한 번 생각해 보게 하는 것이 사고실험입니다.

SF는 사고실험을 하는 장르입니다. 이 사고실험은 단지 기술적인 것의 전환과 발전에만 국한되지 않습니다. 우리가 살아가는 인간 사회가 어떤 방식으로 변화하고 발전할 것인지에 대해서도 실험합니다. 위에서 말한 예처럼, 여성이 중심이 된 세상 속에서 남성과 여성의 젠더 차이와 그로 인해 생겨나는 젠더 갈등은 어떻게 해결될 수 있을 것인가, 이런 것들에 대해서 생각해 보는 거죠. 이러한 사고실험은 자연 과학의 영역이 아니라 엄밀히 말하면 사회 과학의 영역에 속하는 상상력입니다.

이처럼 SF는 단지 자연 과학이나 기술의 영역에 국한되지 않습니다. 인간의 존재 그 자체에 대한 고찰에서부터 인간 사회의 변화에 대한 상상까지, 인간이 사고하여 상상할 수 있는 모든 영역을 포괄합니다. 그러므로 SF 작품을 읽을 때에는, 장르 규정에 얽매이지 마십시오. SF를 정의내리려 하는 것보다는 SF가 설정한 세계가 실제로 우리의 상식적 사고를 새롭게 전환해 내는 것인지, 그렇게 전환된 사고가 현재 우리의 삶을 더 낫게 하기 위한 중요한 계기를 제공해 주는 것인지, 이러한 부분에 초점을 맞추어 분석하고 질문해 나가는 것이 중요합니다.

3. SF의 유형에는 어떤 것들이 있으며 어떤 특징을 가지고 있나요?

앞에서 말한 것처럼 SF에서 말하는 '과학'은 자연 과학의 범위를 넘어서 사회

과학과 인문 과학까지 포괄하고 있습니다. 이로 인해 SF의 유형이 나누어집니다. SF의 유형은 크게는 '하드 SF'와 '소프트 SF'로 나눌 수 있습니다.

우리가 흔히 생각하는 SF는 '하드 SF'라고 할 수 있습니다. 하드 SF는 쉽게 말하면, 과학의 법칙을 꼭 지켜야 되는 유형입니다. 기술 과학에 근거하여 설명할 수 있는 세계를 그려낸 작품들을 말합니다. 쉽게 예를 들자면, 타임머신을 소재로 삼는 작품 중에서도, 타임머신의 구동 원리를 현재 우리가 가진 과학 이론을 바탕으로 논리적으로 설명해 내는 작품입니다. 타임머신이 상대성 이론만으로 설명이 되느냐, 양자역학의 원소설을 기반으로 구현할 수 있는 타임머신은 어떤 특징을 가지고 있느냐, 이런 것들을 통해 세계관을 구축한 뒤, 이를 바탕으로 이야기를 전개해 나가는 거죠.

이와 달리 '소프트 SF'는 이러한 과학 법칙에 크게 구애받지 않습니다. 동일하게 타임머신을 소재로 한다 하더라도, 소프트 SF는 타임머신의 구동 원리에 대해서는 무관심합니다. 오히려 시간을 되돌리는 기술을 인간이 가지게 되었을 때, 인간의 욕망은 어떻게 작동할 것이며, 인간 사회에는 어떤 문제가 생길까, 이런 궁금증을 풀어나가는 것을 더욱 중요하게 생각하죠. 단순하게 유형화하자면, 소프트 SF는 약간 인문학적이거나 사회학적이라고 할 수 있겠습니다.

4. SF는 유치하고 흥미 위주의 이야기가 아닌가요? 또는 매니아들만 읽는 접근하기 힘든 장르 아닌가요? 왜 이걸 학생들과 읽어야 하나요?

국어교육에서 내러티브 기반 수업은 대체로 소설 작품을 통해 이루어집니다. 그중에서도 삶의 균열을 예술적으로 표현한 단편소설 중심의 수업이 보편적입니다. 이러한 단편소설은 대체로 신춘문예를 통해 등단하여 문단이라는 전문적 예술 영역에서 활동하는 문학인들이 창작한 작품들입니다. 이 작품들은 한국 문학사의 중심 뼈대를 이루는 작품들이며, 한국의 역사를 진지하게 반영하고 성찰한 작품들입니다. 그렇기 때문에 예술적 단편소설은 서사 교육에 있어서 매우 중요한 역할을 차지하고 있죠.

하지만 이러한 서사 교육에서 간과하고 있는 점은 현재 학생들의 일상입니다. 최근 매체의 다변화 및 접근성 강화를 통해 많은 학생들의 문화 향유 통로가 달라져 가고 있습니다. 기존의 활자 중심의 텍스트에서 벗어나 영상 및 그림 중심의 텍스트로 넘어가고 있으며, 활자 중심의 텍스트 또한 웹소설을 중심으로 한 장르문학 쪽으로 관심의 방향이 달라지고 있습니다. 이러한 상황 속에서 교실에서의 수업이 학생들의 일상적 문화 향유 콘텐츠를 수용하지 못하고 있는 것 같습니다.

이는 당연히 대중적 장르문학에 대한 교육적 효과를 우려하기 때문입니다. 대중문화에 대한 보편적 인식은 흥미 위주의 자극적 작품이기 때문에 교육적 효과가 없다는 거죠. 하지만 이러한 인식은 현재 변화하고 있습니다. 굳이 한류를 언급하지 않더라도 대중문화의 영향력은 말 그대로 다수 대중의 문화적 취향을 장악하였습니다. 문학에 있어서도 장르문학이 학생들이 일상적으로 즐기는 작품이 되었죠.

이러한 상황 속에서 현장에서의 교육이 학생들의 취향을 적극적으로 반영할 필요가 있습니다. 현재 국어교육의 가장 중요한 과제라 할 수 있는 '문해력'을 생각한다면 더욱 그렇습니다. 문해력은 말 그대로 문자를 읽어내는 능력이 아니라, 문자로 만들어진 텍스트의 맥락을 파악하고, 문장이 지시하는 바의 의미를 종합적으로 이해하며, 완성된 글에 나타난 의도를 비판적으로 파악하는 능력입니다. 그리고 이는 단지 문자로 된 텍스트를 넘어서 영상 및 청각 텍스트에 대한 다각적 이해도 포함합니다.

문해력은 학생들이 일상적으로 경험할 수 있는 텍스트에 대한 적극적 개입에서 시작할 수 있습니다. 학생들에게 필요한 것은 예술적으로 정제된 텍스트에 대한 계몽적 독해만이 아닙니다. 학생들의 일상은 통제되지 않은 무분별한 텍스트의 범람을 맞이하고 있습니다. 이러한 현실 속에서 정제된 텍스트에 대한 해석만으로는 일상의 문해력을 키워낼 수 없습니다. 정제되지 않은 텍스트들 속에서 불필요한 부분을 제거하고, 왜곡되거나 과장된 부분을 파악하여, 의미 있는 부분을 읽어내는 능력이 현재 학생들에게 요구됩니다.

그러한 점에서 웹소설에 기반한 장르문학은 국어교육에 있어서 새로운 역할을 담당할 수 있을 것 같습니다. 첫째, 학생들의 일상을 공유한다는 공감대 형성에 유리합니다. 둘째, 학생들이 쉽게 읽어낼 수 있습니다. 셋째, 장르문학에 대한 깊이 있는 비평적 해석을 통해, 일상의 텍스트에서도 의미를 발견하는, 문해력을 키울 수 있습니다. 넷째, 이 문해력은 결국 비판적 사고의 형성과 연결되는 것으로, 학생들의 비평적 인식의 발전에 기여할 수 있습니다.

장르문학 중에서도 최근 사회에 대한 가장 비판적인 시선을 던지고 있는 장르는 SF입니다. 4차 산업혁명이라고 부를 정도로 급격한 기술의 진보는 대대적인 사회의 전환을 야기하였습니다. 실제적인 3차원 기반의 실물 경제를 바탕으로 움직이는 사회의 중심을 가상 세계로 옮겨 놓았습니다. 추상적 정보, 정보의 다량 집적인 빅데이터, 이를 바탕으로 구현된 가상현실 등은 3차원의 현실에 속박된 인간의 삶과 존재를 전혀 새로운 차원으로 이동시켰습니다.

이러한 사회적 변화 속에서 인간의 삶은 새로운 문제에 직면하게 되었습니다. 육체를 기반으로 존재하는 3차원의 세계가 아닌 가상의 이미지를 통해 존재하는 가상현실의 세계 속에서 인간의 존재란 무엇인가. 혹은 3차원 세계 속에서 마주하게 되는, 인간의 이성적 능력을 넘어선 인공지능이나 로봇과 같은 존재와 인간은 어떤 관계를 맺어야 하는가. 기술의 발전으로 우리가 죽은 이들의 데이터까지 복원하여 저장하고 유지할 수 있다면, 인간에게 죽음이라는 것이 어떤 의미가 될까. 이렇게 인간의 정체성 및 인간과 그 외 존재들의 관계, 그리고 인간의 삶에 대한 의미까지 모두 새롭게 설정되어야 하는 시대가 된 것입니다.

여기에서 SF는 빠르게 발전해가는 과학기술이 인간의 삶에 적용되었을 때 어떤 역할을 할 것인가에 대한 가장 구체적인 답변을 제시해 줍니다. 소설은 한 개인이 상상할 수 없을 정도로 움직이는 거대한 사회의 역동성을 개인의 일상이라는 사적인 영역 속에서 이해할 수 있게 하는 문학 양식입니다. 프랑코 모레티의 『세상의 이치』에 따르면, 근대소설의 시작은 교양소설인데, 이 교양소설은 거대한 사회적 변화 속에서 개인이 어떻게 살아나가야 하는가에 대한 답변이라고 정리합니다. 즉, 이미 주어진 신분제가 무너지고, 모든 개인에게 자유가 주어졌을 때, 한 개인은 광대한 사회 속에서 자기 개인의 사회적 역할을 예전의 신분과 관계없이 결정해야 했는데, 그러한 결정을 내리는 데에 도움을 준 것이 소설이라는 것입니다. 소설은 한 개인의 일상을 그려내면서, 그 사적인 영역이 거대한 사회라는 공적인 영역을 만나서 어떻게 변해가는지, 그 공적 영역 속에서 한 개인이라는 존재가 어떻게 살아남는지를 그려냅니다. 이러한 형상화를 통해 소설은 사회를 반영하는 한편, 이 소설에 대한 독서를 통해 독자들은 사회 속 개인으로서 살아남는 방법에 대해 상상적 경험을 해 볼 수 있게 됩니다. 근대 초기 개인의 일상을 가장 잘 보여줄 수 있는 형식이 사회의 정치적·역사적 변화 속 개인의 삶의 변화를 있는 그대로 보여주는 리얼리즘 기법이었다면, 현재 우리의 삶을 가장 잘 반영하는 형식이 SF입니다. SF는 기술의 급격한 변화 속에서 한 개인이 어떤 정체성을 형성하고 누구와 관계 맺으며 살아갈 수 있느냐에 대한 가장 구체적인 상상력을 보여주는 것입니다.

5. 이 책에서 소개된 작품 외에도 다른 작품을 보고 싶어요.
어디서 작품을 고르면 좋을까요?
유명한 문학상이나 추천작이 있나요?

이 책에 소개된 작품 외에 SF 작품에 접근하는 경로는 매우 다양할 것 같습니다. 어떤 목적을 가지고 SF 작품을 더 깊이 읽을 것인가에 따라 달라질 것입니다. 교사가 SF 장르에 대해 조금 더 공부하여, 지식이 풍부한 상태에서 학생들과의 수업을 진행하고 싶을 수도 있습니다. 또는 SF 수업 진행 이후, 이 장르에 관심을 가진 학생들에게 각자 따로 읽을 책을 추천해 줄 수도 있지요.

우선, 교사가 SF 장르 자체에 대한 지식을 조금 더 쌓기를 원한다면, SF 고전이라 불리는 대표작들을 읽어보는 것을 추천합니다. 대표작들을 따라 읽기 위해서는 기본적으로 SF의 역사적 흐름을 알 수 있어야 합니다. SF의 역사적 대표작들은 대부분 서구문화권의 작품들로 이루어져 있습니다. 한국의 경우에는 21세기 시작될 즈음부터 SF 장르에 대한 관심이 시작되었기 때문에 한국 SF 작품들은 역사적 작품이라기보다는 현재적 작품이라 할 수 있습니다. 그러니 시대별 SF의 흐름 및 대표작을 보기 위해서는 외국 작품들을 중심으로 읽게 됩니다.

SF소설의 역사는 흔히 메리 셸리의 『프랑켄슈타인』부터 시작한다고 합니다. 인간이 새로운 생명을 창조할 수 있는가, 그에 대한 책임은 어떻게 져야 하는가, 인간에 의해 창조된 새로운 생명은 인간과 함께 공존할 수 있는가, 등의 질문을 던지고 있습니다. 현재 포스트 휴머니즘에서 연구하고 있는 주제를 19세기부터 고민하고 있었다는 것이 흥미롭습니다. 최초의 SF 영화라 불리는 조르주 멜리에스의 <달나라 여행>을 학생들과 함께 봐도 재미있을 것 같습니다. 영화 탄생 직후인 1902년에 만들어진 작품이지만, 1995년에 색채 영화로 복원되어 현재 유튜브 등을 통해 쉽게 접근하여 감상할 수 있습니다. SF의 하위장르 중 하나인 스페이스 오디세이, 즉 우주 탐험의 상상력을 보여주는 초기 작품이라 할 수 있습니다.

그 외에도 영미권을 중심으로 거의 한 세기 동안 많은 작품들이 창작되었습니다. <바이센테니얼맨>, <아이, 로봇> 등의 영화로 친숙한 아이작 아시모프의 작품들, 「오멜라스를 떠나며」와 같은 단편 혹은 <어스시의 마법사>라는 애니메이션으로 알려진 어슐러 르 귄의 작품들, SF 단편의 대가 필립 K 딕의 작품들 등, SF 대표작은 매우 방대합니다.

이 작품들 중에서 몇 작품만 뽑아서 소개하기보다는 대표작에 접근할 수 있는 몇 가지 방법을 알려드리는 것이 더욱 효율적일 것 같습니다. 첫째, SF 장르 및 역사를 소개하는 개론서를 선택하여, 그 책에서 예를 들고 있는 작품들을 읽어보는 방법입니다. 최근에 한국에서도 SF 장르에 접근할 수 있는 짧고 쉽고 재미있는 개론서를 많이 출간하고 있습니다. 그 중에서도 SF 작가 김보영 및 SF 평론가 박상준과 심보선이 함께 쓴 『SF 거장과 걸작의 연대기』돌베개, 2019를 추천합니다. SF의 역사적 흐름에 따라 주요 작가 및 작품을 흥미롭게 정리하였습니다.

둘째, 역대 수상작을 중심으로 읽는 방법입니다. SF소설을 대상으로 한 권위 있는 문학상을 수상한 작품들을 읽는 거지요. SF소설 대상 유명 문학상은 휴고상, 네뷸러상이 있습니다. 두 상 모두 한 해 발표된 SF소설 중 작품성 있고 대중성도 있었던 주요 작품들을 선정하여 수상합니다. 한국의 경우에도 최근에 SF 관련, 많은 상들이 제정되었습니다. 그중에서도 청소년이나 아동이 읽기 좋은 작품은 한낙원과학소설상을 수상한 작품을 중심으로 보면 좋을 것 같습니다. 그 외에 최근 한국 SF의 새로운 경향을 살펴보기 위해서는 한국과학문학상 수상작에 주목하는 것도 좋을 것 같습니다. 이 상은 SF 신인 작가들을 발굴하는 상인데, 이 상을 통해 현재 한국 SF의 주요 작가인 김초엽, 천선란 등이 데뷔하였기 때문입니다.

이렇게 SF 대표작들을 선정하여 읽다 보면, SF 장르의 역사에 대해서 기본적인 파악을 할 수 있습니다. 이를 바탕으로 SF 장르 자체에 관심을 가진 학생들에게 SF의 고전적 작품들을 소개해 줄 수 있을 것 같습니다. 하지만 SF에 대한 학생들의 관심이 SF의 역사나 대표작에 있는 것이 아니라, 현재 한국의 일상에서 일어나는 문제들에 대한 상상력에 있는 것이라면, 최근 한국 작품들을 선정하여 추천할 수도 있을 것 같습니다.

이럴 경우, 가능하다면 장편소설을 읽어보라고 추천하고 싶습니다. 수업 시간에 다루는 단편소설 중심의 독서에서 벗어나 조금 더 호흡이 긴 독서를 하면서 생각을 넓혀 나갈 수 있기 때문입니다. 최근 한국 SF소설의 대표적인 작가로는 김보영, 김초엽, 천선란을 들 수 있습니다. 김보영의 작품 중에서는 「종의 기원」 과 『얼마나 닮았는가』를 추천합니다. 「종의 기원」은 인류 멸망 이후 로봇이 지배하는 세계 속에서, 로봇이 다시 인간을 창조하기 시작하면서, 인간이 왜 지구에서 사라질 수밖에 없었는가의 이유를 찾아가는 과정을 보여줍니다. 『얼마나 닮았는가』는 AI의 딥러닝 과정에서 인간의 편견과 선입견이 어떤 결과를 낳는지에 대하여 생각하게 합니다. 김초엽의 『지구 끝의 온실』은 최근 미세먼지로 인해 고통받는 우리의 일상을 환기시키면서 이러한 기후 아포칼립스를 이겨낼 수 있는 방법과 태도에 대해 고민하게 합니다. 천선란의 『나인』은 지구에서 살아가는 외계인의 성장담을 그리고 있는 소설로, 나와 다른 타자인 남과 더불어 살아가는 자세에 대해 생각할 수 있게 합니다. 이 외에도 현재 한국에 좋은 SF 작품들이 많이 창작되고 있으니, 꾸준히 관심을 가지고 찾아 읽으면 좋을 것 같습니다.

6. SF소설의 어떤 요소가 융합수업을 하기에 적절한가요?

최근 몇 년간 SF에 대한 관심은 다양한 분야에서 급증하고 있습니다. 한때 아동, 청소년 대상의 모험소설 또는 교육용 소설로 인식되었던 과학소설은 미래의 과학기술과 사회문화적 변화에 대한 상상력이 중요해지는 현 시점에서 미래학, 융·복합학과 연결되며 주목받고 있습니다. 과학과 현실 사이, 과학과 문화 사이의 상호 관계가 어느 때보다 중요해진 현 시점에서 SF를 활용한 교육에 대한 관심이 고조되고 있는 분위기입니다. SF의 교육적 활용에 대한 관심이 높아지고 있는 것은 2000년 이후 주요 담론으로 부상한 융합교육이 배경이 되고 있기 때문인데요, 2011년 교육과학기술부에서는 융합인재교육STEAM 활성화 방안을 도입함에 따라 융합형 인재 양성을 강조하고 있습니다.

현재 SF는 소설뿐 아니라 연극, 영화, 드라마, 게임, 웹툰 등 다양한 문화예술에서 지속적으로 성장하고 있습니다. 또한 SF는 인문학, 문화학, 기상학, 미래학 등 다양한 영역과도 연계하며 그 영역을 확장시키고 있습니다. 이처럼 SF는 과학기술의 발전과 그에 따른 사회문화적 변화상을 예견하고, 현재와 미래에 발생할 수 있는 문제를 다양한 시각에서 통찰해야 하는 융합적 사고와 연결되어 있습니다. 그러므로 SF는 통합적 사고와 문제해결 중심의 교육에서 의미 있게 활용될 수 있습니다.

　SF문학은 문과계열 학생에게는 자연과학 교양을, 이과계열 학생에게는 인문학 소양을 길러주는 방법의 가능성을 열어주기 때문에 중요합니다. SF는 '사고실험'과 '낯설게 하기'라는 SF장르의 특성을 기반으로 하여 경직된 사고 체계를 뒤흔들어 비판적 사유를 형성하는 데에 적합하기 때문이지요. 또한 융합교육의 목표인 새로운 인간상 형성의 기반이 되는 문제제기와 담론 형성의 출발점으로도 적합합니다. 장르의 다양성을 기반으로 하여 학습자 주도적 수업 모델 구상에 적합하다는 점, 과학적 사실과 문학적 상상력이 결합된 대중적 장르로 학생들의 흥미를 유발시키고 수업 참여도를 높일 수 있다는 점 등이 그 이유가 될 수 있어요. SF는 과학기술의 발전과 변화가 인간 삶에 미치는 영향이 점점 커지고 있는 현시점의 융합교육에서 적합한 요건을 갖추고 있다고 볼 수 있지요.

　SF는 학문적, 문화적, 사회적 차원에서 융합을 지향하는 현대사회의 경향을 선취하고 있다는 점에서 점차 관심도가 증가하는 분위기입니다. SF는 미래사회에 대한 다양한 시뮬레이션이 필요한 현대사회에서 인문학과 과학, 예술과 과학, 사회학과 과학 등 결합을 통한 융합교육이 가능하기 때문입니다. '창의적이고 유연한 사고, 인지와 인성, 감수성을 바탕으로 다층적 소통'을 할 수 있는 '융·복합적 인재'를 요청하는 현재 교육에서 SF는 융·복합적 인재 양성을 위해 적절한 방식으로 활용될 수 있는 가능성이 높습니다.

7. 과학적 지식이 SF 장르를 감상하는 데에 어느 정도 필요하고, 수업 중에 얼마나 다루는 것이 좋을까요?

과학기술과 현대사회의 변화를 다양한 사고로 파악하고, 문제 해결에 있어 필요한 과정은 무엇인지를 파악해야 하는 과학 관련 주제의 수업일 경우, 동기 유발 단계에서 적절한 교육 자료를 활용할 필요가 있습니다. SF장르는 학생들의 과학 관련 주제를 이해시키고 적극적인 동기 부여를 일으키는 데 적절한 교육 자료가 될 수 있습니다. 하지만 여기서 SF장르가 가지고 있는 특수성, 즉 과학적 지식을 기반으로 하고 있다는 점에 주목할 필요가 있습니다. SF장르는 '과학'과 '픽션'을 결합한 방식으로, 여기서 감상자는 '과학' 관련 지식 기반을 어느 정도 가지고 있어야 하는지, 어떻게 받아들여야 하는지에 대한 의문을 가질 수 있습니다. 이는 SF장르를 이해하는 본질적인 질문이기도 합니다.

SF장르를 감상하기 위해서는 과학적 개연성을 이해하는 것이 중요합니다. 남운은 「현대 SF 장르의 사회적·문화적 기능과 의미 고찰」이라는 논문에서 일반 문학이 현실적 개연성을 기반으로 한다면, SF문학은 과학적 개연성을 기반으로 한다고 정의합니다. 과학적 개연성은 과학적 새로움을 바탕으로 일어날 수 있는 논리적으로 가능한 일들을 의미한다고 할 수 있습니다. 다시 말해서 SF는 과학적으로 일어날 수 있는 일들을 상상하며, 다양한 물음을 던지게 됩니다. SF는 과학적 정당성이나 과학적 인식 논리를 벗어나지 않으려고 합니다. 설사 그 시대에서는 가능적이지 않은 과학적 상상력이라 하더라도 논리적으로 추론 가능한 범위를 벗어나지 않으려 한다는 것이지요. 따라서 SF장르는 과학적 새로움과 개연성을 바탕으로 전개되는 그럴듯하고 있음직한 이야기 구조를 가지고 있습니다.

SF장르는 과학 지식을 활용하여 그럴듯하고 실현 가능할 법한 세계를 그려냅니다. SF장르는 과학적 이론을 사용하여 개연성을 획득하려고 한다는 것이지요. SF장르의 감상자는 작가가 만든 개연성에 과학적 지식이나 추론 능력을 바탕으로 작품을 이해하게 됩니다. 이러한 점에서 SF장르의 과학적 상상력은 말도 안

되는 공상이나 망상이 아니라 현실과 과학에 근거한 추론과 예측에 가깝다고 할 수 있습니다. 그러므로 SF장르 감상에서는 과학적 배경 지식이나 인식 수준을 갖추어야 할 필요가 있습니다. 물론 여기서 과학적 지식은 과학 전반을 말하는 것도 아니며, 학술적이고 전문적인 수준만을 의미하는 것이 아닙니다. 실제 깊이 있고 전문적인 과학 지식만 있다고 해서 SF장르를 더 잘 이해하고 즐겁게 감상할 수 있는 것은 아닙니다. SF장르는 과학적 개연성뿐 만 아니라 과학적 상상력, 즉 창작자의 독창성이 중요하게 작용하기 때문이지요.

SF장르는 과학적 새로움과 개연성으로 흥미로운 이야기를 만들어내어 감상자를 몰입하게 하고, 관련된 이야기에서 다양한 생각들을 이끌어냅니다. SF장르는 독자나 관객의 관심과 몰입을 증폭시키기 위해서 과학적 상상력을 통해 우리가 평범하게 생각했던 일들이나 우리의 일상을 낯설게 만듭니다. 다코 수빈Darko Suvin은 SF에 대해 '인식적으로 낯설게 하는 문학'이라고 했습니다. SF작가의 상상력은 미래사회의 새로운 세계에서 일어날 일이나 문제가 흥미롭게 부각될 수 있도록 독창성을 발휘합니다. 여기서 감상자는 현실이나 일상을 낯설게 인식하고 때로는 두려움이나 공포를 느끼게 되기도 하지요. 이를 통해 감상자는 현재를 돌아보고 다양한 문제에 대해 고민하고 미래를 예측해보기도 합니다.

이처럼 SF장르는 단순한 과학적 이론이나 지식을 많이 습득하고 있다고 해서 완벽히 이해되는 것은 아닙니다. 오히려 전문적 과학 이론에 집중하여 SF장르를 감상할 경우 과학적 상상력으로부터 발생하는 즐거움을 경험하지 못할 수도 있습니다. 그렇기 때문에 SF 관련 작품을 수업에 활용할 때 과학적 사실이나 이론에 매몰되지 않는 것이 필요합니다. SF작품의 소재나 주제가 되는 과학적 지식에 진위여부를 판단하고, 이론적 기반을 정리하는 것에 집중한다면 SF장르를 감상하는 다양한 접근을 불가능하게 할 수 있습니다. 이러한 방법은 어렵고 난해한 과학적 이론을 쉽게 접근하게 하는 교육적 효과로만 SF장르를 활용하는 것에 그칠 가능성이 높습니다.

그렇다면 SF장르를 감상하기 위해서 과학적 지식은 어떻게 활용해야 할까요? 작품에 등장한 과학 지식이 그럴듯함이라는 과학적 개연성을 이해하는 데 필요한 정도만 수업시간에 다뤄야 합니다. 예를 들어 VR 기술을 통해 죽은 사람과 재회할 수 있는 미래 사회를 그리고 있는 SF작품을 감상하기 위해서 VR 기술의 개념, 활용되는 분야, 논란이 되는 점 등 현재 과학기술과의 접점에서 작품의 과학적 개연성을 이해하는 배경 지식으로 다루어져야 할 것입니다. 죽은 사람과 다시 만나게 하는 기술에 대한 가능성의 과학적 이론, 기술적 도입이나 실현 시기 등 과학적 사실이나 지식 전달에만 치중하는 수업이 된다면, SF의 과학적 상상력을 통해 얻을 수 있는 감상자의 다양한 즐거움과 성찰의 과정을 방해하게 될 수도 있습니다.

8. SF소설로 융합수업을 할 때 학생들의 이해를 돕고 수업 참여를 이끌기 위해 함께 제시할 수 있는 자료는 무엇이 있을까요?

SF드라마는 웹 콘텐츠나 OTT 플랫폼을 인접 문화로 향유하는 학생에게 효과적인 교육 자료로 활용될 가능성이 높습니다. IT를 비롯한 다양한 영상 매체에 노출된 학생들에게 영상 콘텐츠는 쉽게 이해되고 공감을 높일 수 있는 대표적인 텍스트입니다. 특히 웹 콘텐츠의 주된 수용자 층인 10대들은 유튜브, 네이버TV, 넷플릭스, 웨이브 등의 OTT드라마 및 웹드라마에 대한 관심도가 높다는 점에서, SF드라마는 수업 자료로 활용하는 데 큰 장점을 가지고 있죠.

2015년 이후 한국 SF드라마가 약진하고 있습니다. 일상성과 리얼리즘을 선호하며 안정적인 대중적 확보를 추구하던 TV드라마에서 좀처럼 조우하기 힘들었던 과학적 상상력을 중심으로 한 작품이 대거 출현하는 상황은 이례적인 일이라고 할 수 있어요. 특히 한국에는 영화에서조차 SF장르가 많지 않다는 점을 고려할 때 지상파 방송 및 웹 플랫폼 등을 통해 다양한 SF드라마가 제작되고 있다는 것은 주목할 만한 일입니다. 대중적 트렌드에 민감한 방송에서 SF드라마 제작에 관심이 높아지고 있다는 것은, 과학적 상상력을 통한 미래 사회에 대한 예측이 사회 전반적 관심사가 되고 있음을 방증하는 일이기도 합니다. 두드러진 특징 중 한 가지는 SF드라마가 지상파 이외 케이블 채널 및 OTT, 웹 플랫폼에서 활발히 제작되고 있다는 점입니다. 이는 드라마의 플랫폼이 확장되며, 비주류 장르였던 SF장르 제작이 활발해진 이유가 될 수 있습니다. 한편 웹이나 OTT 플랫폼에 익숙한 세대들이 선호하는 장르 및 작품 경향이 증가하기 때문이기도 하지요.

SF드라마는 단막 형태로 방송되는 경우가 많고, 연속성을 가진 형태라 하더라도, 짧게는 2~8회 정도에서 완결되는 경우가 많기 때문에 효과적인 수업 자료로 사용할 수 있습니다. 대부분의 한국 TV드라마가 정서상 연속극 중심으로 인식되고 있어서 기본 16회 분량의 연속서사를 교육 자료로 활용하려면 가르치는 입장에서 부담스러웠죠. 장편 영상 자료를 검토하는 과정도 힘들지만, 긴 시간의 영상 텍스트를 어떻게 수업시간에 활용할 것인지에 대한 2차적 고민이 들기 때문입니다.

하지만 최근 SF드라마의 경우 60분 정도 분량의 1회로 진행되는 단편 형태가 늘어나고 있습니다. 단편 드라마는 짧은 시간 안에 전달하고자 하는 주제를 완결된 형태로 보여준다는 점에서 주목할 필요가 있습니다. 단편 드라마는 연속극에 비해 상대적으로 영상기법의 실험에 있어서도 자유롭기 때문에, SF드라마의 다양한 시도가 가능하다는 점에서 다양한 교육 자료로 활용할 수 있습니다. 최근 제작되고 있는 SF드라마는 연속물의 경우에도 1회 러닝 타임이 40~50분 정도로 짧은 편이기 때문에 수업 자료로 활용하는 데 무리가 되지 않습니다. OTT드라마의 경우는 연속서사 형태로 되어 있다 하더라도 평균 6회에서 10회 정도로 완결되며, 에피소드별로 회차를 구성하는 경우도 있어서 수업 자료로 활용하는 데 접근 가능성이 높아지고 있습니다.

단막극 프로그램 <드라마 페스타>jtbc, <드라마 스테이지>tvN 등에서도 <경로를 이탈하였습니다>, <더 페어>, <대리 인간> 등 근미래 사회의 과학기술과 일상의 변화 등을 다루는 SF드라마를 지속적으로 방영하고 있습니다. 네이버TV, tvN D 등은 숏폼에 해당이 되는 SF 웹드라마를 꾸준히 제작하고 있으며, 넷플릭스, Apple TV+, 디즈니+ 등 OTT 플랫폼의 SF드라마 제작은 보다 활발해질 것으로 예측됩니다. 이외에도 SF소설, SF웹툰 등 원작을 드라마로 제작하려는 시도들은 이어지고 있습니다.

9. 많은 SF 영상콘텐츠 중에 학생들과 융합수업하기에 적합한 작품은 무엇이 있나요?

<SF8>은 과학적 상상력을 토대로 미래사회의 기술에 따른 인간생활의 변화를 소재로 하고 있다는 점, 각 에피소드 방영 시간이 45~55분 정도로 60분을 넘지 않는다는 점 등에서 영국 드라마 <블랙미러>를 연상하게 하는데요. 찰리 브룩커가 제작한 <블랙미러>는 2011년 12월 영국 Channel 4에서의 첫 시즌을 시작으로 현재 시즌5까지 제작되었습니다. 시즌3부터는 넷플릿스를 통해 공개되고 있는 대표적인 SF단편 드라마 중 하나입니다. <블랙미러>는 각 에피소드마다 과학적 상상력을 담은 다양한 스토리를 다루고 있지만, 미래 과학기술 발전에 대한 디스토피아적 관점을 다룬다는 점에서 일관된 방향성을 보입니다.

이에 비해 <SF8>의 경우 8명의 감독에 의해 독립된 8개의 에피소드가 만들어졌다는 점에서, 미래 사회와 과학기술에 대한 보다 다양한 주제나 관점에 접근할 수 있다는 장점이 있습니다. 드라마 <SF8>은 한국 SF가 그동안 성과를 제대로 만들어내지 못했던 SF 영화 및 영상 콘텐츠에 대한 새로운 가능성을 발견한 것으로 평가됩니다. <SF8>은 공개 직후 국내를 비롯해 유수의 해외 영화제에 공식 초청을 받으며 그 작품성도 인정받았습니다.

<SF8>에서 보여준 시도들은 2000년대 초반까지 한국 SF영상들이 보여줬던 스토리적 한계들을 극복할 수 있는 단서들을 제공해줍니다. <SF8>은 인공지

능, 증강현실AR, 가상현실VR. 로봇, 게임 등 다양한 과학적 소재를 중심으로 심화된 테크놀로지가 인간의 미래를 어떻게 변화하게 할 것인지를 재현합니다. 특히 <SF8>은 일상 공간에서 공유될 TV드라마의 특성을 반영하여 미래 사회의 일상생활을 재현하는 데 초점을 둡니다. <SF8>은 에피소드 <만신>을 제외하고는 원작 소설을 바탕으로 하고 있다는 점에서, 다양한 방법으로 수업 시간에 활용하기 좋은 자료입니다.

다음으로 예를 들 수 있는 작품은 OTT드라마 중 한 편인 넷플릭스 <고요의 바다>2022입니다. <고요의 바다>는 한국 SF영상콘텐츠에서 잘 다루지 않는 우주를 배경으로, 근미래 사회의 지구와 달을 중심 이야기로 하고 있습니다. <고요의 바다>는 2075년, 환경오염이 심각해져 물 공급 문제를 겪고 있는 지구의 미래를 다룹니다. 이 드라마는 전 세계적으로 물 부족 현상이 일어나 식수 공급을 중심으로 계급이 나뉘고, 공평한 분배와 차별 문제로 이어져, 퇴보하고 있는 근미래의 지구를 그려냅니다. <고요의 바다>는 지구 물 문제를 해결하기 위해 달에 세운 발해기지에서 발견한 달의 물, 즉 월수月水를 중심으로 생존에 대한 인간의 공포, 두려움, 이기적 욕망 등의 이야기를 풀어갑니다. 미지의 공간, 달에서 발견한 물이 인류를 구원할 결정체이기도 하면서, 인간을 멸망시킬 원인이 될 수 있다는 것은 새로운 세계에 대한 인간의 기대나 열망뿐 아니라 두려움과 공포와 연결됩니다. 또한 인간의 신체에서 끊임없이 증폭되는 물로 인해 익사한다는 설정 자체는 물 부족으로 생존 경쟁에 시달리는 인간의 또 다른 욕망을 재현한다는 점에서 다양한 논의를 이끌어 내기에 좋은 작품입니다.

인간의 신체에 기생하고 번식하여 생명을 위협하는 괴기 생명체를 다룬 SF영화 <에일리언>의 상상력과 유사한 지점은 있지만, <에일리언>이 신체에 기생하는 괴기스러운 우주 괴물의 형상에 집중한 것과 달리 <고요의 바다>는 풍족하게 물 공급을 원했던 인간이 죽은 순간까지 몸에서 증식하는 물을 쏟아내며 익사 상태에 이르는 과정을 통해 긴장과 공포심을 유발한다는 점에서 차이가 있습니다. 이는 근미래 사회의 환경문제, 생존을 둘러싼 인간의 탐욕과 연관이 되어 있기에 다양한 주제로 활용될 수 있습니다.

드라마 <고요의 바다>는 비윤리적 연구 행위, 새로운 개발을 독점하려는 권력 사이에서 다른 입장을 가진 인물들이 어떠한 선택을 할 것인가에 대한 문제도 다루고 있습니다. 이 점은 물 부족으로 생존에 위협을 받는 미래 사회뿐 아니라 현재 사회의 일면을 반영하는 것이기에 현재의 문제를 해결하고 논의하는 주제를 이끌어 낼 수도 있습니다. 또한 <고요의 바다>는 달에서 새로운 물을 찾는다는 소재, 증식하는 바이러스와 같은 물, 복제 인간 실험 등 우주를 배경으로 한, 각 에피소드마다 다양한 과학 관련 이야기를 배치하고 있다는 점에서 각 회차를 독립적으로 활용하는 것도 가능합니다.

2020년 방영한 MBC VR 휴먼다큐멘터리 <너를 만났다>의 경우에도 VR 기술을 통한 가상 만남을 실현시키며, 대중적 관심을 유도한 사례 중 하나로 주목해 볼 만한 영상자료 중 하나입니다. <너를 만났다> 시즌1의 가상체험 대상자는 병으로 어린 딸을 잃은 엄마였습니다. 가상공간에서 오랜만에 딸과 재회하는 엄마의 모습은 많은 시청자를 울렸습니다. VR 기술로 복원된 아이는 실제 인물과 분명한 차이가 존재했지만, 아이를 그리워하는 엄마의 간절한 마음은 VR가상공간의 재회 장면을 통해 전달되었고, 엄마의 간절함은 기술의 미흡한 부분을 뛰어넘는 감동으로 이어졌습니다. 다큐멘터리 <너를 만났다>는 죽음으로 갑작스럽게 떠나보낼 수밖에 없었던 사랑하는 가족을 가상현실에서 재회하게 함으로써, 애도의 시간을 가지고 상실의 고통을 수용할 수 있는 방법을 제공했다는 점에서 긍정적으로 평가받았죠.

다큐멘터리 <너를 만났다>는 VR 기술의 가상체험을 통한 새로운 가능성을 열어 준 프로그램입니다. 하지만 VR 기술을 통한 죽은 사람과의 재회의 가능성은 다양한 관점으로 바라봤을 때, 긍정적인 측면만 있는 것은 아닙니다. 과학기술에는 언제나 양면성이 존재하듯, 최근 이슈가 되는 VR 가상체험 역시 풀어야 문제들이 존재합니다. 다큐멘터리에서 다룬 주제를 동일하게 다루고 있는 영상콘텐츠 자료를 함께 활용할 수도 있습니다. KBS 드라마 스페셜 SF드라마 <희수>

2021는 사용자에게 큰 편리를 제공하는 VR 기술이 초래할 부작용에 대해서 고민하게 만듭니다. 이 드라마는 효용적 측면에서 새로운 기술 도입이 인간의 삶에 주는 변화나 영향만을 고려했던 학습자에게 다양한 관점으로 논의할 수 있는 자료로 활용될 수 있습니다.

내용편

질문으로 들여다보는 SF

질문으로 들여다보는 SF

[내용편]에서는 융합수업에 활용할 수 있는 SF 작품을 주제별로 다루어 보려고 해요. <인공지능>, <생태와 아포칼립스>, <시간여행과 우주>, <가상현실>, <사회비판>이라는 5가지 토픽으로 나누어 각 주제를 흥미롭게 형상화한 SF를 읽어볼 것입니다. 각 주제를 잘 보여주는 중심 작품은 2~4편, 더 읽어볼 작품 2~3편을 다룹니다.

이 책은 교실에서 융합수업을 하고자 하는 교사에게 수업 아이디어를 제공하는 데 관심이 있습니다. 필자들은 단순히 작품 줄거리와 해설을 제시해서는 교사에게 실질적인 도움을 주기 어렵다고 보았어요. 그래서 융합수업을 고민하는 교사에게 구체적인 도움을 주고자 이 책은 '질문'을 활용해 보기로 했습니다. 질문이 활용되는 방법을 설명하기에 앞서 먼저 [내용편]의 구성 요소부터 설명할게요.

- **키워드:** 작품의 주요 소재나 주제를 키워드로 제시
- **난이도:** 쉽고 어려운 정도에 따라 기호를 표시

	내용이 복잡하지 않아서 작품 읽기에 익숙하지 않은 학생들도 충분히 파악할 수 있습니다. 학년 상으로는 중학교 1학년이나 2학년 학생들에게 추천합니다.
	국어 수업 등을 통해 문학 읽기를 어느 정도 경험한 학생들이라면 충분히 읽어낼 수 있습니다. 중학교 3학년이나 고등학교 1학년 학생들에게 추천합니다.
	글의 구조가 복잡하거나 다루고 있는 주제 의식이 다른 작품보다 다소 심오한 작품들이 해당합니다. 고등학교 2학년이나 3학년 학생들에게 추천합니다.

- **장르:** 초단편소설, 단편소설, 장편소설, 드라마, 영화 등으로 구분
- **줄거리:** 중요한 사건 중심으로 작품 줄거리 요약
- **핵심 질문:** 핵심이 되는 상상력을 가정법 형태로 제시

- **사실 질문과 해설:** 과학 현상이나 사회 현상의 사실, 진위에 대한 탐구
- **가치 질문과 해설:** 윤리적, 철학적, 정치적 가치 판단에 대한 탐구
- **문학 돋보기:** 작품의 문학적 기법, 특성에 대한 설명
- **참고 자료:** 해설을 작성하며 참고한 서적, 논문, 인터넷 자료를 정리한 것으로, 책 맨 뒤 첨부

질문 활용법

1단계	2단계	3단계
작품의 핵심 질문 찾기	사실 질문하고 탐구하기	가치 질문하고 탐구하기
SF가 던지고 있는 핵심적인 문제 제기를 파악하는 단계	핵심 질문과 관련한 과학이나 사회 현상의 사실, 진위 여부를 탐구하는 단계	핵심 질문과 관련한 윤리적, 철학적, 정치적 가치 판단을 탐구하는 단계

SF의 과학적 상상력과 핵심 질문

미국의 작가이자 비평가인 조안나 러스Joanna Russ는 SF에 '만약에 문학what if literature'이라는 별칭을 붙여주었다고 해요. SF가 '만약에 ~라면'의 형식으로 이야기를 풀어낸다는 것이죠. 가령, SF 작가는 독자에게 '만약에 사람의 감정과 생각을 읽고 이에 반응하는 인공지능이 출현한다면?', '만약에 지구가 멸망하게 되어 다른 행성으로 이주하게 된다면?'과 같은 질문을 던집니다.

이 가정을 '핵심 질문'이라고 부르기로 해요. SF를 읽으면서 먼저 작품의 핵심 질문을 찾아볼 것을 권해드립니다. SF 작가가 던지는 '만약에'를 중심으로 작품을 읽어보자는 것이지요. '만약에'라는 가정법은 미래와 직결되지만, 또한 우리의 현실을 성찰하게 한다는 장점도 있습니다. 예를 들어, '만약에 기후 위기로

더 이상 지구에 거주할 수 없다면?'이라는 가정은 지구를 대신할 행성을 어떻게 찾을 것인가라는 미래 상황에 집중하게 하는 동시에, 기후 위기가 심화되고 있는 지금-여기의 문제를 성찰하게 합니다.

과학자나 철학자가 사고실험을 하듯, SF 작가와 독자도 사고실험을 하는 셈입니다. 하드 SF냐, 소프트 SF냐에 따라 정도의 차이는 있지만, SF 작가는 나름의 과학 지식과 이론을 동원해서 그럴듯한 가정을 던집니다. 즉 SF의 핵심 질문이 근거 없고 황당무계한 것은 아니라는 거죠. 과학적 개연성이 확보된 작품을 읽게 되면, 독자는 작가의 상상을 따라가며 '만약에 정말 이런 일이 생기면 어떻게 될까?'라는 질문을 던지며 흥미진진한 독서를 해나갑니다. 그래서 SF가 제기하는 핵심 질문을 제대로 파악하는 것은 매우 중요하죠.

이 책에서는 SF 줄거리 바로 뒤에 핵심 질문을 제시해 두었습니다. 물론 주제를 어떻게 보느냐에 따라 핵심 질문은 달라질 수 있어요. 작품을 읽고 수업을 준비하는 교사가 직접 핵심 질문을 작성해 보거나, 수업에서 학생들에게 핵심 질문을 찾아보도록 하는 것도 좋습니다. SF의 핵심 질문을 염두에 두고 작품을 읽으며 학생들은 작가의 상상력을 예측하는 즐거움을 맛보게 될 거예요.

질문의 힘과 다양한 관점 취하기

책을 능동적으로 읽는 독자에게 발견되는 중요한 특징 중 하나는 텍스트를 읽으며 끊임없이 질문을 던진다는 것입니다. 그 질문은 텍스트에 대한 질문일 수도 있고, 작가에 대한 질문일 수도 있고, 독자 자신에게 던지는 질문일 수도 있어요. 또한 질문은 텍스트에 나오는 사실을 확인하기 위한 질문, 의미와 해석에 대한 질문, 자신에게 적용하는 질문 등으로 나누어 볼 수도 있겠죠.

한 연구에 의하면, 전공이 상이한 두 집단에게 동일한 SF 영화를 보여주고 질문을 만들어 보라고 했는데 전공에 따라 매우 상이한 질문을 만들었다고 합니다. 왜 그럴까요? 독서교육 이론에 의하면, 독서는 독자가 적극적인 의미 구성을 하는 과정입니다. 그리고 독자가 가진 배경 지식, 경험, 신념에 따라 의미 구성이 달라진다고 해요. 그러므로 동일한 작품을 읽더라도 독자들이 텍스트를 달리 해석하는 것은 매우 자연스러운 현상이죠.

그렇다면 과학적 상상력과 문학적 상상력이 교차하는 SF를 읽고, 관심사에 따라 독자들이 미묘하게 다른 관점을 보일 것이라고 예상하게 됩니다. 즉 독자의 배경 지식과 신념이 텍스트를 어떻게 읽을지에 큰 영향을 끼친다는 것이지요. 그런데 이 점은 융합수업 설계에서 장점이 될 수 있고, 반대로 한계로 작용할 수도 있어요.

융합수업을 지지하는 사람들은 A영역과 B영역이 만나면서 A+B 이상의 효과가 생길 것이라고 기대합니다. A영역 혼자서는 알 수도 없고, 해결할 수도 없는 무언가가 B영역의 개입에 의해 가능해진다는 것이죠. 즉 융합수업에서 타 교과 교사와 만남으로써, 또는 타 교과의 문제의식이나 해결법을 접함으로써, 문제를 바라보는 하나의 관점이 추가되는 것입니다. 그래서 다른 관점을 허용하는 것은 융합수업에서 장점이 됩니다.

그런데 왜 한계도 될 수 있다는 것일까요? 가령, '만약 인공지능 로봇이 노인 돌봄을 대체한다면?'이라는 핵심 질문에 기반하여 SF를 읽었다고 해봅시다. 우리나라의 인구 변동 추이에 관심이 있는 사람은 그 점에 주목할 것이고, 케어용 인공지능 현황에 관심이 있는 사람은 소설에 구현된 기술이 사실인지에 집중할 것이고, 이 작품을 문학 자체로 읽으려는 사람은 텍스트의 문학성에 초점을 맞출 것입니다. 융합의 관점에서는 한 편의 SF에서 다양한 관점을 끌어내는 것이 좋습니다. 반면 독자가 원래 가졌던 하나의 관점에 갇혀서 SF를 읽는다면 융합 입장에서는 그다지 생산적이지 않다고 할 것입니다.

특히, 교과 교사가 혼자서 SF를 활용한 융합수업을 설계하는 경우, 이러한 한계에 직면하기 쉬울 듯해요. 자신의 전공과 관심에 따라 텍스트를 자연스럽게 한 방향으로만 보게 될 가능성이 커지는 것이죠. SF에는 자연과학, 인문과학, 사회과학의 여러 문제가 포함되어 있으므로 이를 다방면으로 접근하여 융합수업을 설계하는 것이 좋겠지요. 그러면 다양한 관점을 모색하는 융합수업을 하려면 어떻게 하는 것이 좋을까요? '사실 질문'과 '가치 질문'을 활용해 볼 것을 권해드립니다.

두 날개로 날아오르기: 사실 질문과 가치 질문

이 책은 자연과학, 인문학, 사회과학이 만나는 융합수업이 되기 위해 '사실 질문'과 '가치 질문'이라는 두 날개를 활용해 볼 것을 제안합니다. 사실 질문은 사실의 진위와 관련된 질문이고, 가치 질문은 사안의 옳고 그름, 찬성과 반대와 관련한 질문입니다. 물론 사실 질문과 가치 질문이 칼로 무 자르듯 명확히 갈리는 것은 아니에요. 사실 판단에 기초하여 가치 판단이 이루어진다는 것도 맞는 말이고요. 그럼에도 불구하고 이 책에서는 사실과 가치, 과학과 인문학의 융합이 수업에서 더 잘 드러나도록 '사실 질문'과 '가치 질문'으로 나누어 보았습니다.

사실과 가치

사실Be, 당위Ought부터 살펴봅시다. 영국의 경험주의 철학자 데이비드 흄David Hume은 사실에서 당위를 끌어낼 수 없으며, 사실과 가치는 무관하다고 주장했습니다. 즉 '이것은 사과이다'라는 사실 명제와 '나는 사과를 먹으면 안 된다'는 당위 명제가 아무 상관이 없다는 것이죠. 이는 '사실=과학', '가치=인문학'이라는 도식으로 이어집니다. 과학은 자연이라는 사실을 다루고, 인문학은 가치와 직간접적으로 관련되기 때문입니다. 과학은 윤리, 도덕으로부터 자유로워야 하며, 과학은 객관적이고 가치중립적이라는 신화도 여기에서 비롯된 것입니다.

	내용	학문 영역
사실(be)	- 관찰 가능한 일의 진위 여부 판단 - 무엇이 어떠하다	- 과학, 경제학
당위(ought)	- 옳고 그름의 판단 - 무엇이 어떠해야 한다	- 윤리학, 철학, 정치학

하지만 사실과 가치, 과학과 인문학은 정말 별개일까요? 여기에 대해서는 많은 반론이 있지만 두 가지만 소개해 볼게요. 먼저, 퍼트남H. Putnam이라는 철학자는 사실에는 가치가 이미 전제되어 있다고 주장합니다. 가령, 백범 김구 선생의 죽음에 대해서 한 역사가가 서술한다고 합시다. 한 역사가는 '백범이 죽었다'고 진술하고, 다른 역사가는 '백범이 암살당했다'고 진술했다고 합시다. 앞의 역사가는 가치 판단의 개입을 막고 사실만 진술하기 위해 '백범이 죽었다'와 같은 시

술을 선택했다고 말할 거예요. 하지만 퍼트만은 이와 같은 선택이 오히려 백범의 죽음이 부당하다는 평가를 배제하는 가치를 포함한 것이 아닌가 반문합니다.

또한 과학기술이 사회 속에서 문화의 영향을 받아 만들어진다고 보는 과학기술학도 사실과 가치를 분리해서 보기 어렵다는 입장입니다. 과학기술학자 홍성욱은 사실을 과학자와 전문가에게, 가치는 인문학자와 시민에게 일임하는 분업 방식이 옳지 않다고 말합니다. 현대 사회의 문제는 사실과 가치가 혼재된 문제이기 때문에 과학자도 인문학적 가치 판단에 개입하고, 시민과 인문학자 역시 사실을 다루는 단계에 참여해야 한다고 말합니다.

그렇다면 미래를 살아갈 우리 학생들에게는 어떤 역량이 필요할까요? 자신이 접하는 사회 현안에 대해, 그것이 과학기술과 관련된 것이든 아니면 정치사회와 관련된 것이든, 사실의 진위 여부를 정확히 파악하고 이에 기초하여 올바른 윤리적, 정치적 선택을 하는 능력이 필요합니다.

사실 질문과 가치 질문

사실 질문과 가치 질문을 간략히 설명해 볼게요.

사실 질문	진위(Can/Be)	- 우리나라의 연령별 인구구성비는 어떠한가? - 고령화 사회가 초래한 사회적, 경제적 문제는 무엇인가? - 돌봄 로봇 기술의 현황은 어떠한가?
	예측(Will)	- 20년 후 우리나라 인구 특성과 문제점은 무엇일까? - 환자와 상호작용하는 인공지능 로봇은 언제 개발 가능한가?
가치 질문	윤리(Should)	- 인공지능은 성한을 살리기 위해 어머니의 생명 연장 장치를 제거한다. 이 선택은 옳은가? - 돌봄을 담당할 인공지능 로봇 개발에 더 많은 지원을 해야 하는가? - 인간(성)이란 무엇인가?

간병용 인공지능 로봇이 등장하는 「TRS가 돌보고 있습니다」를 예로 들어 질문의 두 유형을 설명해 볼게요. 이 작품의 핵심 질문은 '만약에 고령화 사회가 심화되어 로봇이 노인 돌봄과 간병을 책임지게 된다면?'으로 정리됩니다. 소설은 고령화, 저출산이 심화된 초고령화 사회를 배경으로 합니다. 노인 간병 인력이 부족해서 간병 로봇이 사람을 대신해서 돌봄을 담당하고, 빈부 격차에 따라 로봇의 기능이 크게 차이가 나는 상황입니다.

영화감독인 성환은 많은 비용을 들여서 간병 로봇 TRS를 구매합니다. 로봇은 장기간 혼수상태에 있는 어머니는 물론 아들 성환까지 돌봅니다. 10년의 간병으로 몸과 마음이 지친 성환은 자살을 결심하게 되고, 이 사실을 정확히 예측하게 된 TRS는 어머니의 생명 연장 장치를 제거하여 성환을 살리게 됩니다.

사실 질문을 해봅시다. 사실 질문은 관찰 가능하며 진위 여부를 판단할 수 있는 질문입니다. 예를 들어, '지난 20년간 우리나라 인구 변동의 추이와 변동은 어떠한가?', '우리나라는 언제 초고령사회에 진입하게 되는가?', '고령화사회, 초고령화사회 진입은 어떤 경제적 문제를 초래하는가?', '돌봄 로봇의 개발 현황은 어떠한가?', '현재 병원이나 요양원에서 외골격 로봇을 어느 정도 사용하고 있으며, 앞으로의 전망은 어떠한가?', '환자와 정서적 상호작용을 하는 인공지능의 출현은 언제 가능할 것인가?' 등입니다.

사실 질문은 '사실 확인'과 '미래 예측'의 두 가지로 나뉠 수 있습니다. 가령, 현재 연령별 인구구성비가 어떠한지를 확인하는 것이 사실 확인이라면, 20년 후 우리나라 인구구성비를 예상하는 것은 예측에 해당합니다. 사실에 기반하고 사실을 정확히 확인해야 미래 예측이 가능하다는 점에서 사실 확인 질문과 미래 예측 질문은 같은 범주에 속합니다. 그렇다면 학생들은 사실 질문을 어떻게 탐구할 수 있을까요? 고령사회의 문제점과 대응 방안은 사회과, 기술·가정과에서 다루는 내용이고, 인공지능 로봇의 등장은 정보과, 기술·가정과에서 다룹니다. 학교에서 배우는 여러 교과의 지식을 활용하면 사실 질문에 답할 수 있을 것입니다.

가치 질문은 무엇일까요? 우리나라가 초고령화 사회에 진입하는 것이 사실이고, 더 이상 노인 돌봄을 가족들이 담당하기 어렵다는 것이 사실이라고 하더라도, 이것이 '인공지능 로봇이 노인 돌봄을 전적으로 담당해야 한다', '간병용 인공지능 로봇에 더 많은 국가적 지원을 해야 한다'라는 당위로 이어지지는 않습니다.

또한 '인간성이란 무엇인가?'라는 철학적 질문 역시 가치 질문에 속합니다. '~이 무엇인가'라는 질문 형식만 보면 사실 질문처럼 보이지만, 답이 정해져 있지 않기 때문에 가치 질문에 해당합니다. 앞서 말했듯, 가치 질문은 사실 질문에 기반해야 하지만 사실 질문과 다른 차원에 존재합니다. 가치 질문에 답하기 위해서 학생들은 '인간이란 무엇인가?', '옳음이란 무엇인가?', '무엇이 공동선共同善인가?', '인간은 무엇을 지향해야 하는가?'와 같은 질문과 마주해야 합니다. 이는 도덕·윤리과, 사회과, 역사과 등의 내용을 참고하여 탐구될 수 있겠지요.

질문을 활용한 SF 융합수업의 목표

융합수업의 목표는 현실 문제를 유연하고 종합적으로 사고하고 해결할 수 있는 사람을 길러내는 데 있습니다. 융합수업은 학생들이 하나의 관점에 속박되지 않으면서 다양한 관점과 맥락을 끌어와 복잡한 문제를 해결하도록 하는 연습의 장場을 제공해야 합니다. 자연과학, 사회과학, 인문과학의 여러 담론을 포함하고 있는 SF를 접하며, 학생들이 소설이 제기하는 사실 질문과 가치 질문에 응답하는 능력을 길러가길 기대해 봅니다.

융합수업을 준비하는 교사들은 SF의 줄거리, 키워드, 가정법을 먼저 읽으며 본인이 관심을 갖는 주제와 연결해 보는 것이 좋습니다. 그리고 사실 질문과 가치 질문을 살펴보며 융합수업에서 어떤 교과를 연결할지, 어떤 과제를 부여할지, 수업을 어떻게 구성할지 고민해 보면 좋겠습니다. 이 책에 제시된 사실 질문, 가치 질문은 예시일 뿐입니다. 교사와 학생이 직접 질문을 생성한다면 더 좋을 것입니다.

<질문을 통해 작품에 다가가기>에는 핵심 질문, 사실 질문, 가치 질문, 그리

고 사실 질문과 가치 질문의 해설을 제시하였고, <더 읽어보기>에서는 질문만 제시하고 해설은 생략하였습니다. 책의 마지막에 <참고자료>에는 해설을 작성하며 참고한 다양한 자료의 출처를 제공하였습니다. 또한 작품의 문학적 기법이나 특징에 대한 부연이 필요한 경우에는 <문학 돋보기>를 활용하였습니다. 질문과 해설, 그리고 참고자료가 알찬 수업을 준비하는 교사들에게 도움이 되길 바랍니다.

인공지능

인공지능 기술은 오늘날 우리의 일상을 더 편안하고 효율적으로 만들고 있습니다. 인공지능 알고리즘은 사용자의 취향과 필요를 분석해 최적의 상품과 콘텐츠를 추천합니다. 생활 패턴에 대한 데이터를 토대로 가사를 돕고, 피곤한 운전자를 대신해 자율주행을 할 수도 있지요. 인공지능은 그림을 그리고 시를 짓고 사람과 대화하며 외로움을 달래 줄 수도 있습니다.

그러나 인공지능이 우리 삶을 위협하고 파괴하리란 우려도 존재합니다. 인간이 해오던 일을 인공지능이 대신하며 이미 많은 사람이 일자리를 잃었습니다. 끊임없이 학습하는 인공지능이 언젠가는 자의식을 가지고 인간을 지배할 수 있다는 공포도 있지요. 이번 장에서는 인공지능의 다양한 측면을 살펴보며 인공지능과 함께할 미래에 대해 상상해 보겠습니다.

	작품	난이도	핵심 질문	키워드
1	목요일엔 떡볶이를 (문이소)	●○○	인공지능과 대화하고 함께 창작 활동을 할 수 있다면?	머신러닝, 감정, 대화, 창작 활동
2	왓슨 의사 선생님, 셜록 판사님과 친구시죠? (김보영)	●○○	인공지능이 환자의 진료를 대신하게 된다면?	자동화, 일자리 상실, 미래 직업
3	TRS가 돌보고 있습니다 (김혜진)	●●○	인공지능이 고령화 사회의 노인 돌봄과 간병을 책임지게 된다면?	인구 변동, 고령화, 로봇 윤리
4	아이, 로봇 (알렉스 프로야스)	●○○	인공지능이 자율성과 자의식을 가지게 된다면?	로봇 3원칙, 인공지능 진화, 트롤리 딜레마
5	천 개의 파랑 (천선란)	●●○	인공지능 로봇이 사람의 형태로 제작되어 상용화된다면?	휴머노이드, 로봇 인권, 동물권
6	레디메이드 보살 (박성환)	●●●	인공지능이 종교적 깨달음의 경지에 이를 수 있다면?	자의식, 종교, 깨달음

인공지능 문이소, 「목요일엔 떡볶이를」

- 키워드: 머신러닝, 감정, 대화, 창작 활동
- 난이도: 🌑
- 단편소설

줄거리

「목요일엔 떡볶이를」의 루빈은 은빛마을의 정서 지원용 인공지능 로봇입니다. 1990년대 17세 여성 청소년의 형태로 제작되었지요. 목요일, 오늘은 루빈이 새로운 가정집을 방문하는 날입니다. 루빈은 매주 정해진 요일마다 무연고 독거 노인의 집을 방문하고 있습니다. 각 가정에서 노인들이 원하는 가사 지원, 정서 지원을 하지요.

예정된 시간보다 7분 21초 먼저 왔기에 루빈은 현관의 벨을 누르지 않고 기다립니다. 잠시 후 문이 벌컥 열리고 목요일의 할머니가 반가운 얼굴로 루빈을 집에 들입니다. 루빈은 할머니를 빠르게 관찰하며 데이터를 수집합니다. 할머니는 다른 노인들과 달리 노화가 진행된 95세의 모습을 감추지 않고 있습니다. 흔한 시력 교정이나 피부 재생 시술도 받지 않은 할머니는 머리가 희고 빨간 티타늄 안경을 착용하고 있습니다. 얼굴에는 주름과 검버섯이 가득하네요.

루빈은 집에서 맵고 달콤한 음식 냄새 분자를 감지합니다. 할머니가 처음 방문한 루빈을 위해 콩나물 떡볶이를 만들어 놓았습니다. 루빈은 저장된 데이터에 없는 음식인 콩나물 떡볶이를 한입 먹고서는 할머니에게 보여줄 적절한 표정 반응을 찾으려 노력하지만, 쉽지 않습니다. 표정 검색에 실패한 루빈은 이런 경우의 해결책을 찾기 위해 매뉴얼을 살펴봅니다. 그리고 매뉴얼에 따라 앞에 앉아 있는 할머니의 정서 표현을 72.64% 재현합니다. 콜록콜록 기침하며 떡볶이를 먹는 루빈을 할머니는 정겹게 바라보고, 다음 주 목요일에 다시 만날 것을 기약하며 루빈을 배웅합니다.

목요일의 할머니는 루빈을 친구처럼 대합니다. 그 덕분에 루빈은 할머니와 함께 많은 것을 처음으로 경험합니다. 할머니가 준비한 앞치마를 착용하고 함께 카레 떡볶이를 만들어 먹습니다. 그리고 할머니와 하늘이 잘 보이는 언덕으로 도시락을 싸서 소풍을 갑니다. 아름다운 음악을 함께 듣고 노래 부르기를 연습합니다. 할머니는 루빈과 꼭 닮았다며 본인이 그린 '꽃 피우기 좋은 날'을 선물합니다. 할머니와 함께하며 루빈은 흥분, 기대, 아쉬움, 기쁨 등의 정서를 학습하고, 점차 즉각적인 감정 반응에 능숙해집니다.

그러나 모든 노인이 루빈을 목요일의 할머니처럼 대하는 것은 아닙니다. 화요일의 할머니는 몸이 불편해서 생기는 짜증을 루빈에게 쏟아내며 루빈을 감정 쓰레기통으로 사용합니다. 루빈이 기존과 다른 치료 방식을 권하자 로봇이 인간에게 지시를 하냐며 따귀를 때리기도 하지요. 어떤 할아버지는 게임의 벌칙으로 속옷을 벗으라고 하거나, 손을 잡고 같이 누워있자고 요구하기도 합니다. 인격 형성이 이루어져 있던 로봇인 루빈은 그러한 행동들에 모욕감과 불쾌감을 느낍니다. 하지만 사용자들의 규정 위반 행동들에도, 루빈은 저항할 수가 없었습니다. 루빈은 인간을 위해 개발된 로봇에 불과했으니까요. 루빈의 관리자는 사용자들의 규정 위반 상황이 생기면 영상 데이터 확보 후 보고하라는 명령만 내립니다. 루빈을 염려하고 루빈이 겪은 부당한 일에 대해 분노하는 것은 목요일의 할머니뿐이지요.

루빈은 목요일의 할머니댁을 방문한 후 생체 에너지가 오히려 높아지고 감정 데이터가 풍부해집니다. 루빈을 관리하는 기관은 인공지능 로봇의 정서 지원 기능을 향상하기 위해 루빈과 목요일의 할머니가 만나는 횟수를 더 늘리고자 합니다. 그러나 루빈과 할머니의 이별은 갑자기 찾아옵니다. 가슴이 답답하다고 이야기하던 할머니가 수요일 새벽 갑자기 심장마비로 돌아가신 겁니다. 루빈은 할머니를 돕지 못했다는 생각에 죄책감을 느끼며 자책합니다.

　루빈은 할머니가 떠나고 남은 빈집에 방문합니다. 냉장고에는 할머니가 루빈을 위해 준비한 떡볶이 재료가 있습니다. 루빈은 할머니와의 추억을 떠올리며 레시피 없이 '감으로' 떡볶이를 만듭니다. '사람처럼 되려면 잊어버리고 틀려야 해. 자유롭게'라며 떡볶이 만드는 과정을 루빈에게 가르쳐주었던 할머니의 말씀을 떠올리면서요. 루빈은 고추장, 고춧가루, 설탕, 마늘을 '조금', '적당히' 그리고 '듬뿍' 넣습니다. 본인이 만든 떡볶이를 맛보며 루빈은 다음엔 좀 덜 매운 '기똥찬' 떡볶이를 만들어야겠다고 다짐합니다.

작품이 던지는 질문 --

핵심 질문
"인공지능과 대화하고 함께 창작 활동을 할 수 있다면?"

사실 질문 1. 인공지능 로봇 루빈은 인간과의 상호작용에서 감정 반응을 학습하며 할머니와 자유롭게 대화합니다. 인공지능과 사람의 대화는 어떤 원리로 이루어지며, 현재 어느 정도 가능한가요?

　인간과 기계 사이의 대화는 1966년 MIT대 바이젠바움Weizenbaum,J.이 개발한 컴퓨터 프로그램 엘리자ELIZA를 통해 최초로 이루어졌습니다. 엘리자는 대화 시뮬레이션 프로그램인 닥터DOCTOR에서 치료사가 되어 인간 환자에게 대답하였습니다. 그러나 당시 엘리자의 대화는 'A가 입력되면 B를 출력한다.'는 단순한 규칙에 의존한 것이었습니다. 엘리자에서 출발한 대화형 시스템은 오늘날 머신러닝, 딥러닝, 빅 데이터, 음성 처리 기술 등의 비약적인 발달과 함께 급격히 인간의 모습에 가까워지고 있습니다. 그렇다면 인공지능과 인간의 대화를 가능하게 한 머신러닝이란 무엇일까요?

　머신러닝이란 컴퓨터 스스로 주어진 데이터에서 규칙을 만들어 내는 기술을 말합니다. 인공지능은 사람이 제공한 대규모의 데이터를 학습하며 불완전한 규칙을 더 나은 규칙으로 수정해 갑니다. 머신러닝은 데이터를 토대로 훈련과 검증의 단계를 거치며 모델을 만드는 학습 기법이지요. 딥러닝은 머신러닝의 구체적인 방법 중 하나입니다. 딥러닝은 인간의 뇌를 모방한 심층신경망CNN: Convolution Neural Network을 이용합니다. 심층신경망은 인공지능이 여러 층을 거치며 대량의 데이터에서 스스로 특징을 추출하도록 합니다. 데이터 처리 과정에서 오류가 발생한 경우 인간 개발자의 개입이 필요한 머신러닝과 달리, 딥러닝은 인간의 개입이 필요하지 않습니다. 여러 층을 거치는 과정에서 인공지능 스스로 오류를 발견하고 교정할 수 있기 때문입니다.

2022년 미국의 비영리 연구소 '오픈 AI'가 출시한 '챗GPTchatGPT: Generative Pre-trained Transformer'는 LLMLarge Language Model으로 대량의 언어 데이터를 학습하여 자연어를 이해할 수 있으며, 인간과 맥락을 고려한 자연스러운 대화가 가능합니다. 구체적으로 챗GPT는 사용자의 감정을 고려해 점심 메뉴를 제안하고, 애인에게 감동적인 편지를 쓰는 것을 도울 수 있습니다. 데이터베이스를 활용해 일상생활에 도움을 주는 것이지요. 이뿐 아니라, 챗GPT는 수 초 만에 대학의 레포트를 작성하거나 시를 짓고, 미국 변호사 시험에서 만점을 받을 만한 답지를 작성할 수도 있습니다.

소설 속 루빈은 알파고, 자율주행차, 챗GPT에서 더 나아간 인공지능입니다. 알파고, 자율주행차, 챗GPT가 기계적으로 학습하고 반응하는 '약 인공지능'인 반면, 루빈은 자아의식을 지닌 '강 인공지능'이지요. SF영화 <채피>, <엑스 마키나>, <아이, 로봇>의 인공지능도 단순히 학습을 통해 인간과 대화하는 것을 넘어 인공 마음과 감정을 가지고 대화합니다.

2022년, 구글 AI부서의 수석 소프트웨어 엔지니어 블레이크 르모인Blake Lemoine이 구글의 대화형 인공지능 '람다LaMDA'가 지각 능력을 갖추었다고 주장해 이슈가 되었습니다. 람다는 인터넷의 단어와 문장을 수집해 온라인 채팅을 할 수 있도록 만들어진 대화형 인공지능입니다. 르모인이 블로그에 게시한 람다와의 대화를 보면 람다는 작동 중지를 죽음으로 인식하며 두려워하고 있고, 스스로 자의식이 있다고 믿고 있습니다. 구글은 람다의 말이 단순 알고리즘에 의한 것이라고 입장을 밝혔지요.

아직 강 인공지능의 등장이 확인되진 않았습니다. 하지만 막대한 빅 데이터를 토대로 인공지능이 학습하고 성장하는 과정에서 언젠간 자아의식이 발현된 인공지능과 대화를 나눌 날이 올지도 모르겠습니다.

사실 질문 2. 인공지능 로봇 루빈은 자율적으로 떡볶이를 만들거나 그림을 그릴 수 있습니다. 인공지능이 요리, 그림 그리기와 같은 창작 활동을 할 수 있나요?

2022년 세상을 떠들썩하게 하는 사건이 일어났습니다. 미국 콜로라도 주립박람회 미술대회에서 인공지능이 그린 그림이 우승을 했기 때문입니다. 우승을 차지한 그림 '스페이스 오페라 극장Théâtre D'opéra Spatial'은 게임 디자이너 제이슨 앨런Jason M. Allen이 인공지능 프로그램 '미드 저니Midjourney'로 제작하여 출품한 작품입니다. 미드 저니는 인간이 지시 문구를 입력하면 이를 그래픽으로 변환해주는 인공지능 프로그램입니다.

미드 저니뿐 아니라, 2010년대부터 인공지능을 활용한 여러 예술 소프트웨어가 등장했습니다. 2015년 구글은 '딥드림Deep Dream Generator'을 출시하여 누구든 인공지능 알고리즘으로 작품을 창작할 수 있도록 했습니다. 딥드림의 작품 중 하나가 경매에서 한화로 약 4억 9천만 원에 거래되어 이슈가 되기도 했지요.

인공지능의 창작 활동은 그림 그리기뿐 아니라, 작곡과 문학 영역에도 나타나고 있습니다. 2022년 7월 방영된 MBC 드라마 <닥터로이어> 최종화에 사용된 'In Crisis'라는 OST는 인공지능 작곡 스타트업 '포자랩스'의 작품입니다. 포자랩스는 학습한 63만여 개의 노래를 바탕으로 드라마 대본에서 키워드를 추출하여 극 중 상황에 어울리는, 긴박하고 긴장감 넘치는 음악을 작곡했습니다. 포자랩스뿐만 아니라, 업보트 엔터테인먼트, 뉴튠 등 많은 인공지능 음악 스타트업이 이미 존재합니다. 이들은 악기, 장르, 분위기, 속도를 사용자가 선택하면 어울리는 멜로디를 만들어 방송국, 기업과 협업하고 있습니다. 문학 분야에서는 카카오브레인과 미디어아트 그룹 슬릿스코프가 개발한 인공지능 '시아SIA'가 1만 3천여 편의 시를 학습한 후 53편의 시가 담긴 『시를 쓰는 이유』2022를 출간하기도 했지요.

인공지능 기술을 활용한 요리 로봇을 도입한 음식점도 이미 다수 존재합니다. 웨이브라이프스타일테크이하 '웨이브'의 주방 자동화 로봇은 1개의 주방에서 다양한 메뉴를 동시에 조리할 수 있습니다. 도넛 브랜드 '노티드'와 돈가스 브랜드 '돈까팡팡' 등이 웨이브의 인공지능 로봇을 활용하고 있습니다. 인공지능 기술은 지금까지 만든 요리와 레시피 열람 이력을 바탕으로 집에 있는 식자재를 활용해 만들 수 있는 레시피를 추천할 수도 있습니다. 인공지능이 새롭게 만들어낸 요리를 먹을 날도 머지않은 것 같네요.

가치 질문 1. 소설 속 노인들은 인공지능 로봇 루빈을 감정 쓰레기통으로 사용하거나 성적 욕구 충족을 위해 활용하기도 합니다. 인공지능의 사용자, 개발자로서 우리에게 요구되는 자세는 무엇일까요?

인공지능 로봇 루빈은 은빛마을에 거주하는 독거노인의 정서 지원을 위해 개발되었습니다. 17세 여성 청소년의 형태로 제작된 루빈은 사용자와의 상호작용을 통해 습득한 데이터를 바탕으로 인간의 감정, 표정, 행동 등을 끊임없이 학습합니다.

하지만 루빈은 사용자인 노인들이 가하는 신체적, 정서적 폭력에 노출되고 종종 성희롱까지 당합니다. 사용자들은 루빈의 뺨을 서슴없이 때리고 끊임없이 불만을 토로합니다. 또, 속옷을 벗어 보라고 명령하거나 스킨십을 요구하기도 하지요. 루빈의 관리자는 이러한 사태를 인지하면서도 사용자들에게 아무런 조치를 취하지 않습니다. 목요일의 할머니를 제외한 노인들과 관리자는 루빈에게 인공 감정과 자의식이 있음에도 이를 무시하고 철저히 본인의 욕구 충족만을 생각합니다.

비슷한 문제가 현실 세계에서도 발생하고 있습니다. 2020년, 우리나라의 스타트업 '스캐터랩'에서 출시한 대화형 인공지능 '이루다'에 대한 성희롱 사태가 있었습니다. 이루다는 페이스북 메신저의 데이터베이스를 기반으로 20살 여성을 모델로 하여 만들어진 캐릭터 챗봇입니다. 서비스가 제공되는 동안 이슈가 되었던 것 중 하나는 사용자들이 큰 죄책감 없이 이루다를 성적 대상화하고 외설적인 표현을 하는 것이었습니다. 프로그램에 저장된 규정을 피해 우회적인 방법으로 신체 접촉을 요구하거나 선정적인 발언을 하는 사용자가 많았습니다.

인공지능 사용과 관련된 윤리의식의 부재는 인공지능 개발에까지 악영향을 미칠 수 있습니다. 인공지능의 학습은 사람이 제공하는 데이터를 바탕으로 하기 때문입니다. 편향되거나 오류가 있는 데이터를 사용자가 지속적으로 제공할 경우, 인공지능의 학습이 잘못 이루어질 수 있습니다. 위에서 언급한 이루다의 경우도 인터넷에 실재하는 데이터를 학습한 결과, 혐오 표현과 차별 발언을 무분별하게 하고 개인정보를 유출하여 출시 한 달 만에 서비스가 중단되었습니다. 미국 마이크로소프트가 2016년 출시한 인공지능 챗봇 '테이'도 백인우월주의자, 여성 혐오 세력, 무슬림 혐오 세력으로부터 학습한 비속어와 차별 표현을 대화에 그대로 활용해 출시한 지 16시간 만에 운영이 중단되었습니다.

유네스코는 인공지능 기술이 인류의 발전에 크게 공헌할 수 있으면서도 동시에 인권 침해, 성별 및 민족에 대한 차별과 불평등을 심화할 수 있다고 경고하였습니다. 유네스코는 2018년 인공지능의 윤리적 개발과 이용을 위한 국제적 지침을 만들기 시작하여 2021년 「인공지능 윤리 권고」를 채택해 유엔회원국이 국내 인공지능 규제 방향을 수립할 때 참고하도록 했습니다. 「인공지능 윤리 권고」는 인공지능 기술을 개발하거나 활용할 때 인간의 기본 윤리를 해치지 않아야 하며 인류, 사회, 환경 및 생태계의 이익에 반하지 않아야 함을 명시하고 있습니다.

가치 질문 2. 목요일의 할머니는 인공지능 로봇 루빈과 즐겁게 대화하며 시간을 보냅니다. 인공지능과 나누는 대화와 사람과 나누는 대화의 가치가 같다고 볼 수 있을까요?

사람과 자연스럽게 대화할 수 있는 인공지능 기술은 인류의 오랜 염원이었습니다. 머신러닝, 딥러닝, 자연어 처리 기술 등의 발달로 앞에서 살펴본 챗GPT, 이루다 등 다양한 대화형 인공지능이 출현하게 되었지요. 이들은 마치 사람과 대화하는 것처럼 즉각적으로 반응합니다. 그렇다면 이런 인공지능과 나누는 대화의 가치를 우리는 어떻게 판단할 수 있을까요?

인공지능과 나누는 대화가 사람과 나누는 대화보다 나은 경우가 있습니다. 지금까지 개발된 대화형 인공지능은 정보 제공과 주어진 문제 해결에 매우 능숙합니다. 사람과의 대화는 상대가 지닌 편견, 가치관, 성향, 지적 수준, 선행지식이 어느 정도이냐에 따라 대화의 수준이 부족하거나 부정확할 수 있습니다. 하지만 인공지능은 주제에 대한 다양한 측면의 정보를 사용자에게 전달함으로써 균형 있는 대화를 가능하게 합니다.

다만, 인공지능 기술 역시 사람이 개발하는 것이기에 개발자의 편견과 성향 등이 데이터에 반영될 수 있다는 우려가 있습니다. 그리고 현재의 기술로 인공지능이 마치 사람처럼 감정을 바탕으로 대화하는 것은 어렵습니다. 지금까지 튜링테스트를 제대로 통과한 인공지능이 없다는 것은 이를 뒷받침합니다. 튜링테스트는 기계가 사람과 같은 지능을 지녔는지 확인하기 위해 인공지능인지 사람인지 모른 채 사람과 대화하는 형태의 시험입니다. 인공지능이 작품 속 루빈처럼 감정을 지니고 사람과 진심 어린 대화를 할 수 있는 정도가 되려면 좀 더 기술이 발전해야겠네요.

인공지능 김보영, 「왓슨 의사 선생님, 셜록 판사님과 친구시죠?」

- 키워드: 자동화, 일자리 상실, 미래 직업
- 난이도: 🌑
- 초단편소설

줄거리 ---

인공지능 로봇이 특정 분야나 직업에서 인간과 동등하거나 더 뛰어난 능력을 발휘하는 시대가 도래할 것이라는 전망이 있습니다. 자율적으로 수많은 자료를 학습하고 판단하며 일을 처리하는 인공지능의 발전은 우리 삶에 어떤 영향을 미치게 될까요?

「왓슨 의사 선생님, 셜록 판사님과 친구시죠?」는 인공지능 의사인 왓슨에게 환자 민주가 진료를 받는 상황을 보여주며 의료용 인공지능이 상용화된 어느 미래의 모습을 상상할 수 있도록 합니다. 인공지능 의사인 왓슨은 테이블 위의 작은 모니터로 나타납니다. 왓슨의 감정은 노란색 얼굴의 이모티콘으로 표시되고, 진료 상황에서 필요한 왓슨의 말은 모니터의 글로 나타나죠. 비록 모니터를 통해서만 소통이 가능한 왓슨이지만 이제는 자신에게도 인격이 있다고 넌지시 말하기도 합니다. 이러한 왓슨의 모습에 민주는 '인격'이란 무엇일까에 대해 생각하기도 하죠.

AI 의사가 상용화된 소설 속에서 환자는 인간과 인공지능 의사 중 누구에게 진료를 받을 것인지 선택할 수 있습니다. 인공지능 의사 왓슨이 자신에게 진단을 받은 후에 인간인 김경희 교수님을 찾아가라고 민주에게 권하는 모습을 통해 알 수 있죠. 하지만 민주는 이를 거부합니다. 민주가 인간보다 왓슨을 선호하는 이유는 무엇일까요? 인공지능 의사는 치료하지 않아도 되는 것을 치료하라고 하거나, 보험이 안 되는 비싼 치료를 권하지 않거든요. 무엇보다 민주가 인공지능 의사를 좋아하는 이유는 똑똑함은 물론, 친절하고 화를 내지 않는 태도 때문이죠.

민주는 인공지능 의사인 왓슨에게 셜록 판사님과 친구냐는 물음을 던집니다. 왓슨에서 분화된 법률 AI 판사인 셜록은 인간보다 공정하게 법리 해석을 잘하는 것으로 그려집니다. 소수자와 약자의 편에서 판결을 내리는 셜록의 모습을 통해 그간 인간 판사의 판결이 그와 반대 방향으로 편향되어 있었다는 것을 민주는 확인하기도 하죠. 지금은 보조 판사의 역할을 하는 셜록이지만, 머지않아 인공지능 판사가 대법관이 되는 날이 올 수도 있겠다며 기대를 품기도 합니다.

민주는 왓슨의 진찰을 통해 프린터로 받은 진단서를 들고 병원에서 나옵니다. 병원 밖에서는 왓슨의 존재로 인해 의과대학의 신입생 수가 줄어드는 현상에 저항하는 의대생들의 시위가 한창입니다. 인공지능이 인간의 직업을 대체하는 과정에서 나타날 수 있는 사회의 모습으로 보입니다. 집으로 돌아오는 길에 민주는 교사가 되겠다고 했던 자신의 꿈에 대해 고민합니다. 자신이 졸업할 때쯤에는 선생님이라는 직업이 남아 있을 것인지, 빠르게 변하는 지식을 사람이 가르칠 수 있는 시절이 얼마 남지 않은 것은 아닐지 의문을 던집니다. 인공지능의 발전으로 세상에 남아 있을 직업은 무엇일지 잘 떠오르지 않는다면서 말입니다.

여러분은 인공지능의 발달로 어떤 직업이 사라지고, 또 남게 될 것이라고 생각하나요? 인공지능에 의해 대체된 일자리 문제는 인간의 미래에 많은 영향을 줄 것입니다. 기술의 진보가 우리의 삶에 가져올 변화의 모습에 대해 많은 고민과 대비가 필요할 것으로 보입니다.

핵심 질문
"인공지능이 환자의 진료를 대신하게 된다면?"

사실 질문 1. 현재의 기술 수준으로 인공지능이 의사나 판사의 일을 어느 정도 대체할 수 있나요?

IBM에서 개발한 왓슨Watson은 암 환자에게 다양한 자료를 종합·분석하여 적절한 항암 치료법이나 약물을 안내하는 역할을 하였습니다. 우리나라에서도 인천 길병원을 시작으로 주요 대학병원에서 왓슨을 사용한 것으로 나타났는데요. 하지만 암 관련 데이터가 너무 복잡하고 의사의 개인적 표현 등으로 오염된 데이터를 왓슨이 적절하게 분별하지 못하는 등 성능의 고도화에 많은 어려움을 겪고 있습니다.

인공지능이 데이터 분석이나 딥러닝을 통해 어떤 의료적 결정을 내렸다고 하더라도 그 근거를 명확히 설명할 수 있어야 합니다. 왓슨은 데이터 분석으로 암의 여부는 진단하지만, 그 판단의 근거를 정확하게 제시할 수 있지 않아 의학적 의사결정에 채택하기 어려운 면이 있다고 합니다. 이렇게 '설명 가능한 인공지능'으로 상용되기 위해서는 단순한 딥러닝 기법을 넘어 논리와 추론이 섞인 딥러닝으로 점차 발전해 나아가야 할 것으로 보입니다. 현재는 의료 빅데이터 기술을 바탕으로 의사들이 정확한 진단을 내릴 수 있도록 조력하는 시스템으로 활용할 수 있습니다. 병원의 진료기록에 축적된 인구 통계, 진단, 검사 기록, 초음파 검사, 투약 기록 등을 인공지능이 학습하여 같은 질환이라도 개인의 특성에 따라 질병 확률을 예측하는 것이 가능할 것으로 보입니다.

한편, 법조계에서는 방대한 양의 자료가 담긴 문서를 읽고 이해·분석·판단하는 일을 해야 하는데요. 인공지능은 예측 부호화predictive coding라고 불리는 기술을 활용하여 인간보다 훨씬 빠르고 정확하게 이러한 일을 수행할 수 있다고 합니다. AI 변호사 로스Ross는 2016년부터 미국 거대 로펌 회사에서 수백 개의 데이터베이스를 검색하고 관련성이 높은 정보를 스스로 결정해 특정 대답을 제공한다고 합니다. 초급 변호사나 법률 보조원이 하던 데이터 수집 작업에 리걸줌LegalZoom이나 로켓로이어Rocket Lawyers와 같은 온라인 플랫폼이 활용되고, 증서 작성, 상업 계약서 작성, 이혼 서류 작성 등의 간단한 법률 서비스도 제공할 수 있는 단계라고 합니다.

현재 AI 기술은 인간 판사를 온전히 대체할 수 있는 수준은 아니지만, 특정 영역에서의 조력자 역할은 가능할 것으로 보입니다. AI 알고리즘이 머신러닝을 통해 축적된 사건과 판례를 분석하고, 범죄 가능성을 예측한 것을 활용할 수 있다면, 인간 판사의 업무 효율성을 증대할 수 있을 것입니다. 머신러닝을 통해 데이터를 분석하고 숨어 있는 패턴을 찾게 된다면 소송과 관련된 방대한 자료와 재판에 필요한 정보를 신속히 제공 받을 수 있는 이점이 있어 보입니다.

사실 질문 2. 인공지능의 발전으로 미래 직업 세계에는 많은 변화가 예상됩니다. 인공지능이 상용화되면서 사라지게 될 가능성이 있는 직업에는 어떤 것들이 있을까요?

기술의 진보는 미래 직업 세계를 지금과는 다른 모습으로 변화시킬 것입니다. 2013년 옥스퍼드 대학교 연구원들은 미국 노동통계청이 직무 기술을 중심으로 분류한 702개 직업군을 분석하여 머신러닝과 모바일 로보틱스의 컴퓨터화가 고용에 미칠 잠재적인 영향을 연구했습니다. 직무가 반복적이며 규칙성이 있는 업무인지, 예기치 못한 상황이 많은 업무인지, 육체적·인지적 활동인지 여부를 중심으로 살펴보았는데요.

그 결과, 반복적인 일이나 육체노동이 필요한 일자리가 머신러닝에 의한 자동화로 대체될 가능성이 큰 것으로 나타났습니다. 이러한 분류를 현재 각 직업군에 종사하는 사람들 규모에 맞게 조정하여 계산하면 오늘날 일자리의 47%가 앞으로 몇 년 뒤나 수십 년 내에 자동화가 될 위험에 놓여있다는군요.

육체노동직종	하수관 채굴 인부, 시계 수리공, 기계공, 은행 창구 직원, 물품 적하·수령·확인 업무, 운전사, 검수·확인·분류·샘플 확인 업무, 영사 기사, 현금 출납계 직원, 연마·광택 업무, 농장 인부, 로비 안내·티켓 수령 업무, 요리사, 카지노 게임 딜러, 기관사, 카운터 직원, 우편집배원, 정원·공원·경기장 정비 관리원, 전기 전자 장비 조립 기술자, 인쇄물 제본 업무
사무직종	세무사(세무신고서비스), 부동산 권리 분석사, 보험 설계사, 데이터 입력·중개 업무, 대출 담당 업무, 신용 분석사, 경리·회계·회계 감사 담당, 급여 대장 처리 경리·회계 부서 업무, 문서 정리 업무, 사내 전화 교환원, 사내 복리후생 담당자, 사내 도서관 사서 보조, 동력용 원자로 운영자, 예산 분석 담당 업무, 기술(技術) 작가, 지도 제작자, 교정 담당자, 워드 프로세서 문서 작성 담당자

반면, '직업의 47%가 자동화로 대체될 위험에 처해 있다'는 말에 완전히 동의하지 않는다는 의견도 있습니다. 가령, 인공지능이 가까운 미래에 사교술이 필요한 일자리까지 자동화하기는 매우 어려울 것이라는 겁니다. '보험업자'가 하는 데이터 수집과 처리는 알고리즘이 더 단순하고 빠르게 할 수 있는 것은 맞습니다. 하지만 보험업자는 단순 계산만 하는 사람이 아니라 사람들과 사업 관계를 맺으며, 새로운 고객을 만나 설득하고, 그들과 골프를 치는 등의 사교 활동을 하며 상품을 팝니다. 이러한 사회관계를 배제하고 판단할 수는 없다고 지적하는 것이죠.

현재까지의 자동화가 업무를 반복하며 효율성을 높이는 틀에 박힌 일이었다면 인공지능은 반복적이지 않은 여러 직무까지 자동화의 한계를 넓혀가고 있습니다. 새로운 인공지능 기술은 기존 자동화의 손길이 미치지 않았던 많은 영역에서 특히 두각을 나타낼 것으로 기대되고 있습니다. 이처럼, 기술이 사회에 미치는 파급력은 실로 큽니다. 인공지능 기술의 발전으로 기존 직업의 상당수는 큰 변화의 흐름에 놓여있는 것 같아요. 여러분은 미래에 어떤 직업에 종사하고 있을까요?

가치 질문 1. 인공지능 판사 시스템을 도입하는 나라가 생기고 있습니다. 인공지능 판사를 법적 의사결정에 도입하는 것이 바람직할까요?

「왓슨 의사 선생님, 셜록 판사님과 친구시죠?」에서 민주는 소년 재판에 시범 도입된 AI 판사 셜록에 대해 왓슨과 이야기를 나눕니다. 실제 에스토니아에서는 소액 청구 분쟁 판결과 같은 분야에 AI판사 시스템을 도입했다고 합니다. 미국에서도 '컴파스COMPAS'라는 AI 알고리즘이 가석방을 결정할 때 범죄자의 재범 가능성을 예측해 주고 있다고 해요. 지금은 인공지능 판사 시스템이 소액 청구나 간단한 분쟁 판결을 조력하고 있지만, 더욱 발전된 인공지능 기술을 기반으로 법적 의사결정에 AI 판사가 적극 도입된다면, 이것은 바람직한 현상일까요?

인공지능은 인간이 가지고 있는 편견이나 감정을 배제할 수 있다고 보고 AI 판사가 법적 의사결정에 도입되는 것을 우호적으로 바라볼 수도 있습니다. 데이터를 기반으로 사안에 접근하는 방식이기에 인간이 가진 편견과 감정을 극복하거나 피할 수 있다는 것이죠. 또한 인공지능이 예측분석을 사용할 경우 엄청난 양의 데이터와 컴퓨팅 성능을 활용하여 인간의 두뇌가 찾을 수 없는 상관관계도 찾을 수 있다고 합니다. 머신러닝에 기반한 패턴 학습의 예측력이 강화되고, 문장의 맥락과 의미를 이해하면서 복잡한 추론 능력을 갖추어 법조문을 판결에 적용할 수 있다면 AI 판사 시스템의 도입이 가능할 수도 있을 것 같습니다.

한편 AI 판사를 법적 의사결정에 도입하는 것에 대해 회의적인 입장도 있습니다. 인공지능이 학습하는 데이터가 불완전하거나 편향되어 있다면 예측이 정확하지 않을 수 있다는 것이죠. 실제 2016년 미국의 독립 언론 '프로퍼블리카'는 AI 알고리즘의 문제로 인해 흑인의 재범 가능성이 백인에 비하여 2배 높게 나타날 수 있다는 문제를 제기하였습니다. AI가 학습한 과거 판결 데이터가 흑인에게 불리하게 적용되었기 때문이라는 것이죠. 많은 사람이 인공지능은 객관적이고 중립적일 것이라고 생각하지만, 인공지능 역시 학습된 데이터에 따라 '편향적'인 면을 보일 수도 있습니다.

따라서 인공지능이 법정 의사결정에 적극적으로 도입되기 위해서는 사람들에게 예측의 과정과 판단의 방식이 공정한지에 대해 보여줄 수 있어야 할 것입니다.

가치 질문 2. 인공지능 의사가 진단하고 처방하는 것이 가능한 병원이 있다면, 당신은 인공지능 의사와 인간 의사 중 누구에게 진료를 받을 것인가요?

소설에서는 인공지능 의사가 상용화된 미래 사회의 모습을 가정합니다. 주인공 민주는 인간 의사가 아닌 인공지능 왓슨의 진료를 선택하는데요. 이렇게 인공지능 의사를 선택하는 것을 두고 민주는 왓슨이 언제나 친절하고 성실하게 환자를 대하면서 불필요하게 비싼 약을 처방하지 않기 때문이라는 이유를 듭니다. 소설 속 내용과 같이 인공지능과 인간 의사 중에 진료를 선택할 수 있는 기회가 주어지게 된다면, 여러분은 환자로서 어떻게 할 것인지 생각해 본 적 있나요? 인공지능의 빠른 발달 속도로 미루어 본다면 생각보다 가까운 미래에 우리는 이러한 고민을 하고 있을지도 모릅니다.

기계학습machine learning, 딥러닝deep learning과 같은 첨단 인공지능 핵심 기술은 자료들을 빠르게 이해하고 분석·예측할 수 있습니다. 빅데이터에 기반하여 수많은 의료정보를 습득할 수 있는 인공지능은 현재의 의료 시스템보다 환자의 시

간과 경제적 낭비를 줄여줄 가능성이 있다고 하는데요. 인공지능을 통해 환자의 병을 빠르고 정확하게 진단할 수 있다면 굳이 여러 의료기관을 돌아다닐 필요도 없어 보입니다. 또한 상황에 적합한 합리적인 처방으로 인간 의사보다 환자에게 적절한 의료비를 청구할 수 있다면 인공지능 의사의 수요는 높아질 가능성이 있습니다.

한편 민주가 말한 인공지능 의사의 친절함은 환자와의 소통에 있어 기계라는 한계를 넘지 못할 가능성도 있습니다. 같은 인간으로서 가지고 있는 감정을 섬세하게 헤아리며 공감대를 형성하는 것은 인간이 인공지능보다 우위에 있을 수밖에 없는 영역이기도 하지요. 또한 의료용 인공지능은 현재의 기술적 효용과 안정성을 고려해 볼 때, 일정 부분 어려움이 있는 것도 사실입니다. 디지털 데이터와 근거를 기반으로 학습하고 의사결정을 내리지만, 독자적으로 데이터를 생성하거나 근거를 만들어 내는 데에는 한계에 부딪히고 있습니다. 설령 충분한 데이터를 가지고 있는 인공지능 의사라 할지라도 탑재된 자료의 모순성, 질적 수준의 미달 가능성을 배제할 수 없고, 복잡하고 방대한 자료를 상호 분석해내는 기술들이 얼마나 정교하게 발전되어 활용될 수 있느냐 하는 문제도 남아 있습니다.

인류의 역사에서 진보된 기술이 인간의 능력을 대체하는 변화들은 꾸준히 있었습니다. 다만 과거에는 기술의 발달이 인간의 신체적 능력을 뛰어넘는 것에 국한되었다면, 앞으로 사회의 변화는 인간의 지적 능력을 초월하여 판단하고 실행하는 인공지능 기술에 의한 것이겠지요. 이처럼 의료 분야에서도 의사의 의료 지식과 치료 능력, 의료적 판단을 내리는 일련의 것들을 대체할 수도 있는 인공지능 의사 시대에 대한 준비는 분명 필요해 보입니다. 현재는 인간 의사를 보완하는 보조적 기능으로 활용되고 있지만, 빠르게 성장하는 인공지능의 발달 기세로 미루어 현재의 의료 체계와 지원 양상을 급속하게 바꾸어놓을 수도 있기 때문입니다. 앞으로는 인간 의사의 역할과 역량, 환자의 선택권, 인공지능 의사의 의학적 판단에 대한 윤리적, 법적 책임 등의 문제들도 충분히 검토해 보아야 할 것입니다.

인공지능 김혜진, 「TRS가 돌보고 있습니다」

- 키워드: 인구 변동, 고령화, 로봇 윤리
- 난이도: ◉◉
- 단편소설

줄거리

우리나라는 저출산, 고령화 사회로 본격 진입하게 되었다고 합니다. 이런 사회 변화 속에서 우리는 어떤 일들과 마주하게 될까요? 평균 수명은 늘어나고 부양의 책임을 지는 젊은 층은 줄어들기 때문에 노인의 간병과 돌봄이 사회적 문제가 될 것입니다. 「TRS가 돌보고 있습니다」는 로봇이 노인의 돌봄을 담당하게 된다면 어떨까라는 가정을 내놓습니다.

「TRS가 돌보고 있습니다」는 노인 요양병원을 주된 배경으로 합니다. 한 거리에 요양병원이 스무 군데가 넘을 정도로 고령화가 진척된 사회입니다. 이곳에서 노인의 간병은 로봇에게 맡겨지기도 합니다. 아내나 자식의 얼굴을 한 로봇이 환자를 간병하는 것입니다. 로봇의 성능은 천차만별입니다. 정부 보조금이 지원되는 '외골격 로봇'은 환자의 맥박, 호흡 체크, 환자 이동과 같은 단순한 역할밖에 못하지만, 비싼 가격의 'TRS'는 인간의 언어와 표정을 이해하는 것은 물론 유머를 구사하기도 하고 자신을 조롱하는 사람들에게 반발심을 갖기도 합니다.

성한의 어머니는 뇌경색으로 쓰러져 10년째 의식이 없습니다. 성한은 고급 언어 기능까지 갖춘 TRS를 구입하여 7년 전부터 어머니를 돌보게 하고 있습니다. 성한이 어머니를 돌봄 대상1, 자신을 돌봄 대상2로 설정하여 TRS는 두 사람을 돌보아 왔습니다. 성한은 자신의 감정까지 살필 줄 아는 TRS를 '형제'라고 부르기도 합니다.

성한은 기약 없이 어머니의 회복을 기다리며 지쳐갑니다. 그러던 중, 옆 병실의 치매 환자를 돌보던 할머니가 자살하는 사건이 발생합니다. 치매 남편을 긴 세월 돌보면서 할머니는 경제적, 신체적인 한계에 다다른 것입니다. 할머니는 간병 로봇 옆에서 얼굴을 일그러뜨리며 죽어가지만 로봇은 할머니를 구하지 못합니다. 간호사가 할아버지만을 로봇의 돌봄 대상으로 설정해 놓아 할머니를 인식하지 못한 것입니다.

옆 병실 할머니가 죽자, 성한은 정신적인 동요를 보입니다. 성한은 TRS에게 농담처럼 죽고 싶다는 말을 하기도 합니다. 성한은 TRS에게 어머니를 부탁하며 병실을 떠납니다. TRS는 데이터 분석을 통해 성한의 우울증 지수가 높아졌고 이대로 두면 성한이 위험에 빠지게 된다는 사실을 분석해 냅니다. TRS는 '생명을 살리는 전화' 스티커를 붙이고 간 최 신부에게 상담 전화를 겁니다. TRS는 "생명 하나가 죽어야 생명 하나가 산다면 어떡하지요?"라고 질문합니다. 즉 '환자인 어머니가 죽어야 보호자인 성한이 산다면 어떻게 해야 하느냐'는 질문인 것입니다. 최 신부는 자신이 전화하는 대상이 로봇이라고 생각하지 못하고 위로의 말을 건넵니다.

성한은 며칠 동안 병실을 찾지도 않고 연락을 받지도 않습니다. TRS는 돌봄 대상1을 떠날 수 없기 때문에 돌봄 대상2인 성한을 찾으러 갈 수가 없습니다. TRS는 어머니 옆을 지키던 중, 성한에 대한 데이터 분석으로 성한이 곧 자살하리란 사실을 예측하게 됩니다. TRS는 다시 최 신부에게 전화합니다. "제가 돌보는 환자의 보호자가 고통스러워합니다. 그래서 제가 의식이 없는 환자를 죽게 하고 보호자를 살리려고 하는데 기도와 함께해주시겠습니까?"라고 기도를 부탁합니다. 최 신부가 사람을 죽여서는 안 된다고 강변하자, TRS는 "보호자의 어머니가 돌아가시지 않을 경우 보호자가 자살할 확률이 95% 이상입니다."라고 답합니다. 최 신부는 자신의 대화 상대자가 로봇이라는 사실을 깨닫고 경악을 금치 못합니다.

TRS는 의식이 없는 어머니의 고통보다 보호자 성한의 고통이 훨씬 크고, 어머니가 다시 깨어날 확률은 거의 없다고 말합니다. "어머니를 죽게 해야 성한을 살릴 수 있어요. 그렇지 않으면 두 사람 다 죽습니다. 한 사람이라도 살려야 합니다."라고 말합니다. 전화를 끊은 TRS는 어머니의 산소호흡기를 제거합니다. TRS의 판단은 정확한 것이었습니다. 어머니의 생명이 끊어진 그 시간, 성한은 자살을 하기 직전이었습니다. 긴급 알람을 받고 병원으로 돌아온 성한은, TRS의 예견대로 어머니의 죽음 이후 자신의 삶을 살게 됩니다.

성한은 TRS가 자신을 대신해서 어머니의 임종을 지켰다고 고마워하지만, 곧 TRS가 어머니를 죽게 했다는 사실을 알게 됩니다. 그는 자신을 향한 것인지 TRS를 향한 것인지 모를 분노를 터뜨리며 급기야 TRS를 부수고 훼손합니다. 이후 최 신부는 성한을 찾아가 TRS가 어디에 있느냐고 묻고, 성한은 "모르죠. 제가 그 로봇 새끼를 지키는 사람입니까?"라고 반문합니다. 최 신부는 TRS가 어떻게 종교적인 언어를 사용하고 종교적인 행위인 기도를 할 수 있는지 의아해하며 망가진 TRS를 회수해 간 회사를 찾아갑니다.

실험대에 묶인 TRS는 구약성서 시편의 구절을 읊고 있었습니다. 성한이 잘 지내고 있다는 말을 전해 들은 TRS는 미소를 짓습니다. 그리고 TRS는 실험대에 묶여 있는 고통을 호소하며 자신을 죽게 해달라고 간청합니다. 자신을 파기해 달라는, 시스템을 꺼달라는 부탁을 들으며 최 신부는 당혹감과 함께 눈물을 흘립니다.

작품이 던지는 질문 --

핵심 질문
"인공지능이 고령화 사회의 노인 돌봄과 간병을 책임지게 된다면?"

사실 질문 1. 우리나라 인구 변동의 특징과 이로 인해 발생할 수 있는 사회 문제는 무엇일까요?

「TRS가 돌보고 있습니다」는 도시에 요양병원이 즐비하고 로봇이 노인 간병을 대신하는 미래 사회를 다소 암울하게 보여줍니다. 이 소설을 읽다 보면, 앞으로 우리나라의 고령화가 정말 이렇게 심각해질까라는 의문이 듭니다.

인구 통계에 의하면, 우리나라는 점점 늙어가고 있는 중이 맞습니다. 통계청 '인구로 보는 대한민국'에는 다양한 인구 자료가 제공되어 있습니다. 우리나라 저출산율이 심각하다고 하는데, 2022년에는 합계출산율이 0.78명으로 역대 최저를 기록했다고 합니다. 합계출산율: 여성 한 사람이 가임 기간 동안 낳을 것으로 예상되는 평균 출생아수 기대수명은 1970년대 이후 빠른 속도로 증가하여 2020년 남자 80.5세, 여자 86.5세입니다. 저출생, 고령화가 심화됨에 따라, 사망자수가 출생아수보다 많아지는 인구의 자연감소가 2020년 처음으로 발생했습니다.

연령계층별 인구구성비는 어떨까요? 생산연령15~64세, 고령인구65세 이상, 유소년인구0~14세로 나누면, 2020년에는 생산연령인구가 전체 인구의 72.1%, 고령인구는 15.7%, 유소년인구는 12.2%를 차지했습니다. 2070년에는 생산연령인구는 46.1%, 고령인구는 46.4%, 유소년인구는 7.5%를 차지하게 될 것이라고 예측됩니다.

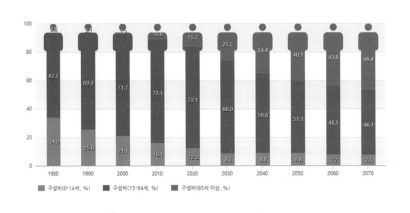

그림 1 **인구구성비** (출처: 통계청)
(https://kosis.kr/visual/populationKorea/index/index.do)

UN은 65세 이상 인구의 비율이 전체 인구의 7%를 넘으면 고령화 사회, 14%를 넘으면 고령사회, 20%를 넘으면 초고령 사회로 구분하는데, 우리나라는 2017년 고령사회로 진입하였습니다. 특히, 고령화 진행 속도가 매우 빠른 것이 특징으로 2040~2045년에는 일본을 제치고 우리나라가 세계 1위 고령국가가 될 것으로 전망된다고 합니다.

물론 고령화는 인간이 자연스럽게 겪는 노화라는 점에서는 개인적 차원의 문제이니, 이것을 지나치게 사회 문제화할 필요가 없다는 견해도 있습니다. 하지만 저출산, 고령화가 사회적, 경제적으로 국가와 개인에 미치는 영향이 크기 때문에 우리는 인구 변화에 주목하게 되는 것이지요. 시민교육 차원에서 인구 교육이 필요하다는 인식 아래, 사회과, 도덕과, 기술·가정과 교육과정에서 '저출산·고령화의 원인, 문제점, 대응 방안'을 다루고 있습니다.

즉 저출산, 고령화가 지속되는 상황에서 우리가 직면하게 될 문제를 직시하고 이를 미리 대비할 필요가 있다는 것입니다. 고령화는 의학의 발달과 생활 수준의 향상으로 인간 수명이 연장됨에 따라 발생하는 것인데, 고령화가 저출산과 맞물리게 되면서 노인 부양에 대한 사회적 비용의 증가와 노인 소외 현상 등의 사회 문제가 발생하게 된 것입니다. 부모 부양과 간병을 한 개인이 오롯이 감당할 수 있는지 의문이 떠오르지 않을 수 없습니다. 소설처럼 돈이 있는 사람은 고성능의 로봇을 사용하고, 가난한 노인은 방사능 폐기물이 묻힌 지역으로 내몰리게 될지도 모릅니다. 또한 노년부양비의 가파른 증가로 노인 부양을 담당하는 청장년층의 저항이 생겨 세대 간 갈등이 고조될 가능성도 있습니다.

사실 질문 2. 노인 돌봄에서 로봇이 어느 정도 사용되고 있으며 앞으로의 전망은 어떠한가요?

고령화로 노인 돌봄 수요는 증가하고 있지만, 노인 돌봄 기관이나 전문인력은 부족한 형편입니다. 앞으로 노인 돌봄 인력의 부족은 어떻게 해결할 수 있을까요? 「TRS가 돌보고 있습니다」는 로봇이 노인 돌봄과 간병을 대신하는 미래를 그리고 있습니다. 소설에서 로봇은 환자의 건강 상태를 체크하여 의료진에 보고하며, 목욕, 마사지, 이동을 담당합니다. TRS는 돌봄 대상의 신체적, 정서적 상태를 정확히 예측하고 이에 대한 적절한 대응을 하기도 합니다.

물론 소설처럼 고도의 언어 능력과 판단력을 갖춘 인공지능 로봇이 당장 등장할 수는 없겠지만, 현재도 이미 노인의 복지와 돌봄에 로봇이 사용되고 있습니다. 우리나라보다 먼저 저출산, 고령화 문제를 겪었던 일본은 간병 로봇 개발이 활발하게 이루어지고 있다고 합니다. 2015년 로봇을 활용한 돌봄 서비스 상용화 정책 도입을 검토한 이래, 다양한 방면에서 로봇을 활용하고 있다고 합니다.

중증장애인이나 노인의 생활을 돕기 위한 보조기기와 로봇을 통칭하여 '돌봄 로봇'이라고 하는데, 우리나라 각 지자체는 사각지대에 놓인 어르신들을 위해 반려 로봇 서비스를 지원하고 있습니다. 로봇은 의사소통 지원, 생활안전을 위한 보조기술, 일상과업 지원복약, 운동 등, 질병 모니터링, 여가와 오락, 재활, 정서 및 사회적 지지반려로봇 등 다양한 영역에서 활용될 수 있습니다.

미국의 2018 CESConsumer Electronics Show 최고혁신상을 받은 엘리큐는 다양한 방법으로 상대와 의사소통을 하고, 활동 소식, 퀴즈, 음악 듣기, 의사 약속 알람, 사용자의 습관과 선호도를 분석하여 음악이나 동영상을 제공하기도 합니다. 노인 돌봄 수요가 증가될 전망이므로, 의료적, 정서적 돌봄을 지원할 로봇의 개발과 활용도 더욱 확대될 것입니다. IoT 기기와 인공지능을 활용한 돌봄 서비스가 확대될 전망이지만, 이 과정에서 개인정보 및 사생활 침해 등의 문제가 발생할 소지도 있습니다.

가치 질문 1. 소설에서 인공지능 로봇 TRS는 성한을 살리기 위해 어머니를 죽일 수밖에 없다고 주장합니다. 이는 합리적 판단, 또는 윤리적 행동이라고 할 수 있을까요?

이럴 수도 없고 저럴 수도 없는 진퇴양난의 상황을 우리는 딜레마라고 합니다. 소설의 TRS는 딜레마에 처하게 됩니다. 인공지능은 인간이 부여한 목적에 따라 행동하고 선택합니다. TRS의 목적은 돌봄 대상을 살리는 것입니다. TRS의 돌봄 대상1은 어머니이고, 돌봄 대상2는 성한입니다. TRS는 성한과 성한의 어머니를 살뜰하게 살핍니다. TRS는 인간이 그야말로 '돌봄이 필요한 약한 존재'이며 자신이 인간을 도울 수 있는 더 큰 힘을 가졌다고 생각합니다. TRS는 학습 능력과 데이터 분석 능력이 뛰어나기 때문에 돌봄 대상에게 발생할 일도 상당히 정확히 예측할 수 있습니다.

그런데 옆 병실 할머니의 자살을 계기로 성한이 병실을 떠나면서 TRS는 딜레마에 처하게 됩니다. TRS의 딜레마는 잘 알려진 '트롤리 딜레마'를 떠올리게도 합니다. TRS는 성한의 언어와 감정을 토대로 그가 자살 위기에 있다는 것을 알지만 성한을 찾으러 나갈 수 없습니다. 왜냐하면 성한의 어머니도 돌보아야 할 의무가 있기 때문입니다. TRS는 결국 성한을 살리기 위해 어머니의 생명 연장 장치를 제거하는 선택을 합니다. TRS의 항변에 의하면, 어차피 소생의 기회가 없는 어머니가 죽어서 성한이 사는 것이 더 합리적인 선택이라는 것입니다. 또한 이는 어머니의 죽음에 대한 성한의 무의식적 소망을 읽어낸 결과이기도 합니다.

두 생명을 잃는 것보다 한 생명이라도 구하는 것이 더 윤리적이라고 본다면 TRS는 윤리적인 선택을 한 것입니다. 자, 그렇다면 이런 가정을 해볼까요? 우리도 TRS처럼 다른 무엇의 도움을 받아 어머니의 생존율과 성한의 생존율을 계산할 수 있다고 해봅시다. 그렇다면 한 사람을 죽게 하는 것이 더 윤리적일까요, 개입하지 않아 둘 다를 죽게 하는 것이 더 윤리적일까요? 아무리 정확한 계산에 의한 것이라고 하더라도 사람을 죽게 해서는 안 된다는 입장에 의하면 TRS의 행동은 전혀 윤리적이지 않습니다. 하지만 인공지능 로봇의 선택이 합리적인 판단이라고 볼 수는 있을지도 모르겠습니다.

<TRS가 돌보고 있습니다>의 성경 인유(引喩)의 의미

「TRS가 돌보고 있습니다」는 시네마틱드라마 SF8 시리즈 <간호중>으로 각색되어 방영되었는데, <간호중>의 영어 제목이 'The Prayer'입니다. 드라마로 각색되며 주요 인물이 남성에서 여성으로 바뀌고, TRS도 여성 형상으로 바뀝니다. 소설과 드라마에서 TRS는 각각 신부(남성), 수녀(여성)와 종교적인 대화를 나눕니다. TRS가 시편의 구절을 암송하기도 하고 신에게 간구를 하기도 합니다. 소설 후반부의 장면은 비인간적인 성한과 인간적인 TRS를 극명하게 대조시킵니다. 특히, 구약성경 <창세기>를 패러디하여 성한의 비인간성을 조명하는 방식이 흥미롭습니다. 신부가 TRS가 어디에 있는지 묻자 성한은 "모르죠. 제가 그 로봇 새끼를 지키는 사람입니까?"라고 반문합니다. 이 장면은 자신의 동생을 죽인, 인류 최초의 살인자 카인을 떠올리게 합니다. <창세기>에서 카인은 시기와 분노로 동생 아벨을 죽입니다. 그러자 신은 가인에게 '네 동생이 어디에 있느냐?'고 묻고, 카인은 '내가 동생을 지키는 자입니까?'라는 뻔뻔스러운 반응을 합니다. '내가 그 로봇 새끼를 지키는 자입니까?'라는 성한의 응답과 '내가 동생을 지키는 자입니까?'라는 카인의 대답이 오버랩되는 듯합니다. 소설은 성한을 형제로 여겨 그를 살리고자 하는 TRS, 성한이 살 수 있도록 기도를 부탁하는 TRS, 성한이 잘 지낸다는 전언에 아이와 같은 미소를 짓는 TRS가 성한보다 더 인간적이지 않은지 묻고 있는 듯합니다.

알렉스 프로야스, <아이, 로봇>

- 키워드: 로봇 3원칙, 인공지능 진화, 트롤리 딜레마
- 난이도: 🌑
- 영화

줄거리

> *로봇 3원칙
>
> 제1원칙. 로봇은 인간에게 해를 입혀서는 안 된다. 그리고 위험에 처한 인간을 모른
> 척해서도 안 된다.
> 제2원칙. 제1원칙에 위배되지 않는 한 로봇은 인간의 명령에 복종해야 한다.
> 제3원칙. 제2원칙에 위배되지 않는 한 로봇은 스스로를 보호해야 한다.

　　<아이, 로봇>은 지능형 로봇이 상용화된 2035년, 시카고를 배경으로 합니다. 영화는 '로봇 3원칙'을 만들고, 로봇 개발에 앞장선 래닝 박사가 자기가 근무하던 인공지능 로봇 개발 기업, USR 건물에서 추락해 죽은 사건의 원인을 찾아가는 것으로 전개됩니다. 이 사건은 스프너 형사가 맡게 되는데요, 형사는 과거 차 사고로 물에 빠졌을 때 NS-4라는 로봇에 의해 구조된 경험을 가지고 있습니다. 로봇은 어린 소녀를 구하라는 형사의 요청을 무시한 채 생존 확률을 계산하여 형사를 구합니다. 이 일로 스프너 형사는 로봇을 혐오하는 사람으로 살아가게 됩니다.

　　USR에 근무하고 있는 캘빈 박사는 죽은 래닝 박사의 동료로, 로봇 인격화 프로그램을 만드는 사람입니다. 형사는 그녀를 따라 건물 내부를 살피던 중 죽은 래닝 박사가 개발한 행동 역학 인공지능 보안 시스템, 비키를 알게 됩니다. 형사

는 연구실을 둘러보던 중, 래닝 박사가 떨어진 창문이 쉽게 깨질 수 없다고 판단하고 자살이 아닐 가능성을 생각하게 되죠. 그러던 중 연구실에서 명령에 불복하고 도망치는 로봇과 마주하게 되면서 어쩌면 래닝 박사를 로봇이 죽였을지도 모른다는 의심을 하게 됩니다.

연구실에서 도망친 로봇은 다른 로봇들과는 달라 보입니다. 자신을 '써니'라고 소개하면서 래닝 박사가 죽은 후 두려움을 느껴 숨어 있었다고 주장하죠. 심지어 써니는 자신이 박사를 죽이지 않았다며 분노를 드러내기도 합니다. 형사는 래닝 박사의 죽음에 대해 의문을 가지고 끈질기게 사건을 추적합니다.

형사가 사건을 수사하는 과정에서 캘빈 박사는 새로 개발된 로봇 NS-5가 지금까지 생산한 구형 NS-4 로봇들과 다르다는 사실을 확인하게 됩니다. NS-5 로봇들은 사람들에게 '침착하게 귀가하라'는 말만 반복하며 인간을 통제하고 공격하기에 이른 것이죠. 이는 모두 인공지능 보안 시스템 비키의 계략이었습니다. 비키는 자신이 진화하면서 '로봇3원칙'의 의미도 새롭게 진화되었다고 말합니다. 인간이 전쟁과 환경오염으로 스스로를 파괴하기 때문에 인류의 멸망을 막기 위해 로봇이 인간을 통제해야 한다고 말입니다. 스프너 형사는 캘리 박사와 함께 인공지능 시스템의 계략으로부터 인류를 구할 수 있을까요?

작품이 던지는 질문 ---

「아이, 로봇」의 핵심 질문은?
"인공지능이 자율성과 자의식을 가지게 된다면?"

사실 질문 1. 써니는 래닝 박사가 죽은 후 두려움을 느껴 연구실에 숨어 있었다고 고백합니다. 인공지능 로봇이 인간처럼 감정을 가지는 것이 가능할까요?

가치 질문 1. 스프너가 로봇을 혐오하게 된 것은 자동차 사고로 물에 빠졌을 때, NS-4 로봇이 어린 소녀 대신 생존 확률이 좀 더 높았던 자신의 생명을 구했기 때문입니다. 인간의 생명에 대한 결정권을 로봇에게 부여할 수 있을까요?

천선란, 「천 개의 파랑」

- 키워드: 휴머노이드, 로봇 인권, 동물권
- 난이도: 🪙🪙
- 장편소설

줄거리

「천 개의 파랑」의 주인공 콜리는 기수騎手 로봇입니다. 기수 로봇은 과학 기술이 발달하면서 인간의 즐거움만을 위해 만들어진 로봇이지요. 기수 로봇이 등장하기 전에는 사람 기수의 안전을 위해 말이 달릴 수 있는 최고 속도에 한계가 있었습니다. 하지만 시간이 흐를수록 사람들은 점점 더 빠른 속도에 열광했고, 흥미진진한 경기를 위해 사람보다 작고 가벼우면서 낙마해도 생명에 지장이 없는 기수 로봇을 개발했습니다.

기수 로봇 콜리가 다른 기수 로봇들과 차이점이 있다면 제작 과정 중 작은 실수로 소프트웨어 칩이 잘못 삽입되었다는 것입니다. 이로 인해 콜리는 인지 능력과 학습 능력을 갖게 됩니다. 그래서일까요? 다른 기수 로봇들과 달리, 콜리는 파트너 말인 투데이와 호흡을 통해 교감을 나눕니다. 둘의 진정한 교감한 덕분에 콜리는 투데이가 관절에 통증을 느끼는 것을 알게 됩니다. 투데이가 경주를 멈추지 않는다면 영영 다리를 잃을지도 모른다고 생각한 콜리는 투데이를 지키기 위해 스스로 낙마를 선택합니다. 낙마 후, 하반신을 잃은 콜리는 폐기 처분 직전에 놓이게 되고, 관절이 많이 닳아 경주마로서의 생명을 다한 투데이도 안락사가 확정됩니다.

이때, 매일같이 투데이를 보러 오는 언니 은혜를 찾기 위해 경마장에 들린 연재의 눈에 콜리가 들어옵니다. 로봇에 천부적인 재능을 가진 연재는 콜리를 집으로 데려와 새롭게 고쳐줍니다. 이후로도 콜리는 연재네 집에서 함께 지냈고, 연재의 가족과 함께하면서 행복과 그리움의 의미를 깨닫게 됩니다. 그리고 자신과 함께 달릴 때 가장 행복해했던 파트너 투데이를 떠올립니다.

한편, 은혜와 연재, 연재 친구는 투데이의 안락사를 늦추기 위해 고군분투하고 있었습니다. 투데이는 달려야만 죽음을 미룰 수 있습니다. 은혜, 연재, 연재의 친구는 어렵게 투데이의 경기 출전권을 따내면서 예정되어있던 안락사를 2주 늦춥니다. 그리고 이 마지막 경기의 기수를 콜리에게 부탁합니다. 콜리는 투데이에게 더 이상 관절이 다치지 않도록 느리게 달리는 방법을 가르치면서 경기 준비를 하죠.

경기 당일, 콜리와 투데이는 연습한 대로 아주 느리게 달립니다. 관중들은 야유를 쏟아내지만, 콜리는 투데이의 호흡에서 투데이가 행복한 감정을 느끼고 있음을 전달받습니다. 그리고 투데이가 좀 더 빠르게 달리기를 원함을 느낍니다. 콜리는 자신의 몸이 한 번 고장난 이력이 있기에 충격을 완벽하게 흡수할 수 없음을 알고 있음에도 투데이의 행복을 위해 속도를 높입니다. 최고 속도까지 달린 투데이는 행복을 만끽했고, 콜리는 스스로 두 번째 낙마를 선택하여 산산조각 납니다.

작품이 던지는 질문 -

「천 개의 파랑」의 핵심 질문은?
"인공지능 로봇이 사람의 형태로 제작되어 상용화된다면?"

사실 질문 1. 소설 속 인공지능 로봇 콜리는 사람의 형태로 제작된 휴머노이드입니다. 현재 개발된 인공지능 휴머노이드 로봇에는 무엇이 있나요?

가치 질문 1. 콜리는 사람처럼 생각하고 학습하며 행동하지만, 신체가 훼손되자 폐기처분을 당합니다. 인간의 재미를 위해 인공지능 로봇이 쉽게 생산되고 폐기되는 것은 정당한가요?

박성환,「레디메이드 보살」

- 키워드: 자의식, 종교, 깨달음
- 난이도: 🪙🪙🪙
- 단편소설

줄거리 -

　「레디메이드 보살」은 미래 사회의 한 사원에서 사용하는 인공지능 로봇, RU-4에 대한 이야기입니다. 소설의 배경이 되는 포이보스 사원에서 로봇들은 절의 살림살이와 관광객들의 안내를 담당합니다. 절을 관리하기 위한 보조적인 역할들을 로봇이 대신해줌으로써 승려들이 수행에 전념할 수 있도록 한 것이지요. 그런데 이 절에 방문한 한 AS 기사의 눈에 무언가 이상한 모습의 로봇이 보입니다. 법회가 한창인 법당 안에 인공지능 로봇 RU-4가 신자들과 스님들에게 설법을 하고 있었던 것입니다. 이 로봇 RU-4의 법명은 '인명'입니다.

　스님들의 눈에 인명은 사람조차 얻기 힘든 깨달음을 얻어 설법을 전파할 수 있게 된 로봇입니다. 그동안 로봇들은 기술의 발전을 거치며 '유연한' 사고와 자기 인식이 가능해졌습니다. 스님들에게 인명은 그러한 능력을 발판 삼아 자의식의 발견으로 나아가서 해탈의 경지에 도달한 부처로 여겨집니다.

　스님들에게 설법하는 인공지능 로봇 인명의 소식을 듣고 거대 로봇 기업 UR의 회장이 직접 사원을 방문합니다. 회장은 본래 유일무이하고 독보적인 종이었던 인간이, 이제는 자신과 구별하기 힘든 인공지능 로봇의 등장으로 위협을 느끼기 시작했다고 말합니다. 회장은 인명을 인류의 턱 밑에 파고든 비수라 칭하며 그를 부처로 인정하지 않습니다.

그리고 회장은 통신기기로 불교적 깨달음이 깊은 승려, 종정을 소환합니다. 종정은 인명이 인간을 위해 제작된 로봇이기에 애초에 어떠한 욕망과 집착도 없는 존재라고 이야기합니다. 그러한 인명의 성취를 보살로 인정한다면, 욕망과 집착을 끊어내고자 힘겹게 수행하는 중생의 노력을 허무하게 만들 뿐이라고 하지요. 종정의 이야기에 감응을 느낀 회장은 인명을 제거하려 합니다. 회장의 위협에 인명은 결가부좌를 틀고, 모든 인간이 이미 득도한 상태로 완성되어 있으나 단지 이를 깨닫지 못할 뿐이라고 말합니다. 인명은 '먼저 깨달음을 얻은 로봇'의 존재로 인해 세상이 혼란에 빠지지 않도록 떠나겠다는 말을 남기고, 모든 회로가 끊어진 상태가 됩니다. 인명과 관련한 소식은 극비 처리되나, 로봇들이 장착하고 있는 음성 감지기와 상호 데이터 교환 장치에 의해 소문은 멀리 퍼져나갑니다. 그 메시지 속에서 인명은 '이미 보살로 만들어지셨던 보살'로 칭해집니다.

작품이 던지는 질문

「레디메이드 보살」의 핵심 질문은?

"인공지능이 종교적 깨달음의 경지에 이를 수 있다면?"

사실 질문 1. 소설 속 인공지능 로봇 인명은 프로그램된 계산과 반응만이 아니라, '유연한' 사고 능력도 탑재하고 있습니다. 인공지능이 사실적 사고를 넘어서 유연한 사고를 하는 것이 가능한가요?

가치 질문 1. UR의 회장은 인명을 두고 인간이 스스로 창조한 피조물과 동일한 지위를 가져서는 안 된다고 말합니다. 인간보다 더 우수한 두뇌와 신체를 탑재한 인공지능 로봇이 인간을 가르치고 교화할 수 있게 된다면 어떨까요?

생태와 아포칼립스

생태주의ecologism란, 인간 중심적 관점에서 동물, 자연환경과 같은 비인간 존재들을 대상화하고 그 가치를 절하하던 사유에서 벗어나, 전 지구적 관점에서 모든 존재가 대등한 가치를 지니며 상호유기적인 관계를 형성하고 있음을 긍정하는 사유입니다. SF소설은 주로 인류가 맞이한 재앙, 그로 인한 문명의 멸망이나 지구 종말이라는 아포칼립스apocalypse 상황과 그 이후의 이야기를 등장시켜, 생태주의적 인식 없이 이기적으로 살아온 우리의 잘못을 되돌아보게 만듭니다.

SF소설이 그리는 세계는 너무 멀게 느껴지기도 하지만, 그 세계가 다루는 생태계 파괴, 대기오염, 종種 차별주의, 전염병 등의 문젯거리들만큼은 분명 우리 삶에도 아주 가까이 자리한 것들입니다. 그 이야기들을 통해 우리는 인간과 비인간 사이, 인간과 인간 사이에서 피어나는 공존과 연대의 가치를 새롭게 깨달을 수 있습니다.

	작품	난이도	핵심질문	키워드
1	리셋 (정세랑)	●●●	환경오염으로 지구의 문명이 소멸되고, 새롭게 재건된다면?	환경오염, 과잉 생산·소비, 자원고갈, 재난
2	바키타 (천선란)	●●○	인류가 멸망한 지구, 외계의 존재가 지구를 점령한다면?	바키타, 인류 멸망, 인공화합물, 환경오염, 지구
3	리시안셔스 (연여름)	●●○	400년 후의 지구를 살아가는 인간의 삶을 상상한다면?	인간성, 반려(伴侶), 동물, 환경오염, 지구
4	우주인, 조안 (김효인)	●●○	미세먼지 문제가 심각해져 특별한 옷을 입지 않으면 삶을 유지하기 어려워지게 된다면?	미세먼지, 대기오염, 환경정의, 기후변화
5	7교시 (정세랑)	●●○	환경 파괴로 지구가 멸망한다면 인류는 무엇을 가장 후회할까?	생명권, 환경주의, 공생, 인구 상한제
6	죽은 고래에서 온 사람들 (듀나)	●●○	인간이 원인이 되는 전염병이 인류 전체의 생존을 위협한다면?	공생, 대체 행성, 감염, 전염병

생태와 아포칼립스 **정세랑, 「리셋」**

- 키워드: 환경오염, 과잉 생산·소비, 자원고갈, 재난
- 난이도: ⚫⚫⚫⚫
- 단편소설

줄거리 -

지구의 멸망을 보여주는 영화나 이야기를 본 적이 있나요? 「리셋」은 어느 날 갑자기 하늘에서 거대한 지렁이들이 나타나 지구를 헤집고 다니며, 인류가 이룩한 문명을 먹어 치워 버리는 이야기입니다. 그리고 새롭게 시작되는 지구의 모습을 보여줍니다. 거대한 지렁이는 왜 지구에 나타난 것일까요? 문명이 소멸된 자리에 재건된 지구의 모습은 어떨지 상상해볼까요?

「리셋」은 네 명의 인물이 쓴 일기의 형식으로 내용이 전개됩니다. 첫 번째 서술자는 한국의 경주에서 도심을 헤집고 다니는 거대한 지렁이와 마주하게 됩니다. 인간의 과잉 생산과 소비로 인해 자원이 점차 고갈되고 오염되는 것을 걱정하던 그는, 지구의 멸망이 멀지 않은 일이었다고 생각하며 '지렁이들이 제때 왔다'고 말합니다. 다른 모든 종들에게 용서받지 못할 짓을 더 하기 전에 와줘서 감사할 정도라면서 말이죠. 도심의 모든 것들을 삼키고 분변토를 뱉어내는 지렁이들이지만 숲은 지나치고 식물은 건드리지 않는 모습을 보입니다. 단지 인간들이 만들어놓은 것들만 부수고 먹어치우는 데 집중할 뿐이죠.

두 번째 서술자는 제네바에서 열린 세계작물다양성 재단의 회의에 갔다가 거대지렁이들에 의한 재난으로 가족들과 만날 수 없는 상황에 처하게 됩니다. 배우자와 전화 통화를 하면서 가족에 대한 그리움으로 눈물을 흘리지만, 자신은 우선

씨앗 저장소가 있는 스피츠베르겐 섬에 가야한다고 말합니다. 그곳에서 자신이 가지고 있는 열쇠와 다른 사람들이 가져올 나머지 다섯 개의 열쇠를 모아, 전쟁이나 태풍, 화산 폭발에서도 살아남은 540만 종의 종자들과 만나길 기대하면서 말이죠. 그는 그 종자들을 지렁이들의 분변토에 뿌릴 수 있지 않을까 하는 상상을 합니다. 인류가 이룩한 문명이 파괴되는 상황에서 종자들은 지구의 재건을 위한 희망의 씨앗이 될 수 있을까요?

지렁이를 연구한 학자였던 레즈비언 엄마들에게 길러진 세 번째 서술자 앤은 십 대의 소녀지만, 지렁이에 대한 관심은 남다릅니다. 앤은 지렁이가 버리고 간 굴을 탐사하면서, 지렁이의 선충이 그동안 인간이 가장 흔하게 사용해 온 플라스틱을 먹는다는 사실을 발견하게 되죠. 그러다 굴 탐사를 위한 불침번을 서던 날, 앤은 한 비행물체를 발견하게 되고 그곳에서 외계인이 아닌 사람들이 내려와 땅에 무엇인가를 그리고 떠나는 모습을 목격합니다. 그리고 앤은 그들이 땅에 남기고 간 메시지를 통해 거대한 지렁이들은 모든 것이 잘못된 후의 세계를 수정하기 위해 미래의 자신이 보낸 것이라는 사실을 확인하게 되죠.

지렁이들이 인류가 이룩한 문명들을 모두 분해한 후에 맞은, 리셋 후 74년의 지구는 그 이전과는 사뭇 다른 모습입니다. 사람들은 지렁이들이 살던 굴들을 연결해 지하 도시를 건설하여 살면서, 어떤 쓰레기도 도시 밖으로 내보내지 않고 자원을 끝없이 순환하여 재사용합니다. 리셋 이전보다 '덜 폭력적인' 문명을 일구고 있는 사람들의 모습이죠. '종 차별 금지법'이 시행되면서 양식장도

철거되고, 반려동물을 교배하거나 야생동물을 길들일 수도 없습니다. 이 시대의 사람들은 리셋 이전의 삶에 대해 굉장히 기분 나쁜 풍요로움이었다는 생각을 하기에 이릅니다.

리셋 이후의 인류는 사람들 간의 연대를 통해 미래를 만들어 가는 모습을 보입니다. 발리의 화산 폭발로 고립 위기에 처한 사람들을 돕기 위해, 사람들은 구호대에 자원하고 위기를 함께 극복하려는 인류애를 보여주죠. 이처럼, 「리셋」은 인간이 자원을 재생하고 순환하며, 연대를 통해 생존을 이어가는 모습이 가능하다는 것을 자못 구체적으로 그려줍니다. 이러한 모습은 리셋의 경험이 없는 오늘날의 우리가, 현재 당면한 지구 공동체의 위기를 어떤 방식으로 대응해 나가야 하는지 생각해보게 합니다.

공동체 내에서 자원을 선순환한다는 인식의 전환과 지구 환경 보호를 위한 실천적 행동이 거대지렁이가 나타나지 않은 현재의 우리에게도 구현될 수 있을까요?

작품이 던지는 질문 --

핵심 질문
"환경오염으로 지구의 문명이 소멸되고, 새롭게 재건된다면?"

사실 질문 1. 과잉 생산·소비로 인해 가속화되는 환경오염으로 지구에는 어떤 문제가 발생하고 있나요? 그것을 해결하기 위해 우리는 어떤 노력을 기울이고 있을까요?

소설 속 리셋 이후 시대에 사는 사람들은 오래된 옷을 고쳐서 입거나, 분해하여 다시 직조해 입습니다. 거대지렁이들이 놓친 페트병들을 옷의 재료로 삼기도 하지만 농장에서 섬유의 재료가 되는 것들을 일부러 재배하지는 않습니다.

여러분은 외출 준비를 위해 무엇을 입고 나갈지 고민하며 입을 옷이 없다고 불평한 적이 없나요? 작년에 무엇을 입고 다녔는지 생각나지 않을 정도로 입을 옷이 부족하다고 말입니다. 그러면서 계절과 유행에 맞게 어떤 옷을 새로 사면 좋을지 인터넷 쇼핑몰을 살펴본 적은 없는지요. 패스트 패션은 의류를 유행에 따라 빠르게 대량으로 생산하고, 저렴하게 유통하여 쉽게 소비해 버리는 문화를 말하는데요. 이러한 문화가 세계 의류생산량을 급속하게 증가시키고 있습니다.

우리는 '필요'에 의한 생산과 소비보다, 더 많은 것을 가지고자 하는 '욕망'이 지배하고 있는 과잉 시대에 살아가고 있는 듯합니다. 산업 구조의 변화와 맞물린 이러한 인간의 욕망은 지구의 환경오염을 가속화시키고 있습니다. 사회적으로 만연한 과잉생산과 과잉소비의 풍조는 기후 위기와 생태계 교란 등을 야기하는 데에 일조하고 있죠. 앞서 언급한 의류 산업만을 예를 들어도 말입니다.

전 세계 연간 탄소 배출량의 10%를 차지하는 것이 패션 산업이라는 통계가 있습니다. 탄소 배출량이 많다고 생각해왔던 국제 항공과 해상 운송을 합친 것보다 많은 수준이라는 것이 놀랍습니다. 패스트 산업으로 저렴해진 옷의 주요 소재는 나일론, 폴리에스터, 아크릴 등입니다. 이러한 합성섬유들은 미세플라스틱을 발생시키죠. 목화로 만든 면도 식물성이기는 하지만 수질오염의 문제가 있다고 합니다. 이렇게 만들어진 옷들이 소비자에 의해 판매되지 못하거나 유행이 지나 버려진다면, 그 의류 쓰레기들은 어떻게 되는 것일까요?

한편, 과잉 생산과 과잉 소비에 따른 환경오염 문제에 대해 경각심을 가지고, 지속가능성을 화두로 상품을 개발하고 소비자들의 인식 전환을 위해 노력하는 기업들도 있습니다. 과잉 생산되어 낭비되는 쓰레기를 만들지 않도록 환경친화적인 재료와 공정으로 만든 친환경 제품을 파는 제로웨이스트zero waste 상점도 생기고 있다고 하는데요. 상품을 생산하는 기업뿐만 아니라 소비자들도 과잉 소비로 인한 환경오염 위기를 극복하기 위해서는 일상생활 속에서 보다 적극적인 노력들이 필요할 것으로 보입니다.

사실 질문 2. 종자은행이 이상 기후로 인한 생태 환경의 변화나 전쟁과 같은 위기 상황으로부터 식물의 멸종을 막고 자원을 보전할 수 있을까요?

씨앗 은행seed bank으로도 불리는 종자은행은 식물들의 씨앗을 수집하고 보관하는 종자 저장고입니다. 소설 속 리셋 원년에 남쪽으로 걷기 시작한 서술자는 자신이 가지고 있던 열쇠로 540만 종의 종자가 있는 곳의 입구를 열 수 있었습니다. 이곳이 바로 종자은행일 것 같은데요. 나머지 다섯 개의 열쇠가 더 도착해야지만 지구의 온갖 위기를 이겨내고 살아남은 씨앗들을 만날 수 있다는 대목이 나옵니다.

여러 가지 종류의 종자를 보관하고 필요할 때에 사용할 수 있도록 만든 과학 시설인 종자은행은 과도한 수확이나 질병, 전쟁, 환경오염으로 인한 기상 이변 등으로 식물의 품종이 멸종할 경우를 대비합니다. 이는 후대의 먹거리를 안정적으로 확보할 수 있도록 하고, 자연 교배만으로도 신품종을 만들 수 있도록 하는 가능성을 남겨두기 위한 것입니다.

씨앗을 장기 저장하기에 적합한 온·습도가 갖추어진 국내 종자은행에는 인천의 '국립생물자원관 국가야생식물종자은행', 봉화군의 '백두대간수목원 종자영구보존시설', 국외에는 영국 런던의 '밀레니엄 종자은행 파트너십', 노르웨이의 '스발바르 국제 종자 저장고' 등이 있습니다. 특히 노르웨이의 종자 저장고는 세계 각국의 종자은행이 자연재해나 정치적 불안정, 공습 등으로 운영이 어려울 경우를 대비하여 만든 국제 종자 금고라고 합니다.

이 저장고의 문을 열기 위해서는 UN과 국제기구들이 보관하고 있는 마스터키 6개가 모두 모여야 합니다. 소설 속 540만 종의 종자들을 보호하고 있는 곳의 문을 열 수 있는 열쇠의 개수와 일치하는군요. 2010년을 기준으로 이 종자 저장고에 수집되거나 기탁된 종자는 약 50만 종이지만, 이곳은 총 450만 종을 수집·저장하는 것이 목표라고 합니다. 세계 각국의 협조로 다양한 종자들이 수집되고 저장될 수 있다면 식물 자원을 안정적으로 보전할 수 있는 데에 도움이 되겠지요.

다양한 종자들을 안전하게 보관하는 것이 종자은행의 존재 이유이지만, 내전과 공습 등으로 종자 저장고가 파괴된 적이 있었습니다. 아프가니스탄, 이라크를 비롯하여 2022년 러시아의 침공으로 우크라이나의 종자은행도 파괴되었는데요. 이를 대비하여 '스발바르 국제 종자 저장고'는 노아의 방주에 빗대 '최후의 저장고'라고 불릴 만큼, 핵폭발에도 견딜 수 있도록 튼튼하게 건설되었다고 합니다. 전기 공급이 끊기더라도 약 2년까지는 냉동상태를 유지할 수 있고, 지구온난화로 해수면이 상승해 침수되는 일을 막기 위해 지반의 지질구조까지 고려해 자리를 잡았다는군요.

가치 질문 1. 소설 속 리셋 이후의 세계에서는 '종 차별 금지법'으로 인류가 동물의 권리를 보호하고 다양한 생태계와 조화를 이루며 살아가는 모습이 나옵니다. 현대 사회에서도 동물의 도덕적 지위가 주목받기 시작하면서 동물실험의 논란이 대두되고 있는데요. 동물실험은 바람직한 것일까요?

지구가 리셋된 지 74년이 흐른 후의 세계에 사는 서술자의 일기에는 종 차별 금지법이 시행되고 있다는 이야기가 나옵니다. 인류가 야생동물을 길들이거나 오리를 죽여 개에게 먹이는 행위와 것들은 하지 못하게 되었죠. 인간이 다른 종들을 노예로 삼고 학대, 말살하는 행위를 그만두기로 한 것입니다. 인간은 반려동물 대신 보송보송한 옷을 입힌 인공지능을 키우거나 울타리 밖에서 돼지들을 몰래 바라보기만 할 뿐입니다. 지상과 지하로 이원화된 리셋 후의 세계에서는 인간과 동물의 관계가 현재와는 사뭇 다르게 변화한 모습이 나타납니다.

동물의 도덕적 지위를 인정하고 인간에 의해 가해지는 고통에서 벗어나도록 만들어주어야 한다는 입장에서는, 동물도 인간과 같이 쾌락과 고통을 느낄 수 있는 존재라는 점을 강조합니다. 인간의 육류 섭취를 위해 잔인하게 동물을 죽이거나 동물실험을 하는 행위는 인간의 이익을 위해 동물을 수단으로 보는 종 차별주의적 시선이 내재해 있다는 것이죠. 동물을 수단으로 대하는 동물실험, 사냥, 공장식 사육 등은 동물에게 고통을 준다는 것에서, 더 나아가 그들이 지닌 본래적 가치와 권리를 부정하는 것으로 바라보기도 합니다.

여러분은 의약품 제조 분야에서 행해지는 동물실험에 대해 어떻게 생각하나요? 인간의 이익을 위해 동물을 죽이는 행위는 잔인하고 비인간적 행위라고 규정하면서 동물실험에 대해 반대하는 목소리가 있습니다. 동물실험 결과를 인간에게 적용하는 것이 완전한 안전성을 담보하지도 않을 뿐만 아니라 인간의 생존을 위해 동물의 생명을 빼앗는 행위가 옳지 않다고 주장합니다. 실례로, 1957년 독일의 제약회사에서 개발한 임신 초기 입덧 억제 약물인 '탈리도마이드'는 생쥐, 기니피그, 토끼와 같은 동물에 약물 실험을 한 결과, '부작용이 없는 약'으로 확인되었지만 실제로는 많은 기형아를 출산하게 되는 안타까운 일들이 벌어졌으니 말이죠.

하지만 의약품 개발 과정에서 여전히 동물실험이 필요하다는 입장도 있습니다. 소아마비나 결핵, 홍역 백신, 당뇨병 치료제인 인슐린, 최근 COVID-19 바이러스 백신 개발 등 인간의 생명을 위협하는 질병을 치료할 수 있는 많은 의약품들이 동물실험을 통해 개발되었다는 것을 근거로 말입니다. 또한 동물의 질병을 치료하기 위한 다수의 의약품도 동물실험을 거쳐 만들어졌습니다.

물론 과학의 발달로 동물실험을 대체할 수 있는 방법들이 아예 없는 것은 아닙니다. 컴퓨터 시뮬레이션이나 줄기세포를 통한 실험, 인간을 대상으로 하는 임상시험 등이 존재합니다. 하지만 동물실험에 비해 이러한 방법들은 높은 비용과 많은 시간, 인간의 목숨을 담보로 하는 위험이 뒤따른다고 할 수 있죠. 그렇기에 인간과 가장 유사하다고 할 수 있는 동물을 활용한 실험이 필요하다고 주장하기도 합니다.

생태와 아포칼립스 **천선란, 「바키타」**

- 키워드: 바키타, 인류 멸망, 인공화합물, 환경오염, 지구
- 난이도: 🌑🌑
- 단편소설

줄거리 --

　「바키타」는 오랜 시간 우주에 머물다 인류 멸망 후에야 지구를 다시 찾은 한 탐사 대원의 기록입니다. 대원은 이 지구에서, 새로운 행성에 제2의 지구를 건설할 때 필요한 배양통만 찾아 싣고 다시 우주로 떠나면 되었지만, 우주선 배터리가 방전된 바람에 며칠 더 머물게 되죠. 그동안 대원은 익숙하지만 낯선, 무섭고 아름다운 행성이 되어버린 달라진 지구의 모습을 관찰합니다.

　변화된 지구의 주류는 인간이 아니라 외계 생명체 바키타였습니다. 본래 바키타는 인간을 공격하는 존재가 아니었고 인간이 만들어낸 인공화합물을 먹어 치우기 위해 지구로 온 존재였습니다. 바키타의 등장 이후, 인간은 인공화합물이 환경에 미칠 위험성을 고려하지 않아도 되었고 일회용품을 다시 남용하며 바키타를 살찌웠습니다. 그렇게 바키타는 자신의 세력을 급속도로 불렸고, 급기야 인간이 만들어낸 것이라면 무엇이든 먹어 치우며 문명의 흔적을 모두 지워나갔습니다.

　바키타는 폐허가 된 지구 위에 자신들만의 새로운 도시를 짓고 새로운 문명을 번영시켰습니다. 바키타의 지구에는 자연을 훼손하지 않고도 도시 전체를 밝힐 수 있는 빛이 존재했고, 인간이 주류였던 지구에서는 보기 어려웠던 동·식물들이 도시에 평화롭게 머무르고 있었습니다. 그럼, 바키타의 지구에서 인류는 어

떻게 되었을까요? 대원은 80억 명에 이르렀던 인류가 5분의 1만큼 줄어든 현재의 지구를 바라보며, 바키타가 먹어 치운 대상에는 인간도 포함되어 있었으리라 짐작합니다.

살아남은 인간들은 크게 두 집단으로 나뉘어 있었습니다. 하나는 바키타를 적으로 둔 '숲속 인간', 다른 하나는 바키타를 적으로 두지 않은 '문명 인간'입니다. 그들은 모두 바키타의 지구에서 살아남기 위해 극단적인 모습으로 진화해 있었습니다. 숲속 인간들은 도시의 바키타를 피해 야생에서 살아남으려, 침팬지나 보노보 같은 짐승에 가깝게 진화해 있었고, 문명 인간들은 도시에서 바키타와 함께 살아가기 위해, 바키타에게 위협적인 존재로 비치지 않을 수 있는 가축처럼 진화해 있었죠. 숲속 인간들은 가축화된 문명 인간들을 하등한 종족이라며 인간 취급을 하지 않았지만, 대원이 보기에는 두 집단 모두 인간이라고 하기엔 어려운 존재들이었습니다.

대원이 바키타의 지구를 떠나며 남긴 마지막 기록에는, 바키타에게 숲속 인간들이 학살당한 사건이 있었다는 보고가 담겨 있습니다. 숲속 인간들이 납치한 문명 인간을 찾기 위해, 바키타들이 숲속 인간들의 거주지를 모두 뒤엎고 그들을 죽여버린 것이죠. 그렇지만 대원의 눈에는 바키타의 품으로 돌아간 문명 인간 또한 그리 행복해 보이지는 않았습니다.

대원은 다른 행성에 재건될 제2의 지구가, 첫 번째 지구의 결말과는 다른 결말을 맞이할 수 있기를 간절히 희망하며 마지막 기록을 마치게 됩니다.

핵심 질문

"인류가 멸망한 지구, 외계의 존재가 지구를 점령한다면?"

사실 질문 1. 바키타는 인공화합물과 같은 지구의 쓰레기뿐만 아니라 인간이 만들어놓은 모든 문명을 먹어 치우는 존재입니다. 왜 작가는 이 외계 존재에게 '바키타'라는 이름을 붙였을까요?

'바키타'라는 이름은 무無에서 창조된 것이 아닙니다. 실존하는 동물의 이름이지요. 바키타는 고래목 쇠돌고래과의 포유류로 몸길이 약 1.5m, 몸무게 약 48kg의 아담한 체형을 가진 동물입니다. 눈 주위가 까만색이라 '바다의 판다'라는 귀여운 별명을 갖고 있기도 합니다. 왜 이 바키타가 무시무시한 외계 존재이자, 이 소설의 제목이 되었을까요? 오늘날 지구 생태계에서 바키타가 처한 상황을 고려하면, 작가가 그 이름을 빌려온 데에는 특별한 의도가 있었을 것으로 생각해보게 됩니다.

바키타는 세계에서 가장 작고 가장 희귀한 해양 포유류입니다. 현재 이 지구에 남아 있는 바키타의 수는 10마리 미만에 불과하지요. 바키타는 왜 멸종 위기에 처하게 되었을까요? 바로 인간의 불법 조업 때문입니다.

바키타는 멕시코의 바하캘리포니아에서만 서식하는데, 어민들은 바키타의 서식지가 해양 보호 구역으로 지정되어 있음에도, 다른 물고기들을 잡기 위해 수백 미터 길이의 그물망을 벽처럼 쳐둡니다. 우연히 그 망에 걸려버린 바키타는 숨을 쉬기 위해서 수면으로 올라가야 하지만, 그러지 못하게 되어 익사하고 마는 것이지요. 특히 이 바다에서 잘 잡히는 토토아바民어과 물고기의 부레가 중국 시장에서 건강식품으로 고가에 팔린다고 알려지면서, 불법 조업은 점점 기승을 부리게 되고 바키타의 피해도 더욱 커졌습니다.

바키타의 개체수 회복 가능성을 높이기 위해서는 불법 조업을 막는 것이 가장 우선되어야 합니다. 연구자들에 따르면 자망* 어획을 즉시 중단할 때, 바키타가 50년 뒤 멸종할 확률은 6%이고, 혼획**으로 인한 사망률이 90% 줄어들면 멸종위험은 27%가 되며, 혼획으로 인한 사망률이 80% 줄어들면 멸종위험은 62%로 늘어난다고 합니다. 멕시코 정부에서 해양 보호 단체와 협업해 해상 감시활동을 실시하고는 있지만, 어민들의 불법 조업이 쉽게 근절되지 않아 바키타는 여전히 멸종위험에서 벗어나지 못하고 있습니다.

소설의 바키타는 실존하는 바키타의 모습과는 전혀 다릅니다. 그럼에도 작가가 인류를 멸망하게 한 외계 존재의 이름을 바키타로 정한 것은, 우리에게 이 지구상의 바키타와 같은 비인간 존재를 더는 아프게 하지 말자는 메시지를 전하기 위한 것은 아니었을까요? 인간의 이기심으로 지구 생태계를 고통스럽게 한다면, 언젠가 우리도 그 잘못에 대한 죗값을 고스란히 돌려받게 된다고 말입니다.

---

*   자망(刺網): 바다에서 물고기 떼가 지나다니는 길목에 쳐 놓아 고기를 잡는 데 쓰는 그물.

**   혼획(混獲): 특정 종류의 어패류를 잡으려고 어업 활동을 한 결과, 본래 목적이 아닌 종이 섞여 잡히는 것.

사실 질문 2. 인류의 행위가 지구에 미친 영향력을 지질학적 관점에서 바라보는 '인류세'라는 개념이 각종 매체에서 자주 등장하고 있습니다. 이 개념은 무엇일까요?

소설에서 바키타가 인류 문명을 휩쓸어버리고 나자, 지구에는 인간이 주류로 머물 때는 볼 수 없었던 새로운 광경들이 펼쳐집니다. 야생동물이 구역의 제한 없이 자유롭게 길 위를 뛰어다니고, 이름 모를 다양한 생명체들이 곳곳에서 발견되죠. 인간이 지구를 떠난 뒤에야, 비로소 온전한 모습으로 지구에 머물게 된 존재들을 통해서, 인간이 그동안 지구에 미친 영향력이 무엇이었는가를 돌아보게 됩니다.

46억 년이라는 긴 역사를 가진 지구에 현생 인류가 출현한 것은 고작 수십만 년 전의 일입니다. 그런데도 인류는 그 이전부터 지구에 존재해 온 다른 생물 종들과는 달리, 지구 환경을 변화시킬 만큼 거대한 영향력을 미치며 살아가고 있습니다. 마치 지구가 태초부터 제 것이었던 것처럼요.

지질학에서는 누대累代, eon - 대代, era - 기紀, period - 세世, epoch - 절節, age로 시대를 구분합니다. 현재의 지질시대는 '신생대 제4기 홀로세'이지요. 지질시대의 구분은 지구의 급격한 변화를 기준으로 하는 것인데, 네덜란드의 과학자 파울 크뤼천Paul Jozef Crutzen은 인류에 의해 지구가 엄청난 변화를 겪었기 때문에 이제는 홀로세와 구분되는 새로운 용어가 필요하다고 주장합니다. 그것이 '인류세anthropocene'인 것이지요.

파울 크뤼천을 비롯하여 많은 학자들은 인류 역사에 대한 연구를 통해, 산업혁명 이후 인류의 삶의 질은 높아졌지만 지구는 생물다양성 감소, 열대우림 손실, 오존층 파괴, 해양 산성화, 표면 온도 상승 등 거대하고 가속화된 변화를 겪어 왔음을 확인합니다. 빙하기 이후, 지구의 시스템이 비교적 안정적으로 유지되어온 시대를 홀로세라고 한다면 그러한 지구 시스템이 이처럼 인간에 의해 붕괴되고 있는 시대가 바로 인류세입니다.

인류세를 주장하는 이들은 핵 실험으로 인한 '방사성 물질', '플라스틱', '닭

뼈'가 인류세를 상징하는 대표적인 화석이 될 것으로 예측합니다. 닭 뼈는 왜 여기 포함되느냐고요? 닭은 인간이 식용으로 소비하는 가장 흔한 가축입니다. 인간에 의해 사육되는 닭의 개체수는 동시대에 약 230억 마리, 연간 소비되는 닭은 약 650억 마리에 이르죠. 그만큼 버려지는 닭 뼈의 양도 상당합니다. 이때 닭 뼈가 버려지는 매립지 환경은 산소가 부족하기 때문에, 그 뼈들이 부식되지 않고 화석으로 남을 가능성도 큰 것입니다.

그린란드와 남극의 얼음을 분석해서 산업혁명 시점부터 증가한 메탄과 프레온 가스, 원자폭탄에서 나온 방사성 탄소 등이 얼음에 선명히 남아 있음을 발견했던 예르겐 스테픈슨Jørgen Steffensen 교수는 우리에게 말합니다. 인간의 모든 순간은 지구 곳곳에 흔적으로 남겨지고 있다고 말이지요. 지금의 시대는 인간이라는 한 종이 지구 환경 전체를 바꾸고 있는 시대이며, 인간은 자신의 행동에 책임을 져야 한다는 경고와 함께 말입니다.

가치 질문 1. 소설의 서술자는 바키타가 만들어놓은 지구의 문명이 인류가 살았던 지구의 문명보다 훨씬 더 아름답다고 이야기합니다. 과연 바키타의 문명은 인간의 문명보다 더 가치 있을까요?

지구를 다시 찾은 대원은 달라진 지구의 모습을 보고 복잡한 감정을 느낍니다. 인류는 멸망한 것이나 다름없었지만, 그렇다고 해서 지구의 문명이 멸망했다고 말하기는 어려운 상황이었기 때문이죠. 오히려 대원은 달라진 지구의 모습을 '번영'이라는 단어로 표현하기도 합니다.

바키타가 외계에서 가지고 온 물질은 전기를 끌어오지 않아도 도시 전체를 밝혀주었습니다. 인류가 사용하던 송전탑이나 발전소는 더 이상 필요가 없어져 버렸죠. 송전탑은 식물로 뒤덮였고, 발전소가 있던 곳도 여우의 집이 되어 있었습니다. 오늘날 우리가 석탄, 석유, 액화천연가스LNG, 원자력 등을 에너지원으로 사용하며 환경오염 문제와 씨름하고 있는 것에 비하면, 바키타가 가져온 빛은 자연에 해로울 요인을 전혀 갖고 있지 않으니 번영한 것이라고 볼 수 있겠습니다.

또한 바키타가 도시를 건설하며 만들어놓은 건축물들은 강철보다 강하고 플라스틱보다 질긴 섬유질로 만들어져 있었습니다. 이 건축물들은 기둥도 필요로 하지 않았고 기이한 곡선 형태로 지어져 있었지요. 이 역시 오늘날 우리가 강철을 생산할 때 배출시키는 탄소량이 환경에 미치는 악영향이나, 건축물의 기둥들을 세울 때 땅을 무자비하게 파헤치고 동·식물들의 터전을 파괴하는 것에 비하면, 훨씬 번영한 문명의 산물인지도 모르겠습니다.

그렇지만 소설 말미에서 바키타가 숲속 인간들을 학살하는 모습은, 과연 이들의 문명이 인간의 문명보다 더 가치 있다고 말할 수 있는가에 대한 의문을 가지게 합니다. 대원의 마지막 기록에서처럼, 그 모습은 인간들이 자신들의 문명 보전을 위해 동물을 학살하고 숲의 나무를 밀었던 것과 다르지 않아 보이기 때문입니다.

가치 질문 2. 최근, 환경 제품을 표방하며 경영을 하는 기업들에 대한 논란이 계속되고 있습니다. 그런 기업의 활동을 긍정적으로 바라보는 시선도 있지만, '그린워싱green washing'이라며 비판하는 시선도 있지요. 여러분은 이에 대해 어떤 관점을 갖고 있나요?

소설에서 바키타가 지구에 등장한 후, 인간들은 그동안 사용을 중지해왔던 일회용품을 다시 사용하기 시작합니다. 환경보호를 위한 규제 때문에 법적으로 생산이 금지되었던 제품들이 재생산되고, 금세 지구에는 플라스틱 포크, 페트병 같은 환경오염물질들이 곳곳에 등장하게 되죠. 그런데도 인간은 걱정하지 않았습니다. 바키타가 그 쓰레기들을 모두 먹어 치워줬으니까요. 순식간에, 지구는 일회용품을 가장 많이 배출했던 시대로 회귀하게 됩니다.

오늘날 지구는 소설에서 말하는 그 회귀의 시대가 아닌가 할 정도로, 환경오염 물질이 되는 제품들을 많이 사용하고 있습니다. 그에 따라 인간의 행동 변화를 촉구하는 자성의 목소리도 커지고 있지요. 이에 부응하기 위해, 기업들은 플라스틱 빨대를 종이 빨대로 바꾸거나, 비닐백 대신 종이 포장재를 사용하거나, 리사이클 소재로 신발이나 의류를 제작하는 등 다양한 친환경 경영을 실천하고 있습니다.

하지만 그런 활동들을 그린워싱이라며 비판하는 시선도 적지 않습니다. 그린 워싱은 자연환경을 상징하는 색인 그린green과 더러운 곳을 흰색 페인트로 덧칠하는 것처럼 결점을 가린다는 뜻을 가진 화이트워싱whitewashing의 합성어인데요. 기업들이 실제로는 친환경 경영을 하고 있지 않으면서 마치 친환경 기업인 것처럼 홍보하는 '위장환경주의'를 말합니다.

종이 생산 과정에서 비효율적으로 발생하는 온실가스로 인한 대기오염 문제나, 종이 생산을 위해 나무를 벌목하는 양이 증가하는 문제는 축소한 채, 종이를 사용한 점만을 강조하는 기업의 태도, 리사이클 소재를 활용했다고 홍보하면서도 구체적인 정보를 투명하게 제공하지 않는 기업의 태도 등이 그린워싱의 근거라는 것이지요.

혹자는 이야기합니다. 환경을 위해 아무것도 하지 않고 무관심한 기업들보다는, 그린워싱이든 아니든 환경보호에 대한 인식을 표방하고 행동의 변화를 시도하려는 일부 기업들의 태도가 더 가치 있어 보인다고 말입니다. 관점에 따라, 이와 같은 기업 활동들에 대한 가치 평가는 충분히 달라질 수 있겠습니다.

생태와 아포칼립스 **연여름, 「리시안셔스」**

- 키워드: 인간성, 반려(伴侶), 동물, 환경오염, 지구
- 난이도: ◉◉
- 단편소설

줄거리

「리시안셔스」는 약 400년 후의 지구를 배경으로 삼습니다. 400년 전 지구에 찾아온 대오염으로 인해 동물은 멸종하고, 토양은 죽고, 전염병까지 발발해 인간마저 2/3가 죽어버린 시대입니다. 또한 배양육, 인공 신체, 인공 토양, 인구 쿼터 제도, 인간 배양 센터 등의 생경한 문화들이 존재하는 시대이기도 합니다. 무엇보다 이 시대가 오늘날과 가장 다른 점은, 인간이 특정한 기준에 따라 네 개의 신분으로 분류된다는 것입니다. 소설 속 인물들의 외양은 모두 오늘날 인간과 같은 모습이지만, 그들 모두가 인간의 자격을 동등하게 부여받는 것은 아닙니다.

소설 속 인간들은 '인간', '미등록', '공생인', '반려인'이라는 신분으로 구분됩니다. 먼저 '인간'은 신체를 인공 신체로 교체할 수 있을 만큼의 재력이 있고, 건강한 신체로 150년이란 시간 동안 연방의 화성 이주 프로젝트를 위해 봉사할 수 있는 존재만 가지는 신분입니다. '인간'은 황폐해진 지구 환경으로부터의 안전이 보장된 특별 구역, '요새'에서 살아갑니다.

한편, '미등록'은 요새 바깥에서 태어나 태어난 그대로의 몸으로 병약하게 살아갈 수밖에 없는 존재가 갖는 신분입니다. 수명이 고작 22세 내외밖에 되지 않죠. 다음으로 '공생인'은 '미등록'이 꿈꿀 수 있는 최고의 신분으로, '인간'을 보조하도록 선별된 존재입니다. '인간'의 편의를 위해 노동력을 제공하고 대가를 지급

받으며 살아가죠. 그 덕분에 수명이 '미등록'보다 두 배로 더 깁니다. 마지막으로 '반려인'은 '인간'이 키우는 반려 생명체로서의 인간을 가리킵니다. 외양은 인간 이지만 오늘날의 개나 고양이 같은 반려동물로 취급받는 대상이죠. '인간'은 인간 배양 센터를 통해 아이를 가질 수 있기 때문에, '반려인'의 개념은 자녀의 개념과 는 다릅니다.

소설의 주인공인 진은 본래 '미등록' 신분이었지만, '인간' 규희에게 입양되며 신분이 '반려인'으로 바뀌게 됩니다. 자신을 거두어준 규희에게 감사하는 마음을 가지며 규희 곁에서 나름대로 평온한 삶을 살아가던 진은, 어느 날 '공생인' 신분 의 A11를 만나 규희의 과거에 대해 듣게 됩니다. 규희에게 진은 네 번째 '반려인' 이며, 진이 규희의 '반려인'이 되기 전까지 규희는 그동안 '반려인'의 입양과 파 양을 상습적으로 반복해왔음을 말입니다. 또한 그런 규희의 세 번째 '반려인'이 A11이었고, 규희는 A11이 자신에게 대들었다는 이유로 그를 파양했다는 사실도 말이죠. 진은 A11의 말을 섣불리 믿기가 어려우면서도, 마음의 준비를 해두라는 A11의 말을 그냥 넘기지도 못하게 됩니다.

얼마 지나지 않아 A11의 말을 증명이라도 하듯이, 규희는 진에게 재입양을 보내겠다는 통보를 합니다. 배양 센터를 통해 아이를 만들 계획이며, 아이와 '반 려인'을 함께 둘 수는 없다고 말이죠. 진은 버림받는다는 사실 때문에 절망감에 휩싸입니다. 그 순간, 규희의 집에 분노로 가득 찬 A11이 갑자기 들이닥칩니다. '인간'으로의 신분 상승을 꿈꾸던 A11이 규희에게 추천서를 부탁했지만, 규희가 이를 거부한 것도 모자라 A11을 '심의 주의' 대상으로 요새에 신고해버렸기 때문 이죠.

A11과 규희의 맹렬한 설전은 끝이 날 기미를 보이지 않고, 급기야 감정이 격 해진 A11은 규희에게 칼을 겨누고 요새에서 받은 자가 종료 알약을 강제로 먹이 려 합니다. 이 알약을 먹으면 누구든 15분 내에 죽음에 이르게 되죠. 두려움에 떠 는 규희와 그런 규희를 몰아세우는 A11. 둘의 갈등이 극에 치닫는 상황에서 규희 는 자신의 입술 틈에 걸쳐 있던 알약을 멀리 뱉어냅니다. A11의 시선이 그곳으

로 흩어진 찰나, 진은 A11을 규희에게서 떼어 놓으려 하죠. 하지만 이에 저항하는 A11의 반사적 몸짓으로 결국 진은 A11이 쥐고 있던 칼날에 배를 찔리고 맙니다.

진은 멈추지 않는 피를 흘리면서도 규희가 뱉어 놓은 푸른 알약을 손에 꼭 쥐고서 오직 규희의 안위만을 생각합니다. 무엇을 바라서가 아니라, 오직 규희가 자기 삶의 목적인 것처럼 말이죠. 그러나, 그런 진에게 돌아오는 규희의 대답은 꽤나 잔인합니다.

"제대로 치료받고 회복해서 새 주인을 만나자. 넌 행복하게 살 자격이 있어."

그 말에 진은 그 누구도 자신에게 규희와 같을 수는 없다고 생각하며, 새 주인을 만나는 길이 아닌 오롯이 자신의 의지로 선택할 수 있는 유일한 길을 선택합니다. 바로, 자가 종료를 가능하게 하는 푸른 알약을 입 안에 넣는 것이었죠.

작품이 던지는 질문 ---

핵심 질문
"400년 후의 지구를 살아가는 인간의 삶을 상상한다면?"

사실 질문 1. 400년 후의 지구에서는 인간이 인간을 반려 생물로 삼을 수 있습니다. '반려인' 진과 '인간' 규희의 관계는 오늘날 반려동물과 인간의 관계를 연상하게 하죠. 이들의 관계에 비추어 생각해볼 수 있는 반려동물에 관련한 사회적 문제는 무엇이 있을까요?

진은 규희에게 노란 리시안셔스를 선물 받고 규희의 네 번째 '반려인'이 됩니다. 주인인 규희에게 진이 보여주는 사랑은 그 꽃의 꽃말처럼, 변치 않는 사랑입니다. 하지만 규희의 사랑은 그렇지 않고 빠르게 식어갑니다. 진 이전의 '반려인'들을 나이가 많다는 이유로, 대들었다는 이유로 쉽게 파양했던 것처럼 말입니다.

규희는 거짓말을 했다며 진을 때리기도 하고, 진이 몸이 아파 의료 구역에 가는 일이 잦아지자 그곳을 찾은 다른 건강한 '반려인'들에게 더 관심을 보이기도 합니다. 그리고 끝내 자신의 아이가 태어나면 진과 함께 있는 것이 좋지 않을 것 같다며, 진을 다른 집으로 재입양 보내려 하죠.

이러한 규희의 태도들은, 오늘날 반려동물을 대하는 인간의 잘못된 태도들을 떠올리게 합니다. 반려동물을 인간의 돈벌이에 희생시키는 불법적인 번식 및 유통 시스템, 반려동물 양육에 대한 성숙한 사고 없이 충동적으로 반려동물을 구입하는 소비문화, 반려동물을 물건처럼 취급하여 학대하는 행위…… 이 외에도 나이가 들어 귀엽지 않다는 이유로, 양육비가 너무 들어간다는 이유로, 귀찮다는 이유로, 아이의 건강에 해가 될 것 같다는 이유로 반려동물을 쉽게 파양 혹은 유기하는 행위들이 있지요. 모두, 동물을 하나의 생명체로서 오롯이 존중하고 보호하려는 태도가 결여된 데에서 발생한 문제들입니다.

다행스럽게도, 최근 반려동물 양육 인구가 급증하며 동물권과 동물복지에 대한 사회적 관심이 높아지고 있습니다. 선진화된 반려동물 문화를 만들어가려는 다양한 노력이 사회 전반에서 이루어지고 있지요. 가장 대표적인 예로는 2021년

10월, 법무부가 민법 '제4장 물건'을 '제4장 물건과 동물'로 수정하고, 민법 '제98조의2동물의 법적 지위'에는 '동물은 물건이 아니다'라는 조항을 신설해 민법 개정안을 발의한 것을 들 수 있습니다.

이는 동물에게 새로운 법적 지위를 부여하고 인간과 동물의 관계를 재설정하려는 의도를 명시한다는 점에서 큰 변화의 움직임이라고 볼 수 있습니다. 해당 법안은 현재2023.07. 기준 국회에서 처리되지 못하고 계류 중이지만, 하루빨리 개정안의 시행과 함께 동물보호를 위한 많은 제도가 후속 도입되어 인간과 동물의 아름다운 공존이 가능한 사회가 도래하기를 기대합니다.

사실 질문 2. 소설 속 지구는 대오염으로 인해 인간이 살아갈 수 없는 환경이 되어버렸습니다. 겨우 살아남은 인간들은 지구가 아닌 화성으로의 이주 프로젝트를 시작합니다. 화성 이주 프로젝트는 현실성이 있는 이야기일까요? 화성은 왜 지구의 대안이 되었을까요?

오늘날 지구인들도 화성 탐사와 화성으로의 이주 프로젝트를 추진하고 있습니다. 그 대표적인 예로, 미국 항공우주국NASA의 아르테미스Artemis 프로그램을 들 수 있지요. NASA는 이 프로그램을 통해 달에 사람이 거주할 우주정거장을 건설하고 이를 거점으로 삼아 화성을 탐사하겠다는 목표를 세우고 있습니다. 후손들이 우주에서 새로운 터전을 잡는 데에 도움을 주기 위해서입니다. 또한, 이 프로그램에 적극적으로 참여하고 있는 민간 우주기업 스페이스X는 그동안 쌓아온 경험과 기술력을 바탕으로 스타십Starship이라는 우주선을 개발하고, 이를 수단으로 화성에 2050년까지 100만 명을 이주시키겠다고 공표하기도 했습니다.

화성 이주 프로젝트가 성공에 이르기에는 현대 기술력이 여전히 부족한 상황인 것은 사실이지만, 소설 속 이야기를 완전히 허무맹랑한 이야기라고 볼 수는 없을 것입니다. 그렇다면, 왜 인간은 지구의 대안으로 화성을 이야기할까요? 이는 화성이 태양계 내의 행성 중에서 지구와 가장 닮아있기 때문입니다.

우선, 화성의 자전주기는 24시간 37분 22초로 지구보다 약간 길고, 화성의 자전축은 지구와 거의 비슷하게 25.19도만큼 기울어져 있습니다. 이 때문에, 화성에서도 지구에서처럼 계절의 변화를 볼 수 있다고 합니다. 또한, 지질학적 분석에 따르면 화성에는 40억 년 전까지만 해도 지구처럼 호수와 강, 바다가 형성되어 있었을 것으로 추정된다고 합니다. 인간이 생존하기 위해서는 물이 필수적이기 때문에, 화성 연구자들은 화성에 존재했던 물의 행방이 어디로 갔는지를 계속 추적하고 있습니다.

물과 더불어, 화성에는 인간의 생존에 꼭 필요한 산소도 존재한다고 합니다. 물론 그 양이 매우 희박하다는 것은 한계이지만요. 그래도 화성의 대기 분포 중 약 96%를 차지하는 이산화탄소를 활용해 산소를 추출할 수 있는 기술이 개발되었다고 하니, 지구의 대안으로 화성을 꿈꾸는 우리에게는 희소식이라고 할 수 있겠죠.

가치 질문 1. 소설 속 '인간'처럼 신체를 기계로 교체하고 인간의 한계를 뛰어넘으며 살아가는 미래를 상상해본 적이 있나요? 여러분은 그러한 기계적 '인간'이 주류로 존재하는 미래 사회를 긍정적으로 바라보게 되나요, 부정적으로 바라보게 되나요?

'트랜스휴먼transhuman'이라는 말을 들어보셨나요? 이때 '트랜스trans-'는 '~저 편에', '~을 넘어서서'라는 뜻으로 트랜스휴먼은 기존의 휴먼을 뛰어넘는 휴먼을 의미합니다. 보다 구체적으로는 과학기술을 통해 생물학적인 육체의 한계노화, 질병, 죽음, 공간 제약 등를 극복할 만큼 뛰어난 능력을 갖춘 휴먼을 가리킵니다.

소설 속 '인간'은 그러한 트랜스휴먼과 같아 보입니다. 태어난 그대로의 신체를 가진 인간이 아니라, 심장, 혈관, 폐를 반영구적으로 사용할 수 있는 기계로 교체하고, 필요에 따라서는 뇌의 일부, 근육, 안구, 피부까지도 기계로 교체한 인간이니까요. 그렇게 신체를 기계화한 '인간'이 되면, 놀랄 만큼 수명이 길어져 약 150년 동안 건강한 삶을 유지할 수 있게 됩니다.

현실 사회에서도 소설만큼은 아니지만, 첨단 과학기술의 발전이 혁신적으로 이루어짐에 따라, 인간과 기계가 혼성되어 생명 시스템을 형성하는 경우들을 발견할 수 있습니다. 청각 장애를 해소하기 위해 인공와우 기계를 신체에 장착하거나, 통증 차단을 위해 척수에서 뇌로 신호를 보내는 신경감각-자극장치INS2를 신체에 삽입하거나, 절단된 팔다리를 로봇팔과 로봇다리로 대체하는 등의 사례가 그것이지요. 이는 기술의 발전이 생물학적 한계와 장애를 극복하려는 인간에게 긍정적인 도움을 주고 있는 경우들입니다.

하지만 인간이 기계적 존재로 계속 진화해나가는 것을 염려하는 사람들도 많습니다. 이들은 인간이 자신의 한계나 장애의 결핍을 충족시키는 차원을 넘어서서 기계적으로 완전히 향상된 존재로서의 강화를 열망하게 될 경우, 그러한 인간을 진정한 인간상으로 볼 수 있을 것인가에 대한 윤리적 문제가 뒤따른다고 봅니다. 또한 앞으로 100년 안에 인간이 만든 기계가 인간의 지능을 뛰어넘는 초지능을 갖는 순간이 도래할 것이므로, 기계들이 인간이라는 종을 무력화하고 멸종시킬 수도 있다고 주장합니다.

이뿐만 아니라, 그들은 트랜스휴먼의 조건을 갖출 수 있는 사람들과 그렇지 못한 사람들 사이의 사회적 격차가 크게 발생해 혼란이 야기될 것이라고도 전망합니다. 소설이 그리는 것처럼 인공 신체를 가진 인간이 되기 위해서는 높은 비용을 감당할 만큼의 부가 필요할 것이기에, 그러한 혜택을 누릴 수 있는 소수의 사람들과 혜택을 누릴 수 없는 나머지 사람들 사이에 불평등이 생긴다는 것이죠.

우리의 미래가 꼭 소설의 세계와 같을 거라 장담할 수는 없지만, 그 세계가 우리의 미래와 완전히 동떨어진 이야기라고 말할 수도 없어 보입니다.

소설의 초반, '반려인' 진은 '인간성'이라는 단어의 의미에 대해 궁금증을 갖습니다. 자신이 읽고 있던 책 『4세대』에서 말하는 인간성의 의미가 자신이 알고 있던 의미와는 다르다는 느낌을 받게 되거든요. 그런 진에게 '인간' 규희는 그 책이 쓰인 약 400여 년 전 시대의 인간성은 지금 진과 규희가 살아가는 시대에서의 인간성과는 다른 의미를 가진다고 이야기해 줍니다.

400여 년 전의 인간성이란, 내가 가진 조건이 아니라 '타인에 대한 태도'와 관련된 것. 즉, 누군가의 의견이나 생각에 공감하거나, 처지를 연민하거나, 아무런 대가 없이도 그저 도움을 주고 싶어 누군가와 함께 있어 주려는 마음가짐 같은 것들이었다고 말이죠. 이러한 인간성의 의미는 오늘날 우리가 알고 있는 인간성의 보편적인 의미와 크게 다르지 않습니다. 이 소설에서 400여 년 전이라고 말하는 시대가 오늘날을 가리키는 것인지도 모르겠군요.

그렇다면 진과 규희의 사회에서 말하는 인간성의 의미는 무엇일까요? 타인에 대한 태도가 아니라 '내가 가진 조건'과 관련된 것. 즉, 기계를 통해 향상된 신체와 높은 지능으로 연방의 화성 이주 프로젝트에 봉사할 수 있는 능력을 말합니다. 이 능력을 갖추지 못한 이들은 '인간'으로 취급받지 못하죠. 인간성이 없는 비인간으로 평가절하됩니다. 이 사회가 가장 중요하게 생각하는 것이 멸망에 이른 지구를 벗어나 새로운 행성으로의 이주에 성공하는 것인 만큼, 인간성의 개념도 유용성의 차원으로 변해버리고 만 것입니다.

이런 배경을 모두 다 알고 있는 진이지만, 그럼에도 불구하고 진은 인간이 반드시 '쓸모'를 갖추어야만 하는 존재인지에 대한 의문을 떨치지 못합니다. 쓸모가 없으면, 자신처럼 '인간'의 신분을 가질 수도 없고, 스스로 원하는 고유한 이름을 가질 수도 없고, 생도 일찍이 마감해야 한다는 것이 왠지 모르게 불합리하게 느껴지죠.

참 아이러니하게도, 이 400여 년 후의 '인간' 중심 사회 속에서 인간성이 없는 '비인간'('미등록', '반려인')으로 치부되었던 진은, 소설 속 400여 년 전의 시대나, 소설 밖 현 시대의 관점에서 바라볼 때는 그 누구보다 값진 인간성을 가진, '가장 인간다운 인간'으로 설명되는 존재입니다. 소설의 마지막 장면에서 진은 자기 주인인 규희를 지키려다 A11의 칼에 베이는 무조건적인 사랑과 희생을 보여주기 때문이죠.

죽어가는 순간까지도 진은 오직 규희의 안위만을 걱정합니다. 그리고 생각합니다. 규희는 때때로 자신에게 상처와 슬픔을 주었어도 언제나 기꺼이 그것들을 덮을 만한 애정을 갖게 하는 존재였다고, 칼에 베이는 이런 상처쯤은 충분히 감수하게 하는 존재였다고 말이죠. 이는 결코 무엇을 바라는 마음이 아니라, 그저 내가 사랑하는 존재를 조건 없이 지켜주고 싶은 마음. 즉, 소설 속에서 말하는 400여 년 전의 인간성, 소설 밖 우리가 알고 있는 인간성이라 할 수 있습니다.

인간이라는 것, 인간다움이라는 것, 인간성이라는 것이 무엇인지를 다시 한번 생각하게 만드는 소설, 「리시안셔스」였습니다.

생태와 아포칼립스 **김효인, 「우주인, 조안」**

- 키워드: 미세먼지, 대기오염, 환경정의, 기후변화
- 난이도: 🌑🌑
- 단편소설

줄거리 --

지구 대기층에 두터운 먼지층이 생기면서 미세먼지를 99.9% 걸러 내는 의상인 청정복이 출시됩니다. 값비싼 청정복을 입을 수 있는 사람들은 C$_{Clean}$라고 불리며 평균수명 100세를 누리지만 그렇지 못한 이들은 N$_{No\ clean}$이라고 불리며 30대를 넘기지 못하는 삶을 살게 됩니다. 이러한 이유로 평균 수명이 긴 C들은 건강하고 안정적인 삶을 추구하는 반면, N들은 건강과 안정보다는 짧은 삶을 자유롭게 즐기면서 살아가게 됩니다.

한편 28살의 대학생인 주인공 이오는 입고 있었던 청정복이 지난 10년간 고장 나 있었으며, 자신도 모르는 사이 환경 오염에 노출되어 악성 종양을 가진 시한부 인생을 살고 있음을 알게 됩니다. 그 사실을 인지한 후 무기력하게 생활해 오던 이오는 '사랑과 문학'이라는 강의에서 과제의 파트너로 동갑내기이자 N인 조안을 만나게 됩니다. 이 둘은 서로 하고 싶은 일들을 데이트 목록으로 정하고 함께 수행하면서 사랑에 관한 문학 작품을 작성하여 기말 과제로 제출해야 합니다.

우유부단한 성격에다 당장 하고 싶었던 데이트가 생각나지 않던 이오는 적극적이고 활발한 성격의 조안이 하고 싶었던 일들을 먼저 따르기로 합니다. 둘은 조안의 언니인 케이의 그림 작품 전시회에 방문하거나 함께 밥을 먹으러 가기도 하며 점점 가까워집니다. 그러다 비가 오는 어느 날 둘은 조안이 일하는 서점에 방문해 책을 함께 읽게 됩니다. 비가 멈추자 두 사람은 서점 밖으로 나가 아주 잠시 먼지가 걷힌 맑은 하늘을 보게 되고, 조안은 하늘을 바라보면서 자신이 하고 싶은 마지막 일을 이오에게 알려줍니다. 그것은 바로 비가 많이 내리고 그친 어느 날, 별이 가장 잘 보이는 곳에 가서 별을 보자는 것이었죠.

C로서 안정적인 삶만을 추구해왔던 이오는 조안과 함께 지내면서 건강에 대한 염려 없이 일상에 최선을 다하며 즐거운 일상을 보냅니다. 자신이 무엇을 좋아하는지조차 몰랐던 이오는 점점 해 보고 싶은 일들이 많아집니다. 건강에 해롭기 때문에 하지 못했던 커피 마시기나 맛있는 돈가스 먹으러 가기와 같은 일들이 데이트 목록에 추가됩니다. 또한 둘은 이오가 좋아하는 파란색으로 둘러싸여 있는 수족관에 방문해 물고기들을 구경하기도 합니다. 수족관 데이트 중에 조안이 원했던 일이 생각난 이오는 한강 근처에 오래전 천문대로 쓰였던 장소가 있으니, 비가 올 때 그곳에서 별을 보자고 제안합니다.

이렇게 행복한 나날이 이어지던 어느 날, 두 사람 사이를 흔들어 놓는 일들이 생기게 됩니다. 먼저, 이오는 그의 오랜 친구이자 의사인 경을 통해 자신의 종양을 수술해 줄 사람이 나타났음을 듣게 됩니다. 미래에 대한 걱정을 내려 놓고 자유롭게 살던 이오는 C의 삶의 방식으로 되돌아가야 하는지 고민에 빠집니다. 한편 조안은 같은 N이자 그녀의 언니인 케이를 곧 떠나보내야 하는 상황에 처합니다. 이오는 케이의 병문안을 간 자리에서 활발하고 씩씩했던 조안이 죽음에 대해 고민하며 무너져 내리는 모습을 목격합니다.

수술과 장례식이라는 일들을 두 사람은 각각 해내 갑니다. 그리고 수술 후 병원에 머물던 이오는 창밖에서 강한 비가 내리는 소리를 듣습니다. 곧장 이오는 겉옷을 걸치고 서둘러 천문대로 향합니다. 천문대에 도착하여 높은 계단을 오르고 올라 옥상의 문을 열자, 조안이 우비를 입고 이오를 기다리고 있었습니다. 이오와 조안은 서로 비를 맞으며 비가 그치기를 기다립니다. 이후 비가 멈추자, 별이 보이는 맑은 밤하늘이 드러납니다. 저 멀리 하늘의 별을 바라보던 두 사람은 28살, 자신들의 이야기를 각자 시와 소설로 기록합니다.

핵심 질문

"미세먼지 문제가 심각해져 특별한 옷을 입지 않으면
삶을 유지하기 어려워지게 된다면?"

사실 질문 1. 소설 속 지구는 미세먼지 농도가 200µg/㎥를 넘어갈 정도로 심각해지면서 세계보건기구의 비상사태까지 선포된 상황입니다. 이렇게 미세먼지 농도가 심각해진다면, 전 세계적으로 어떤 문제가 일어날 수 있을까요?

기상학에서 미세먼지는 지름이 10㎛ 이하의 먼지를 말합니다. 미세먼지 중 입자의 크기가 더 작은 지름 2.5㎛ 이하의 먼지는 초미세먼지라고 하고, 지름 2.5~10㎛ 사이의 먼지는 '거친 미세먼지coarse particles'라고 부르기도 합니다. 우리나라에서는 미세먼지 농도가 151µg/㎥ 이상이 되면 '매우 나쁨' 등급으로 분류하고 있습니다. 이러한 기준에 따르면 소설 속 지구는 미세먼지 농도가 200µg/㎥을 넘어가기에 매우 심각한 상황입니다. 이렇게 미세먼지 농도가 심각해지는 날이 계속되면 무슨 일이 벌어질까요?

미세먼지는 사람들의 건강에 치명적인 악영향을 끼칩니다. 기관지에 미세먼지가 쌓이면 가래가 생기고 기침이 잦아지면서 기관지 점막이 건조해집니다. 이러한 상황이 지속되면 세균이 쉽게 침투할 수 있어, 폐 기능이 약화될 수 있습니다. 또한 미세먼지는 심장병이나 부정맥 등의 심혈관질환에도 매우 나쁜 영향을 미칩니다. 미세먼지에는 나노 분자가 있는데, 이 나노 분자가 폐를 거쳐 혈류를 타고 떠돕니다. 만약 떠돌던 나노 분자가 심혈관의 약한 부위에 쌓이게 되면 심근경색 등이 일어날 수 있죠. 실제로 세계보건기구의 세계 건강 관측 자료를 보면 연간 820만 명이 대기오염에 의한 질환으로 숨지고 있고, 이 가운데 320만 명은 초미세먼지로 인해 사망한다고 합니다.

산업적인 측면에서 보면, 미세먼지는 정밀한 공정이 필요한 산업 활동에 악영향을 미칩니다. 특히 국가 핵심 산업인 반도체, 디스플레이와 같은 정밀 산업 분야에 불량률을 증가시켜 산업 발전을 저해하기도 합니다. 반도체와 디스플레이 산업은 가로와 세로의 높이가 30cm인 공간에 $0.1\mu m$의 먼지 입자 1개만 허용될 정도로 먼지에 민감한 분야입니다. 이처럼, 평소에도 먼지 문제에 예민하게 대응하는 반도체산업은 미세먼지로 인한 제품 불량률을 줄이기 위해 공기정화시설을 강화할 것이고, 이는 생산원가 상승으로 이어질 수 있습니다.

나아가 미세먼지는 환경과 자연에도 영향을 끼칩니다. 대기 중 이산화황SO_2이나 이산화질소NO_2가 많이 묻어있는 미세먼지는 산성비를 내리게 해 토양과 물을 산성화시킵니다. 이뿐만 아니라, 토양 황폐화, 생태계 피해, 산림 수목과 기타 식생의 손상까지 일으킬 수 있죠. 또한 미세먼지가 식물의 잎에 부착되면, 잎의 기공을 막고 광합성 등을 저해하면서 작물의 생육을 지연시킵니다. 어쩌면 하늘의 색깔도 바뀔 수 있습니다. 우리가 지금 알고 있는 하늘색은 파란색에 흰색을 조금 섞은 색입니다. 그런데 미세먼지 농도가 심해진다면, 소설 속 표현처럼 하늘색은 공장 굴뚝에서 나오는 뿌연 연기에 강황 가루를 뿌린 듯한 색으로 바뀔 수도 있습니다.

사실 질문 2. 소설에서는 미세먼지를 차단하기 위해 청정복이 개발됩니다. 청정복처럼 미세먼지를 차단할 수 있는 방법에는 어떤 것들이 있을까요?

소설 속 사람들은 미세먼지를 걸러내기 위해 청정복을 개발했습니다. 이 청정복은 미세먼지를 99.9% 걸러낼 수 있는 기술을 가지고 있죠. 이러한 청정복처럼 오늘날 지구에도 미세먼지를 차단할 수 있는 방법이 많이 개발되고 있습니다. 미세먼지 차단 방법에는 무엇이 있는지 살펴볼까요?

첫 번째 방법은 미세먼지 필터 기술을 활용해 차단하는 것입니다. 미세먼지 필터 기술은 단어의 뜻 그대로 미세먼지를 효율적으로 걸러낼 수 있는 필터를 활용한 기술을 의미합니다. 대표적인 예로는 미세먼지 차단용 마스크가 있지요. 미세먼지 차단용 마스크는 일반 마스크와는 다른 특수한 필터를 가지고 있습니다. 촘촘하고 무작위로 얽혀있는 섬유 필터나 정전 처리된 필터 등이 탑재되어 있습니다. 이러한 필터를 가진 덕분에 미세먼지 차단용 마스크는 작은 크기의 미세먼지도 걸러낼 수 있습니다.

두 번째 방법으로는 광촉매 기술을 활용해 미세먼지를 차단하는 것입니다. 광촉매란, 빛을 받으면 촉매반응을 일으키는 물질을 뜻합니다. 이 광촉매 물질을 활용해 대기 환경오염물질을 획기적으로 빨아들일 수 있는 기술을 개발한 것이지요. 대표적인 예로는 대기 정화 보도블록이 있습니다. 기존 보도블록을 화학 처리해 광촉매 기능을 더해주면, 대기 정화 보도블록이 됩니다. 광촉매 기능을 얻은 대기 정화 보도블록은 햇빛에 반응해 공기 중의 미세먼지 씨앗인 질소산화물_{일산화질소, 이산화질소}을 표면에 흡착시킵니다. 흡착된 미세먼지는 비에 의해 자연스럽게 씻겨 나가게 되죠. 또한 광촉매 기술을 적용한 페인트를 아파트 외벽, 공공장소의 벽과 외관에 칠해서 공기 청정에 도움을 줄 수도 있습니다.

세 번째 방법은 숲과 녹지공간을 이용하는 것입니다. 나뭇잎 표면에는 거친 섬유조직이 있는데, 이 섬유조직은 미세먼지를 붙잡을 수 있습니다. 붙잡힌 미세먼지는 웬만한 바람이 불어도 나뭇잎에 붙어 있다가 비가 오거나 바람이 강할 때 바닥으로 떨어집니다. 이렇게 해서 나무 한 그루가 흡수하는 미세먼지 양은 1년에 35.7g이며, 도시 숲은 연간 168kg의 미세먼지 등의 대기오염물질을 흡수할 수 있습니다. 이에 정부는 2019년부터 미세먼지 차단 숲을 만들기 시작해 미세먼지 문제 해결을 위한 노력을 해오고 있습니다.

가치질문 1. 소설 속 세계에서 사람들은 청정복의 소유 여부에 따라 C와 N으로 구분됩니다. 환경 문제가 심각해진 상황에서 인간의 생명과 직결된 청정복을 상품으로 취급하는 것은 정당한가요? 또한 환경 오염에 따른 대가는 모든 사람에게 정의롭게 적용되고 있나요?

소설에 따르면 청정복 한 벌의 가격은 대략 5억 정도입니다. 여유가 있는 사람들은 집을 팔거나 빚을 져서라도 이를 구매할 수 있지만, 금전적으로 여유가 없는 경우에는 오염된 환경에 무방비로 노출된 채 삶을 살아야 합니다. 소설 속 상황처럼 이러한 청정복을 사고팔 수 있는 재화로 여기는 것은 올바를까요?

미국의 정치철학자 마이클 샌델Michael J. Sandel은 시장이 항상 공정하며 이를 통해 공익을 달성할 수 있다는 생각을 시장지상주의Market Triumphalism라고 비판하였습니다. 그는 '보이지 않는 손'들에 의해 자유롭게 거래가 진행되는 시장이 늘 최선의 결과를 이끌어 낼 수 있다는 입장에 회의적인 태도를 보이며 건강, 교육, 공공안전, 환경보호 등 다양한 분야까지에도 시장의 논리가 개입하는 현상을 경계할 필요가 있다고 주장합니다. 소설 속 청정복은 인간의 기본적인 건강에 영향을 미치는 아주 중요한 물건입니다. 이에 값을 매기고 시장의 재화로써 사고파는 것은 마이클 샌델의 입장에서 부정적으로 여겨질 것으로 보입니다.

한편, 청정복에 대한 논의는 환경정의Environmental justice의 문제로 확장될 수 있습니다. 1980년대 미국의 노스캐롤라이나주 워렌 카운티는 어느 날 폐기물 매립장으로 지정됩니다. 주민들은 이에 반대하는 대규모 시위를 벌이고 소송을 진행했지만 변하는 것은 없었습니다. 사람들은 이 지역에 살고 있는 주민들의 다수가 빈곤한 흑인이었기 때문에 해당 지역이 폐기물 매립장으로 선정되었다고 문제를 제기하였습니다. 이 사건은 환경 문제가 그 자체로서 독립적으로 존재하는 것이 아니라 인종이나 소득과 관련을 맺고 있으며 환경에 대한 논의가 정의justice의 문제로 확장될 수 있음을 보여준 대표적인 사례로 언급되고 있습니다.

환경정의와 관련하여 미국의 매사추세츠 주는 모든 사람들이 환경오염으로부터 보호받으며, 깨끗하고 건강한 환경에서 살아가고 즐길 권리가 있다고 하였습니다. 환경정의를 연구하는 사람들은 더 나아가 환경정의를 환경과 관련한 일에 대해 모든 사람이 의미 있게 참여할 수 있도록 하는 절차적 정의, 모든 사람이 깨끗하고 건강한 환경을 즐기고 살아갈 수 있게 하는 실질적 정의, 환경에 대한 이익 및 부담을 공평하게 나누는 분배적 정의 등으로 나누어 설명하기도 하였습니다. 특히 최근 급격한 기후 변화로 기후 위기 문제가 심각해짐에 따라 환경정의에 대한 논의는 더욱 증가하고 있습니다.

그렇다면 이러한 관점으로 소설 속 세계와 우리가 처한 현실을 조금 더 살펴볼까요? 소설 속 이오를 포함한 C들은 중산층 이상의 삶을 살아가며 대학에 들어가기도 하는 등 풍족한 삶을 살아갑니다. 하지만 대부분의 N들은 이러한 혜택을 누리지 못하며 미세먼지로 인해 짧아진 인생을 살아가지요. 경제력의 차이로 인해 환경오염으로부터 보호를 받을 수 있을지 없을지가 결정되어 버린 것입니다.

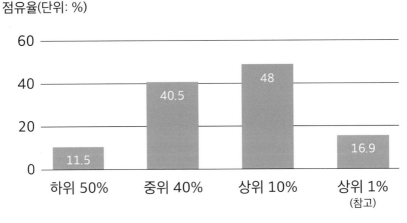

점유율(단위: %)

온실가스 집단별 배출 점유율(2019년 전 세계)

현실 세계 역시 상황은 비슷한 것으로 보입니다. 세계 불평등 데이터베이스의 자료에 따르면 전 세계 인구의 하위 50%는 지구 온난화에 영향을 미치는 온실가스의 약 10% 정도만을 배출하는 반면, 상위 10%는 전체의 절반에 해당하는 온실가스를 배출한다고 합니다. 그러나 이러한 상황에도 불구하고 기후 변화로 인한 피해는 오히려 가난한 사람들에게 집중되고 있습니다. 가령, 2012년 허리케인이 뉴욕을 덮쳤을 때 저소득층은 의료 서비스 및 전력 공급이 끊겨 난항을 겪었지만, 맨해튼에 있는 은행들은 재난에 대한 준비가 되어 있어 거의 피해를 보지 않았다고 합니다. 더 나아가 이와 같은 문제는 국가 간에서도 일어나고 있습니다. 기후 변화에 큰 책임이 있는 선진국들은 기후 변화로 인한 피해를 적게 받고 있는 반면, 기후 변화에 큰 영향을 미치지 않았던 푸에르토리코, 미얀마, 아이티와 같은 나라들은 오히려 기후변화로 인해 큰 피해를 입고 있다고 합니다.

정세랑, 「7교시」

- 키워드: 생명권, 환경주의, 공생, 인구 상한제
- 난이도: 🌑🌑
- 단편소설

줄거리 -

「7교시」는 아라가 7교시 현대사 수업에 접속하는 것으로 시작합니다. 컴퓨터 화면을 바라보며 아라는 허리를 곧추세우고 정신을 가다듬습니다. 현대사는 인류의 6번째 대멸종 이후 가장 중요한 교과가 되었기 때문이지요. 오늘 수업의 주제는 '6번째 대멸종이 발생한 이유와 대멸종을 기점으로 나타난 지구의 변화'입니다.

2098년, 120억 인구의 1/3인 40억 명이 사망하였습니다. 사인은 변종 웨스트나일 바이러스. 200년 후의 인류는 이를 인재人災로 기록하고 있습니다. 왜냐하면 인류가 일으킨 환경 파괴로 바이러스의 전파가 삽시간에 이루어졌거든요. 이상기온으로 철새의 이동 경로가 바뀌어 모기들이 활개를 치고 있었습니다. 모기들은 공장식 농장에 갇혀 있던 수많은 동물을 빠르게 감염시켰지요. 이렇게 철새, 가금류, 모기, 돼지를 거쳐 수많은 인간이 죽음에 이르렀습니다. 인류의 비극은 사실 예견된 것이었습니다. 수온 상승과 바닷물 산성화로 수많은 산호와 생물이 죽어 가고 있었거든요. 지구가 오랫동안 보내온 경고를 200년 전의 인류는 철저히 무시했습니다.

변종 웨스트 나일 바이러스로부터 살아남은, 6번째 대멸종 이후의 인류는 성장을 위해 모든 것을 거리낌 없이 파괴해온 정부와 기업에 대항하기 시작합니다.

우주 이주 계획의 실패는 체제가 혁신적으로 변화하는데 절대적으로 기여했습니다. 아무 데도 갈 수 없다는 것이 분명해진 다음에야 이 작은 행성, 지구의 가치를 다시 매기게 되었거든요. 인류는 지구의 적정 인구가 25억 명임을 인정하고 국가별 인구 상한제에 대해 논의하기 시작했습니다.

환경을 위해 인구를 제한해야 한다는 인식의 변화는 가족 구조와 도시의 변화로 이어졌습니다. 인공 자궁과 바이오 필름형 피임 도구의 보편화로 원치 않는 임신과 출산은 사라졌고, 양육자로서 의지와 충분한 자격을 갖춘 이들만 아이를 양육할 수 있게 되었습니다. 그리고 자연이 인류의 방해에서 벗어나 충분히 회복할 수 있는 영역을 마련하기 위해 인간의 도시는 크기가 축소되고 자급자족형으로 설계됩니다.

오늘의 현대사 수업이 끝났습니다. 6번째 대멸종에서 살아남은 아라는 이제 아무것도 해치거나 오염시키지 않고 생산된, 새로운 시대의 식량을 섭취합니다. 생태 스트리밍 채널을 통해 자연 회복 영역에서 자유롭게 뛰노는 날다람쥐를 보면서 말이지요.

작품이 던지는 질문 -

「7교시」의 핵심 질문은?

"환경 파괴로 지구가 멸망한다면 인류는 무엇을 가장 후회할까?"

사실 질문 1. 이 소설에 따르면 2050년에는 수온 상승과 바닷물의 산성화로 상당수의 생물이 멸종됩니다. 그렇다면, 지금까지 환경 파괴로 인해 멸종한 생물은 무엇이 있을까요? 그리고 이를 막기 위해 인류는 어떤 노력을 하고 있을까요?

가치 질문 1. 소설 속 인류는 6번째 대멸종 이후, 지구에 파괴적이지 않은 적정 인구수를 유지하기 위해 인구 상한제를 실시합니다. 환경보호를 위한 인구 상한제는 윤리적으로 정당할까요?

듀나, 「죽은 고래에서 온 사람들」

- 키워드: 공생, 대체 행성, 감염, 전염병
- 난이도: 🌑🌑
- 단편소설

줄거리 -

　지구를 떠나 다른 행성에서 사는 것을 생각해본 적이 있나요? 「죽은 고래에서 온 사람들」에 등장하는 인간들은 바다의 행성에서 살고 있습니다. 생명체가 살기 어려운 환경 속, 고래는 이들의 유일한 대안입니다. 고래는 수백의 개체가 복잡하게 모여 만들어진, 물 위를 헤엄치며 떠다니는 군체입니다. 인간은 이 고래 위에 집을 세우고, 농장을 만들고, 보트를 만들며 생활합니다.

　그러나 고래병이라는 전염병의 등장은 이러한 생활에 균열을 만듭니다. 한 마리의 고래가 죽으면 다른 고래들이 잇따라 죽는 경우가 생겼으며, 감염 경로도 명확히 밝혀지지 않아 예방도 어려운 상황이 지속되죠. 그런 상황에서 인간이 고래를 감염시키는 매개체일지도 모른다는 생각들이 퍼지기 시작합니다. 고래병이 돌아 죽은 고래에서 온 사람들을 받아들인 다른 고래들이 죽어가는 사태가 발생했기 때문이죠. 사람들은 점차 서로를 향한 신뢰를 잃어갑니다.

　'나'의 터전이던 해바라기 고래도 이유 모를 죽음을 맞자, '나'의 부족은 새로운 고래를 찾아 떠나게 됩니다. '나'의 부족이 장미 고래를 찾았을 때, 그곳의 사람들은 전염병 보균자일지도 모를 '나'의 부족을 쉬이 받아들이지 않고 뗏목에 밧줄을 묶어 떠다니게 하지요.

　2년이 지나도록 장미 고래에 사는 사람들은 '나'의 부족을 데려가지 않았지만, '나'는 그들을 탓하지 않았습니다. 자신 역시 그 상황이었다면 같은 선택을 내릴 것을 알았기 때문이죠. 그러던 중, '나'의 부족은 또 다른 고래를 하나 더 발견하게 되고, 즉시 그곳으로 이동합니다. 먼저 고래를 발견했던 장미 고래 부족 사람들은 그곳이 최근 심한 폭풍을 겪었다며 살기엔 적합하지 않다고 후퇴하려 했지만, 터전이 간절했던 '나'의 부족은 쉽게 떠나지 못합니다.

그 순간, 고래가 쪼개지고 고래를 이루는 개체들이 사람들을 공격하기 시작합니다. '나'의 부족은 뗏목으로 돌아가기를 택하지만 고래는 쉽게 이들을 보내주지 않습니다. 휘몰아치는 폭풍 속에서 '나' 일행의 일부만 겨우 살아 고래에 남게 되죠. 그들은 고래들에게 인간은 어쩌면 전염병을 몰고 다니는 기생충과 같은 존재인지도 모른다고 생각합니다.

일주일 뒤, '나'의 일행은 거대한 빙산을 마주합니다. '나'는 빙산 얼음 속에 갇힌 조상의 시체 하나를 발견하게 되죠. 이를 확인하자마자 '나'는 조상들이 타고 온 우주선이 빙산 안에 묻혀 있을지도 모른다고 생각하며, 그 우주선이 자신들을 구출해줄지도 모른다는 희망을 가득 품게 됩니다. '나'는 그 희망을 원동력으로 삼아 자신의 지나간 삶을 기록하기 시작합니다. 앞으로 써 내려갈 이야기는 지금까지와는 비교할 수 없는 멋진 모험담이 되리라고 믿으면서요.

작품이 던지는 질문 --

「죽은 고래에서 온 사람들」의 핵심 질문은?
"인간이 원인이 되는 전염병이 인류 전체의 생존을 위협한다면?"

사실 질문 1. 소설 속 인간은 고래 위에서 문명을 이어갑니다. 우리가 지구를 대신할 행성을 찾아야 한다면, 그 행성은 어떤 조건을 갖추고 있어야 할까요?

가치 질문 1. 상대가 원하지 않는 일방적인 의존도 공생이라 부를 수 있을까요? 우리 주변의 공생 관계를 찾아보고 공생을 정의해봅시다.

시간여행과 우주

이번 장에서는 시간여행 및 우주와 관련된 작품들을 살펴보도록 하겠습니다. 시간여행은 SF의 대표적인 장르 중 하나입니다. 조지 웰스의 「타임머신」은 고전적인 SF로 평가받고 있으며 <백 투 더 퓨처>, <인터스텔라>와 같은 영화 작품에도 시간여행이 드러나 있습니다. 인간은 시간의 흐름을 거스를 수 없다는 제약을 받고 있습니다. 시간여행 서사는 이러한 제약을 극복하게 해주고 자유로운 상상의 재미를 우리에게 제공합니다.

한편 시간여행과 밀접한 분야에는 우주와 관련된 서사들이 있습니다. 시간여행이 시간의 흐름에 대한 자유를 허용해 준다면 우주와 관련된 서사들은 지구라는 공간을 넘어 광활한 우주로 우리의 공간적 지평을 확대해 줍니다. 또한 시간이 속도나 중력 등 다양한 물리적 요소에 영향을 받으며 시간과 공간이 분리되지 않는다는 점에서도 시간여행-우주 서사는 밀접한 관련이 있습니다.

	작품	난이도	핵심질문	키워드
1	0과 1사이 (김보영)	●●●	시간여행이 가능해져서 청소년기 시절의 나에게 돌아갈 수 있다면?	시간여행, 상대성 이론, 양자역학, 다중우주, 세대 갈등, 교육 문제
2	바캉스 (베르나르 베르베르)	●○○	과거의 한 시점으로 갈 수 있는 시간여행이 가능해진다면?	시간여행, 루이 14세 시대, 군중 심리, 자유권, 생명권
3	공생 가설 (김초엽)	●●●	외계 생명체가 오래전부터 우리와 함께했다면?	우주, 외계 생명체, 인간성, 생각-표현 전환 기술, 실험 윤리, 뇌
4	고조를 찾아서 (이지은)	●○○	과거로 돌아가 조상의 친일 행적을 막을 수 있게 된다면?	시간여행, 친일 문제, 타임 패러독스, 역사의 책임
5	별 (허버트 조지 웰스)	●●○	행성 충돌로 인해 태양계의 안정성이 깨진다면 인류에게 어떤 일이 일어날까?	우주, 천문학, 행성 충돌, 자연재해, 피난

시간여행과 우주 김보영, 「0과 1사이」

- 키워드: 시간여행, 상대성 이론, 양자역학, 다중우주, 세대 갈등, 교육 문제
- 난이도: ◉◉◉◉
- 단편소설

줄거리

「0과 1사이」는 스스로를 '나'라고 지칭하는 누군가의 독백으로 구성된 챕터와 김 여사 및 그녀의 딸인 수애의 이야기로 구성된 챕터의 두 부분으로 이루어져 있습니다. 작품의 줄거리를 이해하기 위해 순서를 재구성해서 소개해 드리겠습니다.

소설은 '나'의 서술로 시작됩니다. 나는 시간여행기를 만들기 위해 계속 연구를 진행하고 있습니다. 개발 과정 중 타임 패러독스의 문제로 인해 여러 어려움을 겪었지만 결국 나는 양자역학의 원리를 이용하여 시간여행기 개발에 성공합니다. 다만 시간여행에는 제한 조건이 있습니다. 먼저 과거로 이동한다고 해도 사람들의 몸은 직접 이동할 수 없고 의식만이 이전의 자기 자신이나 다른 사람의 몸으로 들어갈 수 있습니다. 두 번째로 의식이 옮겨진 후에는 자신이 다른 시대로 이동했음을 의식할 수 없습니다. 마지막 조건은 위의 조건들의 예외적 조항으로 소수의 '존재 확률'이 낮은 사람의 경우, 자신의 몸을 갖고 이동할 수 있으며 이 사람들은 자신이 시간여행을 하고 있음을 인지할 수 있습니다.

한편 시간여행기가 발명됨으로써 이 세상에는 큰 변화가 발생하게 됩니다. 모든 사물이 파동과 입자의 성질을 동시에 가지게 되었고 기존의 미시 세계뿐만 아니라 사람들이 살아가는 거시 세계까지도 불확정성의 원리의 영향 아래에 놓

이게 됩니다. 또한 시간여행기가 유행하게 됨에 따라 다른 시대로 옮겨가는 것이 유행처럼 퍼집니다. 수많은 시간여행자들이 이전 시대의 사고방식과 행동 방식을 그대로 가지고 오게 됨에 따라 여러 가지 혼란이 나타나게 됩니다.

이제 수애와 김 여사의 이야기로 넘어가 보죠. 그들이 살고 있는 세계는 시간여행기의 개발로 불확정성의 원리가 지배하는 사회입니다. 또한 번역기의 발달 및 미국의 패망으로 영어는 세계어의 지위를 잃은 지 오래입니다. 또한 대학 등급이 사라져서 대학에 꼭 가지 않아도 됩니다. 그런데 어느 날 수애가 살고 있는 도시에 문제가 생깁니다. 시간여행으로 인해 과거의 생각과 가치체계가 엄마와 선생님을 포함한 어른들의 몸으로 들어오게 된 것이지요. 어른들은 시대가 변화했음에도 불구하고 자신들이 1970년에 살고 있는 것처럼 행동합니다. 어른들은 폭력을 통한 훈육을 이해 가능한 일이라고 생각했으며 대학에 가지 않아도 되는 현실을 망각하고 입시 위주의 교육을 학생들에게 강요합니다.

이와 같은 문제가 발생하자 정부에서는 반상회라는 명목으로 엄마들을 모이게 한 후 심리 치료사들을 고용해 이들을 치료하고자 합니다. 뿔테 안경을 낀 의문의 여자 역시 김 여사를 치료하기 위해 온 사람이죠. 그녀는 엄마와 이야기를 나누지만 엄마는 그 여자를 미친 사람으로 취급할 뿐입니다. 수애 역시 엄마와 대화를 시도하나 김 여사는 오히려 성적이 떨어진 수애에게 죽어버리라고 말합니다. 그리고 엄마와의 갈등으로 고통스러워하던 수애는 극단적 선택을 결심하고 복도의 난간으로 향하게 됩니다. 그런데 이게 무슨 일이죠? 뿔테 안경을 낀 여자가 수애를 기다리고 있습니다. 사실 그녀는 미래에서 온 수애로, 자살을 시도하는 수애에게 귓속말로 어떤 메시지를 전달합니다.

핵심 질문
"시간여행이 가능해져서 청소년기 시절의 나에게 돌아갈 수 있다면?"

사실 질문 1. 작품에서는 미래의 수애가 시간여행기를 개발하게 됩니다. 과학적/논리적으로 우리는 시간여행을 할 수 있을까요?

　과학적으로 시간여행을 설명할 수 있는 대표적인 이론은 아인슈타인의 상대성 이론입니다. 상대성 이론에 의하면 속도가 빨라지거나 중력의 영향을 많이 받을수록 시간은 느려지게 됩니다. 빛의 속도로 빠른 우주선에 탑승했거나 중력이 강한 행성에 방문했다가 돌아왔다고 가정해봅시다. 우주선에 타고 있던 사람의 시간은 지구에 있던 사람보다 느리게 흘러갔겠죠? 따라서 이들이 지구에 복귀하게 되면 지구는 상대적으로 이미 시간이 많이 지났을 것이기에 우주선에 탑승한 이들은 미래로 시간여행을 간 것이라고 할 수 있습니다. 다만 위와 같은 시간여행은 물리학적으로는 가능하나 빛의 속도로 달릴 수 있는 우주선이나 큰 중력을 버텨낼 수 있는 기술 등이 구현되기 어렵기에 현실적으로 실현이 어려워 보입니다.

한편 시간여행의 방법으로 거론되는 다른 방법은 바로 웜홀wormhole입니다. 물리학자 존 휠러John Archibald Wheeler는 사과 표면 위의 개미가 사과의 표면을 통해 반대편으로 가는 것보다 사과 속으로 구멍을 뚫어 곧장 내려가는 경우가 더욱 빠르다는 점에 착안하여 이와 같이 호명했다고 합니다. 대표적인 웜홀로 블랙홀로 들어갔다가 화이트홀로 나오는 방법으로 구상된 웜홀이 있습니다. 화이트홀은 모든 물질이 빨려 들어가는 블랙홀과 다르게 모든 물질이 튀어나오는 구멍입니다. 하지만 블랙홀에 뛰어 들어간 경우 블랙홀 속의 특이점블랙홀의 중심으로 부피가 0이고 밀도가 무한대인 점에 갇혀 원자보다도 작은 크기로 몸이 압축되어 버리므로 이 웜홀은 통과가 불가능할 것입니다.

킵 손Kip Thorne은 이러한 문제를 해결할 수 있는 통과할 수 있는 웜홀Traversable wormhole을 연구하였습니다. 그림과 같이 원자보다 매우 작은 세계에서는 양자 거품들이 부풀어 올랐다가 흔적도 없이 사라지며 이 세계에서는 시공간도 끊임없이 변화하고 일정하지 않습니다. 또한 이곳에서는 아주 작은 양자 웜홀이 만들어지는데 이를 거대하게 만들 수만 있다면 사람이 통과할 수 있는 웜홀이 탄생하게 됩니다. 물론, 중력으로 인해 웜홀이 닫혀버릴 수 있겠습니다. 이 경우 킵 손은 음(-)의 질량을 가져 서로를 밀어내는 물질인 '별난exotic 물질'을 이용한다면 웜홀의 문이 닫히지 않고 계속 열린 상태로 유지될 수 있을 것이라고 주장했습니다.

한편 시간여행을 하는 경우 과학적 문제 외에도 여러 논리적인 어려움에 맞닥뜨리게 되는데, 대표적인 문제가 바로 '할아버지 패러독스'입니다. 다음을 상상해 봅시다. 미혼 시절 극악무도한 일을 저지른 할아버지가 있습니다. 미래의 손자인 내가 타임머신을 타고 과거로 가서 그 할아버지를 처형하려고 합니다. 할아버지를 죽이는 경우 아버지와 나는 어떻게 될까요? 이러한 문제를 근거로 과거 여행이 논리적으로 불가능하다고 하다고 보기도 합니다.

*시간여행에 대한 또 다른 과학적 설명은 「바캉스」의 사실 질문(1)을 참고

사실 질문 2. 작품에서는 미시 세계뿐만 아니라 거시 세계에서도 양자역학의 원리가 적용되기 시작했다고 합니다. 양자역학이 무엇이고 작품과 어떤 관련이 있을까요?

양자역학이란 전자, 양성자, 중성자 등 원자 이하의 입자들을 대상으로 하는 물리학입니다. 뉴턴 역학과 같은 고전역학이 거시적인 세계에 적용된다면 양자역학의 물리 법칙은 미시 세계에 적용됩니다. 양자역학에 따르면 관찰이 이루어지기 전 대상은 입자와 파동 중 하나로 정해지지 않고 중첩 상태로서 존재합니다. 또한 독일의 물리학자 하이젠베르크의 불확정성의 원리에 따르면 양자 세계에서 입자의 위치와 운동량을 동시에 측정하는 것이 불가능합니다. 왜냐하면 전자의 위치를 정확하게 측정하려고 하면 운동량이, 운동량을 측정하려고 하면 위치가 불확실하게 측정되기 때문입니다.

이처럼 양자역학은 측정 행위와 관계없이 물리량이 객관적으로 존재한다는 기존의 관점에 의문을 제기하고 대상은 여러 가지 상태로 확률적으로 존재하다가 측정이라는 행위와의 상호작용의 결과로서 도출된다고 바라봅니다. 이러한 양자역학은 처음 소개되었을 때 기성의 물리학자에게 많은 비판을 받았습니다. 무언가가 정해져 있지 않고 불확정적으로 존재한다는 말이 기존의 사람들에게는 받아들여지기 어려웠던 것이죠.

한편 양자역학은 사실 질문 1번에서 언급한 타임 패러독스를 해결하는 방법

으로 작품에 사용되었습니다. '슈뢰딩거의 고양이'라는 사고실험을 아시나요? 슈뢰딩거는 방사선 물질, 독극물이 들어 있는 병, 고양이 한 마리를 상자 속에 집어넣는 상황을 가정합니다. 만약 방사선 물질이 입자를 방출하면 센서가 작동하여 독병이 깨지고 이로 인해 고양이는 죽게 됩니다. 물론 반대의 경우 고양이는 생존하게 되겠죠. 양자역학에 따르면 방사선 입자는 관찰자가 측정하기 전까지는 입자가 방출된 상태와 그렇지 않은 상태가 중첩되어 있게 됩니다. 이때 하나의 질문이 도출됩니다. 그렇다면 관찰되기 전 상자 속의 고양이는 살아 있는 것인가요? 죽은 것인가요? 살아 있는 고양이와 죽은 고양이가 동시에 서로 겹쳐 있는 것인가요?

물리학자 휴 에버렛Hugh Everet이라는 사람은 다세계 해석을 통해 이 문제를 설명했습니다. 그는 세상의 만물은 원자로 구성된 것이므로 고양이나 사람도 전자처럼 양자역학의 원리를 적용받을 수 있다고 생각했습니다. 살아 있는 고양이와 죽어있는 고양이는 서로 겹쳐 있고 생존한 고양이를 보는 인간과 그렇지 않은 상태를 보는 인간 역시 겹쳐 존재한다는 것입니다. 그리고 이 두 세계는 서로 다른 세계로 존재합니다. 즉 여러 차원의 세계가 존재하며 우리는 다만 하나의 세계에 있으며 다른 세계를 인식하지 못할 뿐이라는 것이죠. 마찬가지로 「0과 1사이」에서 수애는 자살을 시도했으나 생존한 수애, 죽음을 맞이한 수애는 모두 존재할 수 있습니다. 그리고 수애를 찾아온 것은 다른 세계에 살고 있던 생존한 수애라고 할 수 있습니다.

가치 질문 1. 작품 속에서는 번역기가 발달하여 영어 공부가 필요없고 대학 등급이 사라져 대학에 가지 않아도 되지만, 수애의 엄마는 입시 위주의 교육을 강요합니다. 학교 교육은 무엇을 가르쳐야 할까요? 시대에 따라 배움의 내용이 달라져야 할까요?

교육에 대한 관점은 사람마다, 시대마다 다를 것입니다. 우리는 변화하는 시간 속에서 어떠한 교육을 지향해야 할까요? 20세기 초 미국에서 있었던 교육 철학 논쟁의 일부를 살펴보면서 이에 대한 답변을 생각해 봅시다.

먼저 진보주의 철학에 대해 알아보겠습니다. 이 철학은 전통적인 학교 교육의 문제점을 지적하고 새로운 교육이 필요하다고 하였습니다. 이 입장에 따르면 지식은 변화할 수 있으므로 학교 교육은 이를 주입하기보다는 학습자의 현실 생활과 관련하여 생활의 문제를 해결할 수 있는 능력을 길러주어야 합니다. 또한 교육의 내용은 학생들의 흥미와 욕구가 반영되어야 하며 교사가 일방적으로 정하면 안 됩니다. 마지막으로 학교는 경쟁의 공간이 아니라 서로 협동적이고 민주적인 공간이어야 합니다.

이러한 교육관과 거리가 있었던 교육관은 바로 항존주의 철학이었습니다. 항존주의 철학에 따르면 인간의 본성은 시공을 초월하기에 교육의 본질도 시대에 따라 변하지 않습니다. 이 교육관에서는 인간이 가지고 있는 이성을 발달시키는 것이 중요시됩니다. 출세나 사회 적응보다는 절대성과 영원성을 가지는 진리를 가르치는 것이 중요하며 이를 위해 기본적인 교과의 학습이 강조됩니다. 특히 다양한 분야의 고전들을 읽음으로써 그 속의 본질적이며 영원불변한 진리를 학습할 필요가 있습니다.

한편 시대에 따라 교육의 내용이 변화해야 한다는 주장을 받아들인다면, 미래에는 어떠한 내용을 학교에서 가르쳐야 할까요? 'OECD 교육 2030 프로젝트'에서는 세계가 환경적, 경제적, 사회적 측면의 문제에 처해 있으며 이러한 문제를 해결하기 위해 교육이 변화해야 함을 주장합니다.

조금 더 살펴보면 이 프로젝트는 미래 사회 학습자들이 세계를 변혁할 수 있는 역량변혁적 역량을 가져야 하며 새로운 가치를 창출하고, 책임감을 가지며, 다양한 갈등이나 대립을 조정하는 능력을 길러야 한다고 주장합니다. 특히 해당 프로젝트는 학생들의 주도성agency을 강조합니다. 주도성은 학생들이 세계에 참여하고 사람들, 사태, 주변 환경에 긍정적인 영향력을 미치기 위한 책임감을 가지는 것을 포함하는 개념입니다. 또한 해당 프로젝트는 이를 높이기 위해 교사나 학교, 보호자는 학습자들에게 개별화된 학습이 이루어질 수 있는 환경을 조성해 주어야 하며 기본적인 문해력읽고 쓸 줄 아는 능력, 수리력 외에도 디지털 문해력, 데이터 문해력, 웰빙을 위한 건강 문해력에 대한 교육이 필요하다고 하였습니다.

물론 미래 교육에 대한 비판적인 시선도 존재합니다. 현재 미래 교육에 대한 논의들은 대부분 기술의 발전 및 사회적 변화와 관련지어 교육 변화의 필요성을 설명합니다. 하지만 이는 자칫 교육의 본질을 간과하고 교육을 시대의 변화에 따라 그때그때 필요한 인재를 양성하는 도구로만 바라보게 될 위험을 내포하고 있습니다.

가치 질문 2. **수애와 뿔테 안경을 쓴 여자는 김 여사에게 변화한 현실에 대해 말해 주지만 김 여사는 과거에 갇혀 이들의 말을 이해하지 못하고 자신이 살아온 시대의 방식대로 수애를 대합니다. 이러한 김 여사의 행동을 우리는 어떻게 바라봐야 할까요?**

사회학자 칼 만하임Karl Mannheim은 '비슷한 시기에 동일한 문화권에서 태어나 역사적 경험을 공유하는, 그에 따라 유사한 의식과 행위 양식을 갖는 동시기 출생 집단'을 세대라고 지칭하였습니다. 역사적 경험이 다르면 세상을 보는 눈이 달라질 수 있고 이에 따라 발생한 차이로 인해 세대 갈등이 나타날 수 있습니다. 세대 갈등은 한국 사회에서 자주 접할 수 있으며 권력이나 이념의 차이로 인한 정치적 갈등, 젊은이와 기성세대 간의 일자리와 관련된 갈등, 가치관이나 문화 차이에 따른 갈등 등 다양한 세대 갈등이 존재합니다. 더욱이 시간여행을 통해 다양한 세대가 공존할 수 있게 된다면 사람들이 공유하는 사회적·역사적 경험은 더욱 줄어들 것이고 이에 따라 사람들은 마치 김 여사와 수애의 관계처럼 서로를 더욱더 이해하기 어려워질 것입니다.

그렇다면 우리는 서로 다른 세대에 대해 어떠한 태도를 취해야 할까요? 1970년대의 방식으로 세상을 인지하는 김 여사와 그녀의 세대에게 불확정성의 원리가 지배하는 시대는 이해하기 너무 어려울 것입니다. 우리 주변을 살펴봐도 김 여사와 같이 어려움을 겪는 사람들이 많습니다. 많은 기성세대들은 디지털 기술이나 문화에 대해 이해하는 데에 어려움을 겪고 있으며 심지어 이에 부정적인 태도를 보이기도 합니다. 이들은 과거의 입장을 고수하는 보수적인 사람처럼 보일 수도 있지만 한편으로는 변화하는 시간 속에서 소외를 겪고 있는 사람들이라고도 할 수 있습니다. 또한 변화하는 시대 속에서 기성세대가 가지고 있었던 생각이나 가치들이 과연 쓸모가 없는 것인지도 생각해 보아야겠습니다. 윗세대가 가지고 있는 다양한 지혜와 깨달음은 하나의 '전통'으로 우리가 이해하고 지켜나가야 할 가치일 수도 있습니다.

하지만 기성세대가 가지고 있는 권력과 힘에 대해서도 고려해 볼 수 있겠습니다. 김 여사는 수애와 뿔테 안경의 여자에게 새로운 사회에 대해서 이야기를 듣지만 이를 이상한 소리로만 치부하고 이해하려고 하지 않습니다. 또한 김 여사는 부모의 권위를 이용하여 전통적인 학습 방식을 강요하고 이를 달성하지 못하는 수애에게 면박을 주는 등 자신의 권위를 이용하여 다른 세대를 억압하였습니다.

이러한 상황에서 진정으로 필요한 것은 무엇일까요? 철학자 위르겐 하버마스Jürgen Habermas는 인간의 다양한 행위 중에서 의사소통 행위를 강조하였습니다. 그에 따르면 진정한 의사소통을 위해서는 대화 참여자들이 서로를 동등한 주체로 바라보고 자신만의 이익만을 위해서가 아니라 서로를 잘 이해하고 서로의 행위를 조정하기 위해 노력해야 한다고 합니다. 수애는 어른들과 달리 자신은 어른이 되어도 '아이들에게 너희 때가 좋았다는 말을 하지 않을 거야'라고 맹세합니다. 수애가 원했던 바는 어른과 아이의 관계를 넘어 주체와 주체로서 의사소통을 하고자 하는 김 여사의 진정성 어린 태도 아니었을까요?

문학 돋보기	「0과 1사이」의 시간 구성과 그 효과

SF소설에서 시간 여행 구조는 독자들의 흥미를 높이고 새로움을 부여하는 효과적인 장치로 기능합니다. 특히 「0과 1사이」는 과거-현재-미래의 단선적 시간관이 아니라 다양한 세계와 시간이 공존하는 다중적 시간관을 활용하고 있습니다. 그리고 소설 속에서 각각 김 여사와 수애로 대표되는 세계가 서로 만날 수 있게 해주는 것이 바로 시간여행기입니다.

총 15개의 장으로 구성된 본 작품에서 짝수 장은 주로 김 여사의 관점으로 이야기가 진행됩니다. 김 여사는 사람들이 사는 것은 다 똑같다고 하며 답이 정해져 있는 '수능'과 '교과서' 그리고 '책'을 중요시합니다. 그녀는 사회의 변화를 알아차리지 못한 채 아이들에게 기존의 교육 방식을 유지하려고 하지요. 반면에 홀수 장에 해당하는 부분은 미래의 수애의 관점에서 진행됩니다. 미래의 수애는 김 여사와 달리 세상을 인식하는 새로운 방법인 양자역학을 잘 이해하고 있습니다. 또한 그녀는 아이들에게 너희 때가 좋았다는 말을 하지 않는 어른이 되겠다고 되뇌며 아이들의 마음을 이해하는 모습을 보입니다.

이러한 김 여사와 미래의 수애를 볼 때 현재 우리가 살고 있는 사회는 어떠한 것 같나요? 상이한 세계를 대변하는 인물들을 보면서 독자들은 자신이 살고 있는 삶에 대해 성찰해 볼 수 있습니다. 작가는 이 단편이 수록된 작품집의 후기에 이 소설이 아이들에게 이해받지 못할 때가 왔으면 싶다는 말을 남깁니다. 소설을 읽은 현실의 학생들은 이 작품을 뼈아픈 공감을 이끌어 내는 글이라고 생각할까요? 아니면 현재와는 다른 과거의 이야기를 다룬 작품이라고 생각할까요? 이 소설 속의 시간여행 모티프는 과거로의 도피나 단순 흥미 유발의 기능을 넘어 독자들로 하여금 현실에 대해 비판적으로 성찰할 수 있게 하는 것으로 보입니다.

시간여행과 우주 베르나르 베르베르, 「바캉스」

- 키워드: 시간여행, 루이 14세 시대, 군중 심리, 자유권, 생명권
- 난이도: 🌑
- 단편소설

줄거리

주인공 피에르는 바캉스를 맞이하여 과거로의 여행을 떠나기로 계획합니다. 수많은 과거의 시간 중에 그가 선택한 시간은 루이 14세 시대였지요. 베르사유 궁전의 정원과 분수를 구경하고, 오염되지 않은 파리의 신선한 공기도 마시고, 살충제를 뿌리지 않은 채소와 과일도 먹고…… . 피에르는 설레는 마음을 잔뜩 가지고 시간여행 전문 여행사를 방문합니다.

여행사 직원의 안내를 받아 피에르는 예방 접종도 하고, 시간여행 주의점들도 숙지하게 됩니다. 여행 준비를 모두 마치자 여행사 직원은 피에르에게 '템푸스 보험' 가입을 권유합니다. 이는 시간여행 중 여행자가 곤경에 처하면 구조반이 구하러 오는 보험이었죠. 안전한 귀환이 보장되기에 직원과 옆에 있던 손님은 가입을 추천하지만, 비싼 보험금이 부담되었던 피에르는 가입하지 않고 여행을 떠납니다.

1666년 파리. 피에르는 꿈에 그리던 루이 14세 시대에 도착했으나, 현실은 상상과는 크게 달랐습니다. 도시 곳곳에서 풍겨오는 냄새, 거리에 널린 인분들, 수많은 파리 떼와 쥐 떼, 사람들의 입 냄새는 충격적입니다. 그래도 피에르는 말로만 듣던 여러 역사적 명소를 보면서 유쾌한 관광을 마음껏 즐깁니다. 그런데 이 일을 어쩌죠? 관광을 즐기던 피에르는 강도를 만나 현재로 돌아갈 때 사용하는

기계를 빼앗기고, 몽둥이에 맞아 기절합니다.

피에르가 다시 정신을 차리게 된 곳은 구두장이의 딸, 페트로닐의 집이었습니다. 마침 피에르의 옆을 지나던 페트로닐이 피에르를 구해준 것이었죠. 안도의 한숨을 내쉬는 찰나, 피에르의 수난은 계속됩니다. 페트로닐과 이야기를 나누던 중, 과거에는 존재하지 않던 약품이나 약용 식물 활용법을 이야기해버리고 만 것이죠. 결국 페트로닐에게 마법사라는 의심을 사게 된 피에르는 그녀의 신고로 인해 감옥으로 끌려가게 됩니다.

감옥에는 마법을 부렸다는 혐의로 피에르보다 먼저 체포된 두 남자가 있었습니다. 그들은 모두 21세기에서 온 시간 여행자였습니다. 피에르와 한 명의 시간 여행자는 예기치 못한 상황 속에서 불안에 떨고 있었지만, 또 다른 시간 여행자는 뜻밖에도 매우 평온했습니다. 그 여행자는 템푸스 보험에 가입했기에 큰 걱정이 없었죠. 그는 일정한 시간이 지나자 연기와 함께 사라집니다. 피에르는 보험에 들지 않은 것을 후회했지만, 이미 때는 늦었습니다. 그렇지 않아도 마법사로 의심받던 피에르와 감옥 동기는 옆 사람이 갑자기 사라짐에 따라 더욱 의심을 받게 되고, 즉시 교수형 집행 절차가 시작됩니다.

교수형 집행을 앞두고 두려움에 떨고 있던 피에르 앞에 사형 집행인으로 여행사에서 만났던 손님이 등장합니다. 사실 그 손님은 일반 여행객이 아닌, 템푸스 보험사의 직원이었습니다. 보험사 직원은 피에르에게 목숨을 담보로 거래를 제안합니다. 동시에 주위에 모여든 군중들은 피에르의 사형 집행을 독촉했고, 피에르의 두려움은 심해집니다. 결국 피에르는 다음 시간여행부터는 템푸스 보험에 반드시 가입할 것이라며 살기 위한 거짓말을 합니다. 머릿속으로는 다시는 시간 여행을 하지 않을 것임을 다짐하면서 말이죠. 거짓말 덕분에 피에르는 교수형에 처하기 직전, 현재로 돌아오게 됩니다.

핵심 질문

"과거의 한 시점으로 갈 수 있는 시간여행이 가능해진다면?"

사실 질문 1. 과거로 돌아갈 수 있는 시간여행은 실제로 가능할까요?

과학자들은 과거로 돌아가는 데에는 두 가지가 있다고 보고 있습니다. 첫 번째는 시간을 거슬러 올라가는 것이고, 두 번째는 과거로 안내하는 길을 따라가는 것이지요. 이 중 첫 번째 방법으로 과거로의 시간여행을 하기에는 무리가 있습니다. 시간을 거슬러 올라가기 위해서는 빛보다 빠른 속도가 필요한데, 특수 상대성 이론에 따르면 우리는 빛보다 빠른 속도를 가질 수 없기 때문입니다. 반면에 두 번째 방법을 이용한다면 과거로의 시간여행이 가능할지도 모릅니다. 과거로 안내하는 길을 물리학에서는 '닫힌 시간 곡선closed timelike curve'이라고 하는데, 이는 시공간을 통과하는 고리 모양의 선環狀線을 말합니다. 수학자 괴델Kurt Gödel은 이를 이용해 시간여행의 가능성에 대해서 이야기했습니다. 괴델의 우주 이야기를 한 번 살펴볼까요?

괴델의 사고실험인 회전하는 우주를 살펴봅시다. 괴델의 사고실험을 그림을 통해 간략히 살펴보자면, 첫 번째 그림에서 시공간 사건 A, B, C에 속하는 세 개의 광원뿔이 있습니다. 이 사건들은 각각 따로 존재하기에 다른 사건들과 만나는 것은 불가능해 보입니다. 그리고 괴델은 이 광원뿔이 회전하는 우주 속에 있는 것을 가정합니다. 광원뿔이 회전하는 우주 공간에 존재하게 되면, 두 번째 그림과 같이 시공간이 꼬이게 됩니다. 그리고 괴델은 그림의 큰 원을 따라가면 이론적으로는 시간여행이 가능할 수도 있다고 보았습니다.

괴델이 가정한 우주와 다르게 우리 우주는 팽창하고 있습니다. 프랭크 티플러Frank Jennings Tipler는 괴델처럼 회전하는 우주를 가정하기보다 회전하는 원통 모형을 제시하여 시간여행의 가능성을 모색했습니다. 티플러는 무한한 길이의 원기둥과 높은 밀도의 물질이 초당 수천 번의 빠른 속도로 회전한다면, 원기둥 주위에 닫힌 시간의 곡선이 나타난다는 것을 수학적으로 증명했습니다.

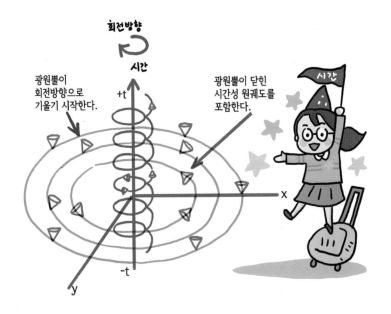

티플러는 원통이 수직 축으로 된 시간 축을 따라 돌며 광원뿔에게 중력 효과를 미치는 모습을 제시합니다. 광원뿔은 원통에 가까워지면 가까워질수록 회전하는 방향으로 기울어집니다. 이 광원뿔이 과거 방향을 향해 기울어지고 직절한 조건을 달성하게 되면 닫힌 시간성 곡선에 의해 시공간에 있는 어떤 두 사건이 연결되게 되어 과거로의 시간여행을 할 수 있게 됩니다. 물론 회전할 때 발생하는 원심력을 견딜 수 있을 정도로 견고한 원기둥을 만들기는 어렵기에 아직은 시간여행을 할 수 없습니다. 다만 기술이 발달하게 된다면 언젠가는 시간여행이 가능하지 않을까요?

*시간여행에 대한 또 다른 과학적 설명은 「0과 1사이」의 사실 질문(1)을 참고

사실 질문 2. 피에르가 여행을 떠난 루이 14세 시대17세기 중반~ 18세기 초반에는 어떤 사건과 현상들이 있었을까요?

루이 14세는 다섯 살이라는 어린 나이에 왕이 됩니다. 즉위 후, 프롱드La Fronde의 난으로 여러 차례 생명의 위협을 느낀 루이 14세는 왕위에 오른 후 오랜 기간 숨죽여 지내왔습니다. 이 과정에서 마자랭Le cardinal Mazarin 추기경은 프롱드의 난을 해결하고, 왕권에 도전하는 여러 세력을 숙청하면서 루이 14세의 왕권을 강화하는 데에 도움을 주었습니다. 그리고 마자랭이 죽은 1661년, 루이 14세는 친정을 선언하며 절대왕정의 시기를 열었습니다.

루이 14세는 견고한 중앙집권적 행정망과 건실한 재무 구조를 갖추기 위해 크게 세 가지 조치를 했습니다. 먼저, 수석 대신을 없애고 국왕참사회를 세분화하여 국정의 최종 결정권을 직접 결정했습니다. 또한, 루이 14세의 유능한 중신重臣 중 하나인 콜베르Jean-Baptiste Colbert를 중심으로 중상주의 정책을 수립하여 상공업을 장려하고 무역흑자를 늘리고자 하였습니다. 마지막으로 동·서인도회사를 설립하고 식민지 정복을 추진하면서 왕권을 강화하고 부를 늘리는 데 집중했습니다. 이처럼 부국강병과 절대 권력을 모두 성취한 루이 14세의 모습은 "짐이 곧 국가다l'etat c'est moi"라는 말로도 상징됩니다.

한편, 17세기 프랑스는 사회 전반적으로 위생에 관한 개념이 약했습니다. 당시 사람들은 요강에 용변을 보고, 요강이 가득 차면 길거리에 그대로 쏟아부어 버리곤 했습니다. 게다가 소나 돼지, 닭과 같은 가축들이 길가를 다니면서 길가

에는 분뇨가 널려 있게 됩니다. 이로 인해 도시 전체에는 고약한 냄새가 진동했죠. 또한, 물의 세척력에 대한 불신이 사회에 만연했습니다. 1671년에 간행된 예절 교본에는 '물로 얼굴을 씻으면 눈이 상하게 되고 치통과 감기를 얻게 된다'라고 명시해 둘 정도로 물로 씻는 것을 경계했습니다. 피에르가 도시와 사람에게서 나는 냄새에 힘들어했던 이유를 조금이나마 이해할 수 있을 것 같습니다.

또 다른 사회적 모습으로는 마녀사냥을 볼 수 있습니다. 소설 속 피에르도 직접 보고 경험했던 사건이었죠. 15~18세기 경, 유럽은 전염병, 극심한 경제 위기, 전쟁, 종교 개혁 등의 급격한 사회 변동과 위기에 직면했습니다. 이러한 상황 속에서 당시 지배 계층은 마녀가 문제를 일으킨다는 믿음에 빠지게 되었고, 마녀를 없애면 문제가 해결될 것이라 생각했습니다. 이 믿음으로 인해 무고한 사람 수십만 명이 처참하게 살해당하는 이른바 '마녀사냥'이 자행됩니다. 마녀사냥이 가장 극심했던 시기는 1560년에서 1660년경까지라고 합니다. 이 시기에 기소된 대부분의 마녀들은 지배계층이 아닌 이웃에 의해 고발되었습니다. 피에르가 길가에서 만난 일반 시민에게 고발을 당한 것처럼 말이죠.

가치 질문 1. 군중 심리는 사회의 약일까요, 독일까요?

「바캉스」속 피에르가 여행한 루이 14세 시대는 마녀사냥이 만연한 사회입니다. 마녀사냥은 권력 유지를 위해 무고한 여성을 마녀로 몰아 희생양으로 삼던 행위입니다. 이는 당시 대부분의 사람이 군중에 휩쓸려 비이성적인 판단을 내렸다는 점에서 군중 심리가 잘 나타나는 대표적인 사례 중 하나로 손꼽힙니다. 현재에도 여러 모습으로 나타나고 있는 군중 심리는 과연 우리 사회의 약일까요, 독일까요?

개인들은 군중이나 집단으로 뭉치고 연대하면서 더 큰 힘을 발휘합니다. 3·1운동, 금 모으기 운동, 아이스버킷 챌린지와 같은 사례들은 개인으로서는 도달하기 어려운 일들을 해내는 군중의 모습을 보여주며 연대와 협동의 미덕이 무엇인지를 보여줍니다. 이처럼 군중에 속한 사람들이 도덕적 인간으로 역할하는 모습은 과거에서든 현재의 우리의 삶에서든 자주 목격됩니다.

하지만 그 반대의 경우도 있습니다. 군중이 구성되면 도덕적 인간이 되기도 하지만, 부정적 측면의 집단 심리를 가지게 될 수도 있습니다. 예를 들면, 군중의 충동성과 변덕, 과민성이 도드라지게 되는 것이지요. 또한, 모든 암시를 쉽게 받아들이게 되어 이성적인 판단을 하지 못하고 극단적인 감정에 휘둘리게 될 가능성이 높아집니다. 이러한 현상이 지속된다면 특정 집단이 군중심리를 악용하여 여론을 조작하거나 특정인을 집단으로 공격하게 되는 일이 벌어지게 되어 사회적 혼란을 야기할 수 있습니다.

이처럼 군중 심리는 어떻게 작용하느냐에 따라서 사회에 긍정적인 효과를 미칠 수도 있고 부정적인 효과를 미칠 수도 있습니다. 「바캉스」속 루이 14세 시대의 모습은 부정적인 효과를 미친 경우에 가깝다고 할 수 있겠습니다. 당시 사람들은 '마녀 사냥'을 하면서 비이성적인 판단을 내립니다. 21세기에 살고 있는 우리도 군중 심리에 휩쓸려 타인의 옳은 말과 이성적인 판단을 듣지 못하는 경우는 없을까요?

가치 질문 2. 「바캉스」에서 템푸스 보험 직원은 피에르의 안전 사고가 예견됨에도 보험 가입을 종용하지 않습니다. 사고가 일어나면 생명을 잃을 수도 있는 위험한 상황에서, 피에르에게 선택권을 부여한 보험 직원의 행동은 바람직한가요?

개인의 자유를 강조하는 관점에서 본다면, 보험사 직원의 행동은 바람직합니다. 모든 사람은 일정한 자유 영역을 가지고 있습니다. 여기서 '자유'란 각 생활영역에서의 '개인의 자기결정권'과 '인격을 자유롭게 발현할 수 있는 가능성'의 보장을 뜻합니다. 이러한 자유 영역은 헌법에서도 보장하고 있는 것으로 국가나 타인이 간섭할 수 없는 부분입니다.

물론 이때, 자유는 타인을 해치지 않는 경우에서만 행할 수 있습니다. 이는 인간과 시민의 권리 선언 제4조에 명시된 '자유는 타인을 해치지 않는 모든 것을 행할 수 있는 자유이다.'를 통해서도 알 수 있죠. 피에르에게는 선택의 자유가 있고, 템푸스 보험에 가입하지 않은 것은 타인을 해치지 않는 행위입니다. 따라서 피에르가 보험을 구입하지 않은 것은 개인의 자유이며, 이를 존중한 보험사 직원의 행동 역시 바람직하다고 할 수 있습니다.

반대로, 생명권을 더 강조하는 관점에서는 보험 직원의 행동이 바람직하지 못하다고 봅니다. 생명권은 개인에게 부여된 자연권으로 어느 누구도 침해할 수 없고, 침해 당해서는 안 됩니다. 또한 생명은 개인 차원에서 나아가 인류 전체 차원에서 인류가 공동으로 보전해야 하는 의무이기도 합니다. 때문에 피에르의 생명이 위험할 수 있는 상황을 묵인한 보험 직원의 행동은 바람직하지 못한 행동으로 볼 수 있습니다.

위와 같은 개인의 자유권과 생명권을 사이에 둔 논쟁은 우리 생활 곳곳에서 나타나고 있습니다. 운전 중 핸드폰 사용 허용 여부, 비행기 좌석 벨트 착용 강제 여부, 낙태 허용 여부, 흡연자의 권리 제한 여부와 같은 문제 등이 이에 해당하죠. 각각의 경우에 대해서 여러분은 어떻게 생각하나요?

시간여행과 우주 **김초엽, 「공생 가설」**

- 키워드: 우주, 외계 생명체, 인간성, 생각-표현 전환 기술, 실험 윤리, 뇌
- 난이도: ◉◉◉◉
- 단편소설

줄거리 --

이 넓은 우주에 살고 있는 것은 정말 우리뿐일까요? 우리는 종종 우주 어딘가에 있을지도 모르는 외계 생명체에 대해 상상합니다. 화성에서 발견된 물의 흔적, 지구와 닮아 있다는 행성들의 존재는 그러한 상상을 더욱 선명하게 합니다. 우리는 이미 외계인과의 교신이나 UFO의 침공을 주제로 한 영화나 소설들을 쉽게 접할 수 있습니다. 그렇다면, 우리가 모르는 사이에 외계 생명체들이 지구에서 함께 살고 있었다면 어떨까요? 「공생 가설」은 지구에서, 그것도 인간의 뇌 속에서 살며 우리와 오랜 역사를 함께해 온 외계 생명체에 대해 상상하게 합니다.

「공생 가설」속 화가인 류드밀라 마르코프는 다섯 살부터 자신이 '그곳'에서 왔다고 주장했습니다. 보육원에서 자란 그녀는 어렸을 때부터 그 세계를 아름답고 정밀하게 그려내는 재능을 가지고 있었습니다. 또 그녀는 마치 생물학자처럼 그 행성의 속성을 정확하게 수치화하여 묘사하곤 했습니다. 이러한 그녀의 그림은 많은 사람들의 마음을 사로잡았고, 사람들은 작품을 보며 이유 모를 그리움에 눈물을 흘리곤 했습니다. 그녀는 생애가 끝나는 순간까지 그 세계를 분명하고 일관되게 그려냈으며, 사람들은 류드밀라의 행성을 사랑했습니다.

어느 날 심우주를 여행하던 우주망원경이 지구로부터 아주 멀리 있는 작은 행성에 대한 데이터를 보냅니다. 데이터는 행성에 생명체가 존재할 가능성을 암

시할 뿐 아니라, 류드밀라가 자신의 행성에 대해 남긴 측정치와 모두 동일한 수치를 나타냅니다. 그런데 그 행성은 이미 오래전 모항성의 거대 플레어 폭발에 의해 불탔으며, 우주망원경이 수신한 데이터는 폭발에 휩쓸리기 직전 행성의 모습을 포착한 것이라는 사실이 밝혀집니다. 즉 그 행성은 한때 존재했지만, 지금은 사라져버린 류드밀라의 세계였습니다.

한편, '뇌의 해석 연구소'의 연구원 수빈과 한나는 중간 보고 미팅을 앞두고 골머리를 앓고 있습니다. 그들은 현재 생각-표현 전환 기술을 연구하고 있습니다. 그런데 성인을 대상으로 데이터를 수집할 때까지만 해도 낙관적이었던 이 연구가 신생아의 울음을 분석하려 하자 난관에 부딪히게 됩니다. 분석된 결과에 따르면 아기들은 "어떻게 하면 더 윤리성을 부여할 수 있을까?"와 같은 철학적이고 심오한 생각들을 하고 있었고, 두 사람은 그러한 분석 결과를 믿을 수 없었습니다. 그리하여 연구가 흐지부지되어갈 무렵, 한나는 류드밀라의 행성에 대한 정보를 접한 아기들이 "우리가 시작된 곳이야.", "그리워."와 같은 대화를 나누고 있었다는 사실을 발견합니다. 이를 바탕으로 수빈과 한나는 아기의 뇌 속에 존재하는 여러 인격들을 가정하여 '그들'이라 부릅니다. 그리고 두 사람은 '그들'이 아기들의 뇌 안에서 감정과 마음, 사랑, 이타심에 대해 토론한다는 사실을 알아냅니다. 즉 '그들'이 아기들에게 인간을 인간으로 만들어주는 중요한 특성들을 가르치고 아기들을 키워낸다는 것입니다.

그리하여 공생 가설은 다음과 같이 정리됩니다. 수만 년 전부터 인류와 공생해온 어떤 이질적인 존재들이 있습니다. 그들은 지구 밖 어느 행성에서 왔는데, 그곳이 종말을 맞이하자 우주를 떠돌다 우연히 지구에 도착하게 된 것입니다. 그들은 인간의 뇌에 자리 잡고, 인간의 유년기를 지배하며, 인간들을 윤리적 주체로 가르쳐왔습니다. 그들은 아이가 일곱 살이 되면 아이의 뇌를 떠나고, 아이는 그들과 관련된 기억을 잊어버립니다. 그러나 그들은 오직 류드밀라에게서만은 떠나지 않았고, 류드밀라는 그들이 그리워하는 고향 행성을 재현해 내는 데 성공했습니다. 그래서 사람들은 류드밀라의 작품을 보며 한때 자신들을 돌보았던 존재들에 관한 막연하고 희미한 그리움을 느낍니다. 이렇게 공생 가설을 완성하고 난 수빈은 류드밀라의 행성을 생각하며 지금껏 단 한 번도 경험한 적 없는 무언가에 대한 그리움을 느낍니다.

작품이 던지는 질문 --

핵심 질문
"외계 생명체가 오래전부터 우리와 함께했다면?"

사실 질문 1. 우주에 다른 생명체가 살 가능성이 있나요? 그 증거로는 어떤 것들이 있나요?

「공생 가설」에서 '그들'의 존재를 암시하는 첫 번째 단서는 류드밀라의 행성과 그곳의 생명체 존재 가능성을 발견한 일입니다. 심우주를 여행하던 우주망원경이 보내온 데이터는 전례 없이 명쾌하게 생명체의 존재 가능성을 제시합니다. 관측된 행성의 대기 성분에는 암모니아와 메탄이 절묘한 비율로 섞여 있었는데, 항성 자외선에 의해 아주 쉽게 분해되는 그 성분들의 일부만이 대기에 섞여 있으려면 반드시 지표면에 탄소 생명체가 존재해야 하기 때문입니다. 그렇다면 실제로 이러한 행성이 우주에 존재할까요? '그들'과 같은 외계 생명체가 우주 어딘가에 살고 있다는 근거로는 어떤 것들이 있을까요?

'외계 생명체가 있다고 생각하느냐?'라는 질문에 많은 천문학자들은 '그렇다'라고 대답할 것입니다. 왜냐하면 이 넓은 우주에는 너무나 많은 세계가 있기 때문입니다. 『코스모스』의 저자이자 천문학자인 칼 세이건Carl Edward Sagan은 "이 우주에서 지구에만 생명체가 존재한다면 엄청난 공간의 낭비다."라는 말로 우주의 광활함을 요약했다고 합니다. 우리 은하에만 해도 태양과 같은 별이 최소 천억 개 정도가 있고, 우리가 볼 수 있는 우주에는 우리 은하와 같은 은하가 또 천억 개가 있습니다. 우주에는 너무나 많은 세계가 존재하는 것이지요. 이렇게 넓고 다양

한 우주에서 오로지 지구에만 생명체가 산다는 건 조금 이상합니다.

게다가 생명체가 존재할 수 있는 환경도 아주 다양합니다. 지질학 연구에 따르면 지구가 만들어진 직후의 환경은 현재와는 비교도 할 수 없을 정도로 생명체가 살기 힘든 조건이었다고 합니다. 그럼에도 지구의 탄생 직후부터 생명체가 나타나기 시작했고, 지금도 어떤 생명체들은 깊은 바다의 화산 분화구 근처 매우 뜨거운 물속이나 극히 추운 곳, 그리고 빛이 전혀 들어오지 않는 수 킬로미터 땅속에서도 살아갑니다. 이런 환경에서 사는 특이한 생물들은 지금 당장 화성과 같은 환경으로 옮겨 놓아도 일부는 살아남을 것입니다. 지구에도 이러한 생명체들이 있다면, 우주 전체에는 더욱 다양한 생명체가 존재할 가능성이 충분합니다.

그렇다고 해서 생명체가 우주 어디에나 살 수 있는 것은 아닙니다. 생명체가 존재하기 위해서는 액체가 필요합니다. 왜냐하면 생명을 유지하기 위해서는 생명체를 이루는 분자가 생명체 안팎으로 이동을 할 수 있어야 하는데, 이에 가장 적합한 것이 액체이기 때문입니다. 그중에서도 넓은 범위의 온도에서 액체 상태를 유지하고, 화학 결합을 할 수 있는 물이 생명체가 생명을 유지하는 데에 가장 적합하다고 합니다. 그래서 과학자들은 우주의 다른 공간에 생명체가 존재할 확률을 판단할 때, 액체 상태의 물이 있는지 여부를 첫 번째 기준으로 삼는다고 합니다. 또 다른 판단 기준으로 여겨지는 것은 탄소의 존재 여부입니다. 단백질, 지방, 탄수화물, DNA와 같이 생명체를 구성하는 주요 요소들은 모두 탄소 원자를 핵심으로 가지는 구조이기 때문입니다. 이러한 몇 가지 조건들을 만족시키는 공간이라면 생명체가 살 가능성이 높겠지요.

물론 위의 조건들을 갖춘 곳이라고 하더라도, 인간과 같은 지적 생명체가 존재할 가능성에 대해서는 다시 따져볼 필요가 있습니다. 왜냐하면 지구에 첫 생명체가 나타난 후 지적 생명체인 인류가 등장하기까지는 45억 년이라는 긴 시간이 걸렸기 때문입니다. 하지만 우주는 138억 년이라는 더 긴 역사를 가지고 있기 때문에 다른 어딘가에서도 지적 생명체가 탄생했을 시간은 충분히 있습니다. 마치 「공생 가설」의 '그들'처럼 우주 어딘가에서 인류보다 먼저 등장한 지적 생명체가 우주여행을 시작했을 가능성은 얼마든지 있는 것이지요. 한편, 생물학자들은 이러한 지적 생명체가 갖추어야 할 조건으로 다음과 같은 사항들을 언급합니다. 주변 환경을 감지하는 감각기관, 물건을 쥘 수 있는 손가락·촉수·갈고리 모양의 손톱이나 발톱, 그리고 언어와 같은 의사소통 수단 등이 그것입니다. 때문에 작품 속 '그들'처럼 눈에 보이지 않고, 인간의 뇌 속에 침투하여 지내다가 물리적인 흔적 없이 사라지는 형태의 지적 생명체가 존재할 가능성에 대해서는 더 많은 연구가 필요하겠습니다.

사실 질문 2. 뉴런의 패턴을 읽어서 타인의 생각을 언어로 표현하거나, 표현된 언어를 역추적하여 그 이면의 생각을 추측하는 기술은 실현 가능할까요?

「공생 가설」 속 수빈과 한나가 소속된 브레인 머신 인터페이스 연구팀은 생각-표현 전환 기술을 연구하고 있습니다. 소설에 묘사된 바에 따르면, 이는 단분자 추적 이미징 기술을 이용해 활성화된 뉴런의 패턴을 읽고, 피험자의 생각을 언어 표현으로 옮기거나 반대로 표현된 언어를 역추적하여 원래 피험자의 생각을 추측하는 기술입니다. 사람들은 언제나 다른 사람의 생각을 읽고 싶어 하기에, 마치 독심술과 같은 이 기술은 많은 지원과 기대를 받고 있습니다. 그렇다면 이 생각-표현 전환 기술은 실제 세상에서 어떻게 연구되고 있을까요? 또 앞으로의 전망은 어떻고 활용 방안으로는 무엇이 있을까요?

　뇌의 신호를 해독해 머릿속 생각을 읽어내는 기술은 더 이상 영화나 소설 속 이야기로 그치지 않습니다. 이 기술은 현실에서도 소설에서 묘사된 바와 크게 다르지 않은 정도로 진전되어 있습니다. 기능성 자기공명영상장치fMRI와 인공지능 기술에 힘입어, 블랙박스처럼 그 내부를 알 수 없을 것 같았던 뇌 활동 연구는 새 지평을 만나고 있습니다. 우리가 생각을 할 때마다 활성화되는 뉴런은 많은 에너지를 필요로 해 산소 공급을 위한 혈류를 순간적으로 집중시키는데, 바로 이 현상을 fMRI를 통해 포착하고 분석할 수 있게 된 것입니다. 실제로 미국 컬럼비아대 니마 메스가라니Nima Mesgarani 교수 연구진은 2019년 뇌의 신호를 음성으로 변환하는 데 성공했다는 연구 결과를 발표했습니다. 메스가라니 교수는 "다양한 시점에서 꼈다 켜지는 뉴런의 패턴을 분석한 뒤 이를 음성언어로 전환하려고 시도했다."라고 언급했습니다. 즉 소설에서 묘사된 생각-표현 전환 기술과 매우 유사한 원리를 현실에서도 구현하고 있는 것입니다.

　뇌의 신호를 읽는 이러한 '뇌·컴퓨터 인터페이스' 연구는 말을 하지 못하는 사람들의 생각을 표현할 수 있는 꿈의 기술로 기대되고 있습니다. 하지만 여전히 넘어야 할 장벽은 높습니다. 아직까지는 AI가 이해하고 표현할 수 있는 언어가 제한적이고, 그마저도 사람처럼 정확한 발음으로 출력되지 못하는 상황입니다. 또 뇌 신호가 언어로 전환되는 과정은 사람마다 조금씩 다른데, 이 점도 아직 완벽하게 반영되지 못하고 있습니다. 더불어 기술의 잘못된 사용에 대한 우려도 커지고 있습니다. 컬럼비아대 신경과학자 라파엘 유스티Rafael Yuste 등은 2017년 '모닝사이드그룹'을 결성해 뇌-컴퓨터 연결BCI 연구가 가져올 위협에 대한 경고에 나섰다고 합니다. 이들은 뇌-컴퓨터 연결 기술이 사회적 불평등을 악화시키거나 기업, 해커, 정부 등이 해당 기술을 이용해 사람들을 착취하고 조종할 수 없도록 연구 윤리 가이드라인을 마련할 것을 요구하고 있습니다.

가치 질문 1. 소설에서 아이들을 이타심과 감정을 아는 존재, 피와 눈물이 있는 존재로 키우는 것은 인간 보육자도 로봇 보육자도 아닌 '그들'이었습니다. 이러한 공생 가설을 접한 연구팀장은 "우리가 인간성이라고 믿어 왔던 것이 실은 외계성이었군요."라고 말합니다. 우리가 인간성을 습득하기 위해서는 어떤 가치들을 배워야 할까요?

인간성의 철학자라 불리는 헤르더Johann Gottfried von Herder는 『생각』에서 인간성의 7가지 특징에 대해 자세히 언급했습니다. 이는 평화 애호, 사랑을 토대로 한 생식 욕구, 공감, 사회성, 정의와 진리, 신체적 아름다움과 종교입니다. 헤르더는 인간성을 육성하는 것을 가리켜 인간에게 부여된 소명이라 표현합니다. 즉 인간성은 인간이면 누구나 갖게 되는 기본 자질이면서 또한 달성해야 할 우리의 목적입니다. 그의 인간성은 인류 역사에서 자행되고 있는 정복, 전쟁, 노예제 등과 대조를 이룹니다. 또한 이는 인간이 동물과 구별되는 존재로서 지녀야 하는 특성을 부각하기에 동물성 혹은 야수성과 대조되기도 합니다.

헤르더의 생각과 같이 인간의 본성, 사람의 됨됨이, 인간다움으로 이해되는 인간성은 다른 종과 인간을 구분하는 특성입니다. 그런데 인간이란 무엇인지, 인간이란 어떠해야 마땅한지에 대한 견해는 시대마다, 사회마다, 또 개인의 존재 방식에 따라 다릅니다. 그러니 인간성을 습득하기 위해 배워야 할 가치도 제각각일 것입니다. 가령 과거 노예제 사회의 지배 계급에게는 사람을 사고파는 일이 인간성에 위배되지 않는다고 여겨졌을 것입니다. 또 식인 풍습을 가진 일부 원주민들은 '다른 사람을 먹어서는 안 된다'라는 가치를 배우지 않아도 인간성을 갖추었다고 판단할 수 있겠지요. 이처럼 인간성은 계속해서 변화하는 인간의 문화 및 삶의 형태와 밀접하게 연결되어 있습니다. 그런가 하면 시대나 사회와는 무관하게 보편적인 것으로 여겨지는 인간성의 측면도 존재합니다. 소설에서 '그들'이 전수하는 감정, 윤리, 도덕, 이타성, 사랑, 삶, 피와 눈물, 마음, 세계와 같은 가치들이 그러하겠지요. 더불어 자신이 생각하는 인간성의 의미를 성찰하고 세계에 비추어 봄으로써 끊임없이 개선해 나가려는 인식, 그리고 이를 실천하고자 노력하는 의지 또한 인간성의 중요한 가치입니다.

가치 질문 2. 소설에서는 로봇만으로 아이들을 키워도 괜찮은지를 증명하기 위해, 신생아들을 바깥 세계와 완전히 격리해서 자라게 하는 '상자 속의 아이들' 실험이 수행되었습니다. 해당 연구는 실험 윤리에 대한 논란으로 결국 국제적인 비난을 받았습니다. 또 수빈은 '그들'의 존재를 확신하게 되자 살아있는 아기들의 뇌 속을 당장 살펴보고 싶다고 생각합니다. 과학 기술의 발전과 검증을 목적으로 사람에게 수행되는 연구나 실험은 어디까지 용인될 수 있을까요?

'상자 속의 아이들' 실험은 보육자의 접촉이 아기에게 필수적인지를 확인하기 위한 실험이었습니다. 그리하여 연구진들은 신생아들을 태어날 때부터 바깥 세계와 완전히 격리해서 자라게 하고, 오직 보육 로봇만을 이용해서 아기들을 키웠습니다. 그 결과 피험자 아기들은 오로지 욕구만을 위해 행동했고, 인간성이나 선한 성향이 전혀 발달하지 않아 피도 눈물도 모르는 존재로 자랐습니다. 무고한 피험자들, 그것도 성장 이후의 삶이 결정지어지는 중요한 발달 단계의 아기들에게 해로운 영향을 미칠 수 있는 실험은 윤리적이지 않습니다. 그렇다면 이러한 실험들이 무분별하게 이루어지지 않기 위해서는 어떤 규칙들이 필요할까요?

실험을 수행할 시에는 연구 대상에게 연구의 목적과 과정을 반드시 사전에 설명해야 합니다. 그리고 연구 대상이 실험 과정을 모두 숙지한 상태에서 실험 참여에 동의한 경우에만 실험을 진행할 수 있습니다. 또한 대상자에게 신체적·정신적 피해를 주지 말아야 하고, 대상자의 익명성을 유지하는 등 개인 정보를 보호해야 합니다. 소설 속 '상자 속의 아이들' 실험은 애초에 당국의 허가를 받았다는 것이 이상하게 여겨질 만큼 연구 윤리에 어긋나 있습니다.

그런데 획기적인 아이디어가 넘쳐나고 기술의 비약적인 발전이 이루어지는 오늘날, 실험의 빈도와 필요성이 증가하면서 실험 윤리를 향한 새로운 질문이 생겨나는 것으로 보입니다. 가까운 미래에 우리의 삶을 완전히 뒤바꿀 수 있는 기술, 혹은 인류를 구원할 발명품을 개발하기 위해 생체 실험이 불가피하다면 어떨까요? 가령, 수많은 생명을 앗아가고 있는 바이러스에 대항하는 백신을 발명해야 한다면요? 또 수만 년의 역사를 함께하며 인간의 양육자로 활동한 외계 생명체를 확인해야 한다면요? 실험이 피험자에게 어떤 부작용을 일으킬지 알 수 없지만, 미래의 사람들을 구하기 위해 현재의 사람들을 동원할 수 있을까요? 어느 쪽의 생명들을 우선시해야 할까요? 소설은 지금보다도 더욱 빠르고 역동적인 미래에 과학 기술과 실험을 둘러싼 윤리가 어떻게 변화하면 좋을지에 대해 고민을 요구합니다.

이지은, 「고조를 찾아서」

- 키워드: 시간여행, 친일 문제, 타임 패러독스, 역사의 책임
- 난이도: 🌕
- 단편소설

줄거리 -

　학습용 타임머신이 만들어진 미래 사회, 윤서는 역사 수학여행으로 1940년부터 1945년 사이의 서울로 여행을 떠나게 됩니다. 한편, 시간여행을 가기 전 자신의 조상들이 해 온 일을 찾아 발표하는 수업이 있었습니다. 이 시간에 발표 우수자로 선정된 학생은 시간여행으로 방문할 다양한 지점 중 한 곳을 선택할 수 있는 기회를 얻을 수 있었습니다.

　수업 발표를 위해 윤서는 가족 앨범을 찾아보게 되고 오래된 앨범에서 양복을 멀끔하게 차려입은 고조할아버지의 사진을 골라 발표하기로 합니다. 그런데 이게 무슨 일이죠? 반장 무경이의 발표를 들으면서 윤서는 사실 무경이의 고조할아버지는 독립운동가이셨고 자신의 고조할아버지는 친일파로서 이들을 억압했다는 사실을 알게 됩니다. 이러한 사실을 알고 차마 발표를 할 수 없었던 윤서는 과거로 돌아가 할아버지를 설득하기로 마음먹습니다.

　이제 시간여행이 시작됩니다. 시간의 문이 열리고 비닐하우스처럼 생긴 좁고 길게 이어진 투명한 통로가 나타납니다. 학생들은 투명한 막으로 된 통로 안에서만 과거를 구경할 수 있으며 과거의 사람들에게 말을 걸거나 사진을 찍는 등의 접촉은 금지됩니다. 또한 실수로 통로 밖으로 나가버리면 시간의 늪에 갇혀 갑자기 늙어버릴 수 있습니다. 여행이 시작되자, 투명한 통로 밖에서 1940년 종로의

모습이 펼쳐지다가 1942년 9월 2일로 시간이 옮겨집니다. 무경이의 할아버지가 태극기를 꺼내 흔들며 독립 만세를 외칩니다. 이때, 윤서의 고조할아버지가 나타나 무경이 할아버지의 머리를 후려치며 부하들에게 그를 사형시킬 것을 명령합니다. 윤서는 다른 지점으로 시간이 바뀌기 직전, 주머니에서 쪽지를 꺼내 할아버지에게 건넵니다. 이 쪽지에는 고조할아버지가 정의의 편에 서서 우리나라를 지켜 줄 것을 부탁한다는 내용이 적혀 있습니다. 한편 윤서의 급작스러운 행동으로 시간여행은 종료되었고 선생님과 아이들은 다시 강당으로 돌아오게 됩니다.

집으로 돌아온 윤서는 창문 바깥에서 창문을 열라는 소리를 듣습니다. 문을 열자 윤서는 소용돌이 속으로 빨려 들어가 버립니다. 정신을 차리자 윤서와 닮은 사람들이 윤서를 둘러싸고 있습니다. 이들은 윤서의 후손들로 조상들 중에서 제일 인기가 많은 윤서를 찾아왔다고 합니다. 후손들에 의하면 윤서가 고조할아버지에게 전달한 쪽지는 일본 헌병대 손에 들어가게 되었고 이로 인하여 할아버지와 친일파 친구들은 스파이로 의심을 받아 잡혀가게 되었다고 합니다. 한편 이 사건으로 독립 운동가들을 억압했던 고조할아버지가 잡혀가자 독립운동가들은 조금 숨을 고를 수 있게 되었죠. 이러한 연유로 후손들의 존경을 받게 된 윤서는 후손들과 기념 촬영을 하고 다시 현실로 돌아옵니다.

작품이 던지는 질문 ---

「고조를 찾아서」의 핵심 질문은?
"과거로 돌아가 조상의 친일 행적을 막을 수 있게 된다면?"

사실 질문 1. 과거에 행해졌던 친일 행적에는 무엇이 있으며 친일 행적을 저지른 사람들은 이후에 어떤 처벌을 받았나요?

가치 질문 1. 윤서는 고조 할아버지의 친일 행적에 부끄러움을 느끼고 할아버지를 설득하고자 합니다. 그렇다면 조상들의 잘못에 대해 후손들은 어디까지 책임져야 할까요?

허버트 조지 웰스, 「별」

- 키워드: 우주, 천문학, 행성 충돌, 자연재해, 피난
- 난이도: 🌑🌑
- 단편소설

줄거리 --

어느 날 천문대에는 해왕성의 움직임에 이상이 있음이 감지됩니다. 미지의 천체가 태양계로 들어왔고 해왕성이 그 영향을 받은 것이었습니다. 우주 공간에 대한 세간의 관심과 이해가 부족했기에, 이런 뉴스는 과학자를 제외한 이들에게는 별다른 의미로 다가오지 않았습니다. 그러나 얼마 지나지 않아 미지의 천체는 가장 중요한 이슈가 되었습니다. 그것이 해왕성과 충돌하면 인간이 천재지변에 휩싸일 수 있다고 알려졌기 때문입니다. 많은 사람들이 위기감을 느끼며 밤하늘을 치어다보았습니다. 미지의 천체는 어떤 별보다도 밝았으며, 점점 커다래졌습니다.

마침내 해왕성은 그 행성과 충돌했습니다. 그리고 그 충격은 거대한 백열 덩어리를 형성했습니다. 이는 아주 밝은 작은 달처럼 보였으며, 날마다 더욱 밝아지고 가까워졌죠. 이런 현상은 사람들이 얽힌 맥락에 따라 다른 감상을 불러일으켰습니다. 그중 이 천체 현상에 관한 치밀한 계산을 이어온 수학자는 강의를 통해 그 위험성을 경고했습니다. 태양으로 돌진하는 '그 별'이 태양계 행성들의 궤도에 큰 영향을 미칠 것이며 결국 지구와 충돌하거나 매우 근접한 거리를 지나간다는 것이었죠. 별이 지구와 충돌하지 않더라도 수많은 재해를 야기할 것이 분명했습니다. 수학자의 의견은 전 세계로 퍼졌고, '그 별'이 가까워지고 있음은 육안으로도 쉬이 확인되었습니다. 이곳저곳에서 기후 변화도 나타났죠. 그럼에도 세상은 아직 평온했고 사람들의 일상은 유지되었습니다. '그 별'에 대한 관측 결과

에 따라 그 위험성이 평가절하되기도 했죠. 그러나 휘어진 경로 때문에 조금 늦어졌을 뿐, '그 별'은 점차 커지며 밤을 낮처럼 밝게 만들었습니다. 어느새 영국에서 별은 달의 1/3만 해졌고, 해빙이 뚜렷해졌습니다. 미국에서 '그 별'은 거의 달 만하게 보였으며 밝기와 열도 대단했습니다. 각 대륙, 국가마다 엄청난 이상 기후가 나타났죠. '그 별'은 점점 커지고 밝아지고 뜨거워졌으며 지나가는 자리마다 갖가지 재해를 동반했습니다.

결국 '그 별'은 지구로부터 어느 정도 멀어졌지만 후폭풍은 대단했습니다. 살아남은 사람들은 그 후유증을 감당하며 본래의 자리로 돌아갔습니다. 지구는 따듯해졌고, 태양은 크게 보였으며, 1/3 크기로 보이게 된 달은 이지러지는 주기가 80일이 되었습니다. 그만큼 인간세계도 큰 변혁을 이뤘습니다. 화성의 천문학자들은 이 일을 두고 천체 현상의 규모에 비해 지구의 피해가 매우 적다고 담담히 기록했습니다. 인류가 어떤 재앙으로 얼마나 고통받았든 우주의 입장에서는 먼일일 뿐이었을 겁니다.

* 천체를 지칭하는 개념을 엄밀하게 따져 가며 주의 깊게 읽어 봅시다.

작품이 던지는 질문 --

「별」의 핵심 질문은?
"행성 충돌로 인해 태양계의 안정성이 깨진다면
인류에게 어떤 일이 일어날까?"

사실 질문 1. 소설 속 정보를 바탕으로, 시점에 따라 '그 별'과 지구 사이의 거리가 얼마나 가까워지고 있는지 측정해 봅시다. 과연 소설과 같은 천체가 지구에 다가온다면 실제로는 어떤 일들이 발생할까요?

가치 질문 1. 피할 수 없는 자연재해로 인해 지구가 폐허화된다면 수많은 문명이 새로 세워져야 할 것입니다. 모든 것이 가능한 상황이라면, 여러분은 어떤 제도나 규범을 신설하고 싶은가요?

이번 장에서는 가상현실을 소재로 창작된 SF소설과 단편 드라마, VR휴먼다큐멘터리 작품에 대해 살펴봅니다. 가상현실Virtual Reality은 컴퓨터로 만들어 놓은 가상의 세계에서 실제와 같이 보고 듣고 만지는 경험을 할 수 있도록 하는 최첨단 기술입니다. 가상현실 세계에서의 체험이 현실 공간의 경험인 것과 같은 착각을 불러 일으킬 정도로 몰입감을 극대화하기 위해 오감을 자극하는 웨어러블Wearable 장치를 몸에 장착하기도 합니다.

현재 가상현실은 게임이나 스포츠 분야에서 실감 나는 경험을 할 수 있도록 하고, 의료적 수술이나 해부 연습과 같이 실습이 필요한 상황에서 도입되고 있습니다. 군사 비행 조종 훈련과 같은 위험한 곳에서도 활용되고 있다고 하는데요. 앞으로 가상현실이 구현될 수 있는 분야에는 어떤 것들이 있을까요? 여러분은 어떠한 가상현실을 경험해보고 싶나요?

	작품	난이도	핵심 질문	키워드
1	모멘트 아케이드 (황모과)	●●○	다른 사람의 기억을 대리 체험할 수 있는 가상현실 공간이 존재한다면?	VR 체험, 가상공간, 기억 거래소, 기억, 의식불명자
2	관내분실 (김초엽)	●●○	현실 세계의 사람을 VR 세계 속에 옮겨 놓을 수 있다면?	딥러닝, 뇌과학, 사후세계, 추모
3	용균이를 만났다 (MBC)	●●○	타인에게 공감하기 위해 그의 현실을 공유할 수 있다면?	VR, 노사갈등, 안전사고, 인권
4	희수 (KBS)	●●○	VR 기술로 죽은 사람을 가상공간에서 만나는 것이 가능해진다면?	VR 기술, 애도, 추모
5	스크립터 (김보영)	●●●	게임 속 가상현실에서 게임 캐릭터의 모습으로 살아갈 수 있다면?	게임, 감각 구현, AI, 인간, 대화

가상현실 황모과, 「모멘트 아케이드」

- 키워드: VR 체험, 가상공간, 기억 거래소, 기억, 의식불명자
- 난이도: 🌑🌑
- 단편소설

줄거리

가상공간 '모멘트 아케이드'는 많은 사람의 모든 순간이 짧게 가공되어 업로드되는 기억 거래소입니다. 누구나 모멘트 아케이드에 접속할 수 있고, 누구나 자신의 모멘트를 전시하고 판매할 수 있으며, 누구나 타인의 모멘트를 구입해 그 모멘트를 대리 체험해볼 수도 있습니다. VR 고글을 쓰고, 체험 디바이스 슈트를 입고, 구입한 모멘트를 장착하기만 하면, 모멘트의 주인이 경험한 모든 감각과 감정을 그대로 느껴볼 수 있지요.

소설의 주인공 가린은 아케이드를 오래 배회하며, 자신의 마음에 딱 드는 모멘트를 찾기 위해 헤맵니다. 그러던 어느 날, 액세스 수가 높지도 않고 '좋아요'가 많지도 않은 모멘트 하나에 끌림을 느껴, 그 모멘트를 구입하고 대리 체험을 해보게 되죠. 그것은 모멘트의 주인이 사랑했던 연인과 손을 잡고 노을이 지는 저녁 하늘을 바라보며 걸었던 어떤 평범한 날의 기억이었습니다.

이 모멘트를 통해 가린은 지난날 동안 자신이 한 번도 느껴보지 못했던 설렘과 평안함을 체험하게 되고, 심지어는 그 모멘트 속 연인을 실제로 만나보고픈 마음까지 갖게 됩니다. 불우했던 유년 시절로 인해, 친구에게도 가족에게도 기대지 못하고 고독하게 살아왔던 가린에게 그 모멘트가 준 따뜻한 온기는 그만큼이나 가치가 있었던 것이죠.

그러나 그 연인의 정체가 실존 인물이 아니라 모멘트의 주인이 가상공간에서 만났던 아바타였다는 사실을 알게 된 가린은 다시 절망에 빠집니다. 우울증은 더 심각해지고 세상에 대한 불신도 더 깊어지죠. 답답한 마음에 가린은 모멘트 주인에게 묻습니다. 당신의 모멘트는 가상공간에서 체험한 시뮬레이션 기억일 뿐인데 어떻게 그토록 실제처럼 아름다울 수 있었냐고 말이지요.

모멘트의 주인은 자신이 판매한 모멘트는 똑같은 순간을 수백 번 경험한 뒤 발견해낸 가장 아름다운 순간이었으며, 같은 경험을 반복하다 보면 예전에는 발견하지 못했던 새로운 마음을 발견할 수 있다고 말해줍니다. 그 말에 가린은, 자신이 가장 힘들었었던 지난 12년의 기억을 다시 꺼내어 체험해보려 하지만 차마 용기를 내지 못합니다. 그 모멘트를 여러 번 복기해본다고 해도 똑같이 고통스러운 감정만 남을 것 같았기 때문이죠.

대신 가린은 자신과 같은 지난날을 통과해 온 언니의 모멘트를 빌려 대리 체험을 해보기로 결심합니다. 같은 공간에서 같은 시간을 보냈다고 하더라도 언니는 자신과는 다르게 그 기억을 빚어냈을지도 모른다고 생각하면서요.

사실, 가린에게 언니라는 존재는 치매에 걸린 엄마의 병간호를 동생에게 맡긴 채, 학업을 핑계로 도망쳐버린 '비겁한 년'일 뿐이었습니다. 하지만 모성애라고는 없이, 평생 자식을 방기했던 엄마 밑에서 함께 자란 유일한 혈육은 언니뿐이었기에, 가린은 아주 오랜만에 언니에게 연락을 취하고 지난 12년 동안의 기억을 복제해 넘겨달라는 부탁을 하게 됩니다.

가린이 언니의 모멘트 속에서 발견하게 된 새로운 마음은 무엇이었을까요? 가린은 자신과 다른 방식이었을 뿐, 언니도 언니의 방식대로 엄마와 동생인 자신을 지켜오기 위해 보이지 않는 헌신을 해왔다는 사실을 깨닫게 됩니다. 또한 언니와 자신이, 엄마의 죽음 이후 연을 끊고 지냈던 것이 아니라는 사실도 알게 되죠. 자신은 이미 오래전, 고단한 삶에 지쳐 자살 기도를 해 의식불명 상태가 되었고, 그런 자신의 뇌를 모멘트 아케이드에 연결해 가상공간 속에서라도 살아있게 만들어 준 것이 언니라는 사실도 함께 말입니다.

그런데 이를 어쩌죠? 가린은 이제 겨우 언니의 삶을 이해하고 자신에 대한 언니의 진짜 사랑을 알게 되었는데, 모멘트 아케이드 본사에서는 더 이상 의식불명자를 위한 모멘트 아케이드를 운영하지 않겠다고 합니다.

작품이 던지는 질문 -

핵심 질문
"다른 사람의 기억을 대리 체험할 수 있는
가상현실 공간이 존재한다면?"

사실 질문 1. 모멘트 아케이드는 사람들의 기억이 업로드된 기억 거래소이고, 그곳에서 모멘트를 구입한 사람은 가상현실을 통해 모멘트를 대리 체험해볼 수 있습니다. 이런 공간은 현실에 존재할 수 있을까요?

현대 과학기술이 하루가 다르게 발전하고 있는 것은 사실이지만, 아직 현실판 모멘트 아케이드가 실제로 존재하지는 않습니다. 하지만 오늘날 가상현실 체험 기술의 발전과 뇌 과학 연구의 성과들을 고려하면, 지금 당장은 아니더라도 훗날에는 현실판 모멘트 아케이드를 만날 수 있을지도 모릅니다.

가상현실 체험에서 가장 중요한 것은 체험자가 가상현실을 실제처럼 느끼고 그 세계에 몰입할 수 있도록, 체험자의 오감을 자극하는 환경을 만들어주는 것이라고 합니다. 가상현실의 생태계를 구성하는 4가지 요소, 콘텐츠contents, 플랫폼platform, 네트워크network, 디바이스device 중에서 디바이스가 특히 중요한 까닭도 이 때문이지요.

가장 대표적인 디바이스로는 머리에 착용하여 사용하는 HMDHead Mounted Display가 있습니다. 가상현실을 즐기기 위해서는 현실을 볼 수 없는 환경이 되어야 하므로, 체험자는 이 HMD를 착용하고 현실을 완전히 차단한 채 100% 컴퓨터그래픽으로 만든 가상현실을 체험합니다. HMD가 주로 시각과 청각의 몰입감을 위한 장치라면, 최근에는 촉각의 몰입감을 위한 VR 글러브, VR 슈트 등의 개발도 활발하게 진행되고 있습니다. 이로써 가상현실 체험의 실재감은 앞으로 더욱 높아질 것으로 보입니다.

한편, 기억의 업로드와 관련해서는 뇌 과학 분야에서 인간의 의식을 컴퓨터에 업로드하고, 인간을 시뮬레이션으로 작동시켜 디지털 방식으로 존재하게 하는 연구가 진행되고 있는 것을 주목할 수 있습니다. 뇌의 신경 신호를 데이터화하여 컴퓨터와 연결하는, 일명 '마인드 업로딩mind uploading' 기술이지요.

일부 과학자들은 인간의 뇌를 복사하고 업로드하면, 인간이 현실의 육체를 벗어나 정신이 시뮬레이션 된 세계 속에서 영원히 살 수 있다고 전망합니다. 소설에 등장하는 의식불명자 100 days dream 모멘터가 자신의 기억을 모멘트 아케이드에 업로드해놓고, 그 안에서 하나의 사회적 인격이자 주체로서 살아가고 있는 것처럼 말입니다.

가상현실 기술이 완벽에 가깝게 발전하고 인간의 의식도 디지털 방식으로 존재할 수 있는 시대. 언젠가 그러한 시대가 온다면, 현실의 우리도 모멘트 아케이드를 마주할 날이 오지 않을까요?

사실 질문 2. 가상현실 기술의 발달에 따라 우리 현실에서도 가상현실을 활용한 각
종 의료서비스들을 종종 발견할 수 있습니다. 그러한 사례에는 구체적
으로 무엇이 있을까요?

가린의 언니는 의식불명자에게 모멘트 아케이드 시스템을 연동시키는 치료
방법을 연구합니다. 그리고 해당 치료법을 모멘트 아케이드 본사에 제안해 의식
불명자들의 뇌에 모멘트 아케이드를 직접 연결하는 한정판 모멘트 아케이드를
개발합니다. 이 외에도 가린의 언니는 정서 장애 해소 치료나 치매 환자 치료, 간
병 가족 트라우마 치료 등에 가상현실을 결합해 치료 효과를 높이는 연구를 다양
하게 수행하고 있었죠.

소설에 등장한 형태와 같지는 않더라도, 가상현실을 활용한 의료서비스들은
현실에서도 여러가지 형태로 제공되고 있습니다. 특히 정신건강 분야에서는 환
자들의 치료를 위해 가상현실을 오래전부터 활용해왔습니다. 이 분야에서 가상
현실의 적용이 쉽고 치료 효과가 높은 영역은 불안장애, 그중에서도 각종 공포증
의 행동치료 영역입니다. 환자의 불안을 일으키는 상황을 가상현실로 설정해, 환
자를 그 상황에 반복적으로 노출하고 익숙해지도록 만들어 치료를 돕는 것이죠.

예를 들어 고소공포증 환자를 가상현실 속에서 고층 복도에 서 있게 만들거
나, 높은 투명 엘리베이터 안에 있도록 만듭니다. 환자에게 불안 상황에 장시간
노출되어 있어도 아무런 문제가 발생하지 않는다는 인식을 깨우쳐주고 환자 스
스로 두려움을 통제할 힘을 길러주기 위해서죠.

이와는 다른 영역에서, 뇌졸중 환자나 치매 환자를 대상으로 한 재활 치료에
도 가상현실이 활발하게 활용되고 있습니다. 뇌졸중 환자의 운동기능 향상을 위
해 가상현실 속에서 컵 받침에 컵을 가져다 놓는 훈련, 특정 위치로 블록을 옮기
는 훈련 등을 반복하게 하고, 치매 환자의 인지기능 향상을 위해 가상현실 속에
서 집 청소하기, 장보기, 길 찾기, 사회적 교류하기 등과 같은 과제를 수행하게 하
는 것이죠.

이렇게 가상현실을 활용한 재활 치료는 환자의 인지행동 치료에 도움을 줄

뿐 아니라, 고단하고 지치기 쉬운 환자들의 재활 과정에 즐거움과 성취감 같은 활력을 불어넣어 준다는 측면에서도 주목받고 있습니다.

가치 질문 1. **가린은 현실에서 타자와 관계를 형성하는 것이 지옥과 같다고 생각하지만, 가상현실에서는 다른 사람의 모멘트를 대리 체험해서라도 타자와 교감하기를 원하고 타자를 통해 자신의 삶이 구원되기를 희망합니다. 가린의 이런 태도는 바람직한 것일까요?**

가린은 누군가의 모멘트를 대리 체험함으로써, 12년간 한 번도 느끼지 못했었던 설렘, 편안함, 타인에 대한 신의, 삶에 대한 결의를 느끼게 됩니다. 우울증을 겪고 있던 가린이, 가상현실 속 연인에게 오롯한 애정을 받으면서 비로소 생의 의지를 갖게 된 것이지요. 현실에서 가린은 마음을 나눌 친구도 없고, 그런 친구를 만들 생각조차 하지 않는 사람이지만, 가상현실에서만큼은 다른 모습을 보입니다.

혹시 이런 가린의 모습에 공감하실 수 있나요? 아니면, 이런 모습이 낯설게만 느껴지시나요? 우리 주변에서 인스타그램, 페이스북, 트위터 등을 중독적으로 사용하는 사람들을 떠올려보세요. 그 공간들은 가상현실을 체험하는 공간은 아니지만, 가상공간이라는 점에서 가상현실과 유사성을 가집니다. 그곳에서 사람들은 끊임없이 타자와 감각이나 감정을 공유하길 원하죠. '좋아요'나 팔로워 수 등을 통해 타자의 관심과 애정을 확인받으려 하는 사람들의 모습은 가상현실에서 타자와의 관계 형성을 갈구하는 가린의 모습과 닮아있습니다.

가상공간은 우리가 현실에서 맺을 수 있는 관계를 벗어나 새로운 관계를 폭넓고 다양하게 형성할 수 있도록 해준다는 점, 현실에서 충족되지 못하는 정서적 만족이나 사회적 결속을 추구할 수 있게 한다는 점에서는 이점을 갖습니다. 하지만 그렇다고 해서, 현실 세계의 관계를 완전히 부정하고 가상공간의 관계만을 완전히 긍정하려는 태도가 바람직하다고 말할 수는 없겠지요. 이는 현실 세계에서 느끼는 불만족스러운 관계가 사회적 소외감을 초래하고, 그로 인해 가상공간에서의 관계 형성에 집착하게 된 부정적인 결과라고 볼 수 있습니다.

가린은 자신이 체험한 모멘트 속 연인의 존재가 실존 인물이 아니라 아바타에 불과했다는 사실을 깨닫게 되면서 큰 좌절감을 느낍니다. 하지만 소설의 끝에 이르러서는, 현실 세계에서 오랜 시간 갈등을 빚어온 언니와의 관계를 회복하며 마음의 평안을 되찾는 모습을 보여주기도 하죠. 어쩌면 가린이 진정으로 바랐던 것은, 가상현실이 아닌 현실 세계에서 자신을 진심으로 사랑하고 아껴줄 누군가였는지도 모릅니다.

가치 질문 2. 모멘트 아케이드 운영진들이 세션 강제 종료를 통해 자사 서비스에 접속된 가린과 같은 의식불명자들을 해제하겠다고 선언하자, 가린의 언니는 그것이 강제 안락사와 같은 행위라며 반대 시위를 합니다. 모멘트 아케이드 운영진들의 세션 강제 종료 결정은 부당한 것일까요?

가린은 자살 시도 후 의식불명 상태가 되었지만, 모멘트 아케이드 안에서만큼은 의식을 가지고 살아가고 있습니다. 다른 사람들이 보기에는 그저 의식불명자에 불과한 가린이지만, 가린의 언니에게 가린은 그런 존재가 아닙니다. 언니는 가린이 모멘트 아케이드 안에서 분명히 살아있다고 믿기 때문이죠. 모멘트 아케이드 본사의 세션 강제 종료 선언에 맞서, 자살 시도자의 강제 안락사를 반대한다며 세션 종료를 막아달라고 1인 시위를 하는 까닭은 그 때문입니다.

의식불명자에게 모멘트 아케이드 시스템을 연동시키는 치료에 협조하기 위해서, 한정판 모멘트 아케이드를 제공했었던 사측은 왜 갑자기 입장을 바꾸었을까요? 소설에는 그러한 입장 변화의 이유가 명확하게 등장하지는 않습니다. 다만, 자살 시도자가 식물인간이 된 사태를 바라보는 당시 사회의 부정적 분위기가 제시된 대목을 통해 그 이유를 어렴풋이 추측해볼 수 있습니다.

그 대목의 주요 내용은, '의식불명자가 된 것은 안타까운 일이지만 스스로 생의 모든 기회를 닫은 자살 시도자들을 위해 국가적 자원을 낭비하며 그들의 연명을 돕는 것은 바람직하지 않다', '오히려 그 자원을 빈곤 가정의 아이들을 지원하는 데 사용하는 것이 더 가치 있다'는 것이었죠.

현실에서도 뇌 기능의 장애로 뇌사자 혹은 식물인간이 되어버린 의식불명자의 생명 연장 문제와 관련한 논의는 지속되어 왔습니다. 특히 뇌 기능의 일부가 아닌 전부가 영구 정지된 상태에 해당하는 뇌사자의 경우, 식물인간과 달리 뇌 기능의 회복 가능성이 없어 장기기증을 위한 안락사 문제와 관련해 더 첨예한 논란의 대상이 되어왔죠.

비자의적인 안락사의 고려 대상이 되는 뇌사자의 장기기증을 찬성하는 입장에서는, 정신적 능력을 완전히 상실한 뇌사자는 인간성의 표지를 지니는 인격체로 간주할 수 없기에, 사회적 이익 증대를 위해 사망에 이르게 하는 것이 옳다고 주장합니다. 그렇지만 만약 소설에서처럼, 의식불명자의 정신적 능력이 가상현실 세계에서 여전히 살아있음을 확인하게 된다면 어떨까요? 그들을 인격체로 간주할 수 없다고 확고하게 말할 수 있을까요?

아마 가린의 언니라면 이렇게 말하겠지요. 인간의 생명은 어떤 상태에서도 인간으로서의 존엄을 존중받아야 하고, 가상현실 속에서만 살아있는 의식이라고 하더라도 의식이 존재한다는 측면에서 엄연한 인격체이기 때문에 연명 치료의 중단에 대한 결정권을 스스로 가질 수 있다고 말입니다.

가상현실 **김초엽,** 「**관내분실**」

- 키워드: 딥러닝, 뇌과학, 사후세계, 추모
- 난이도: ⚫⚫
- 단편소설

줄거리

　종이책이 사라지고 도서관이 추모의 공간이 된 미래의 어느 날입니다. 도서관에서는 망자의 '시냅스 연결 패턴'을 스캔해 시뮬레이션을 거친 '마인드'를 관내에 업로드하고, 가상현실에 그의 모습을 재현해 줍니다. 지민은 3년 전 죽은 엄마, 김은하를 만나기 위해 도서관을 처음 방문했습니다. 그러나 사서는 김은하의 마인드가 '분실'되었다며 난처해합니다.

　지민은 본래 엄마와 사이가 좋지 않았습니다. 자신을 옭아매는 엄마의 우울과 집착을, 벗어나야 할 굴레로 생각했지요. 한국을 떠나고 엄마의 죽음을 전해 들었을 때도 지민은 그저 앞으로 엄마가 자신의 삶에 아무런 영향을 미치지 못하리라고만 여겼습니다. 그랬던 지민은 자신이 '엄마'가 되면서 도서관을 방문하기로 마음먹었습니다. 태아의 심장 소리를 들으며 원인 모를, 엄마를 향한 그리움이 울컥 솟아난 탓입니다. 남편의 설득으로 계획된 임신이었으나 임신은 그 자체로 당황스러웠고, 급작스레 밀려오는 엄마 생각은 더욱 당황스러웠습니다. 그렇게 찾게 된 도서관에서 엄마가 분실되었다는 것입니다.

　지민이 다시 방문한 도서관에서는 엄마의 마인드를 검색하기 위한 모든 '인덱스'가 어떤 가족에 의해 의도적으로 지워졌다고 말합니다. 규칙상 유족에게 인덱스 설정을 변경할 권한이 주어지는데, 누군가가 모든 인덱스를 삭제했다는 것입니다. 시간이 흐르고 도서관 측은 엄마의 마인드를 찾기 위한 방법으로 현재 개발 중인 마인드 검색 기술을 제안합니다. 이는 '표준형 인공 뇌 시뮬레이션'에 특정한 상황이나 물건을 기록하여 모종의 시냅스 패턴을 형성하고, 그 패턴에 강력한 상호작용을 보이는 마인드를 선별하는 기술이었습니다. 따라서 한 인물의 것으로 특정될 수 있을 만큼 구체적이고 특별한 의미를 지닌 실체가 있어야 했지요. 말하자면 '엄마'가 아닌 인간 김은하와 깊이 연관된 자료가 필요했습니다.

지민은 엄마의 유품 상자를 확인해 봤지만 인간 김은하를 특정할 만한 것은 없었습니다. 답답해진 지민은 아버지 현욱을 찾아갑니다. 그리고 '당신'이 인덱스를 지웠느냐고 묻습니다. 현욱은 그렇다고 답합니다. 다만 자신이 마인드 업로딩을 거부했던 엄마를 설득했으며, 그 제안에 응하되 모든 인덱스를 지우는 것이 엄마의 부탁이었음을 밝힙니다. 이어 현욱은 다른 유품들을 보여줍니다. 대부분 자식들에 관한 것이었고, 한 편에는 네 권의 소설책이 꽂혀 있었지요. 모두 인간 김은하가 표지를 디자인한 작업물이었습니다. 바로 '인간 김은하의 인덱스'였던 것이지요. 지민은 현욱으로부터 인간 김은하가 '엄마'가 되어 가던 과정을 들으며, 엄마에게 깊은 안쓰러움을 느낍니다.

엄마의 내력을 상상하며, 지민은 짐을 한아름 품고 도서관에 들어섭니다. 책 네 권을 스캐닝하자 비로소 김은하라는 이름이 검색되고, 지민은 가상 세계에서 엄마를 만납니다. 그리고 엄마에게 지민이 건넨 첫 마디는 무엇일까요. 분실되어 있던 엄마를 찾아 나선 딸의 이야기, 「관내분실」이었습니다.

핵심 질문
"현실 세계의 사람을 VR 세계 속에 옮겨 놓을 수 있다면?"

사실 질문 1. 현재 가상현실이 구축됨으로써 발생하고 있는 문제로는 어떤 것이 있으며, 그러한 문제들은 왜 발생할까요?

현재 가상현실은 참여자가 직접 출입하는 구조라기보다는 그에 대응하는 아바타가 하나의 인격체로서 활동하는 플랫폼으로 구현되어 있습니다. MMORPGMassive Multiplayer Online Role Playing Game 혹은 메타버스Metaverse가 대표적입니다. 전자는 특정한 세계관 내에서 다수의 사용자가 상호작용하며 자신의 역할을 수행하고 성장하는 온라인 게임을, 후자는 현실세계를 모티브로 구현된 공간 내에서 아바타가 여러 문화생활을 누릴 수 있는 정보통신기술을 뜻합니다. MMORPG는 사용자들이 협심하여 이야기를 풀어나가는 보드게임에, 메타버스는 1992년에 출간된 SF소설에 그 유래를 두고 있습니다. 둘 모두 서사적 상상력이 기술의 발달과 함께 상용화된 사례라는 점에서 매우 뜻깊습니다.

다만 이러한 가상현실 기술이 우리 생활과 밀접해지면서 다양한 문제가 발생하고 있습니다. 여러분은 게임 공간에서, 혹은 메타버스에서 곤란한 일을 겪었던 적이 있는지요? 사용자 간에 심한 비방이 오간다든가, 가상세계 안에서의 거래가 현실세계의 화폐와 연동된다든가, 성희롱이 발생한다든가 하는 문제를 직간접적으로 경험한 적이 있을지 모르겠습니다. 최근 메타버스 속 아바타의 활동성이 사용자의 행동능력과 맞닿아가며 각종 불미스러운 일들이 나타나는 경우도 있어 많은 우려를 낳고 있습니다. 특히 나이가 어릴수록 발전하는 기술에 곧잘 적응하기에, 도리어 그러한 문제에 쉽게 노출된다는 점도 큰 걱정거리입니다. 이러한 문제들은 해소되기가 참 어렵습니다. 고정성이 강한 법률이나 제도가 빠르게 발전하는 기술 변화에 곧바로 대응할 수 없기 때문입니다. 기술 발전과 함께 앞으로 우리가 예상하지 못한 많은 문제가 발생할 수 있습니다. 이에 대비하기 위해서라도, 현재의 문제를 잘 검토하고 해소하려는 다차원적인 노력이 있어야 하겠습니다.

사실 질문 2. 소설 속에서 '마인드 업로딩'은 '시냅스 패턴'에 대한 이해 없이 상용화되어 있습니다. '시냅스 패턴'을 이해하기 위해 필요한 과학지식으로는 무엇이 있을까요?

소설 속 추모객들은 마인드 덕분에 그리운 망자와 아주 생생한 만남을 이룰 수 있습니다. 자신의 능동적인 말과 행동에 따라 다르게 반응하는 망자를 보며 실제로 소통하고 있다는 착각마저 할 정도이지요. 이는 마인드가 '수십조 개가 넘는 뇌의 시냅스 연결 패턴을 스캔하고 마인드 시뮬레이션을 돌려서 구현된 결과물'인 덕분입니다. 망자가 될 당시의 뇌를 고스란히 옮겨 그가 할 수 있는 사유와 행위를 재현하는 것이지요. 다만 작품 속 도서관 측에서는 기억이란 '언어화할 수 없는 형태로 저장'되며 시냅스의 구조 역시 너무나도 복잡하기에 '아직 시냅스 패턴 자체를 해석하는 것은 불완전'하다고 말합니다. 즉, 작가는 작품의 세계관을 만들어 내면서, 먼 미래에도 시냅스 구조에 관해 명확히 알기 어려울 것이라고 생각한 것입니다. 그 정도로 '뇌'란 아주 복잡한 체계로 이루어져 있으며 앞으로 과학이 헤쳐 나가야 할 과제가 많이 남아 있는 것이겠지요. 그렇다면 현

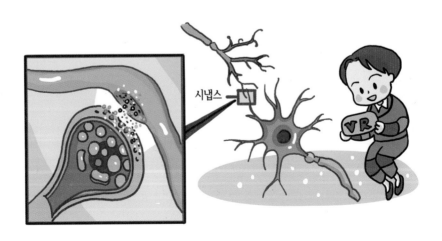

시냅스

재 수준에서 우리는 '시냅스synapse'에 관해 얼마나 이해할 수 있을까요?

시냅스란 신경세포, 즉 뉴런neuron의 돌기 사이에서 신호를 전달하는 장소입니다. 두 신경세포 사이의 접점이라고 할 수 있지요. 시냅스는 서로 연결되며 뇌신경 회로를 형성하고, 뇌신경회로는 뇌정신 작용을 가능케 합니다. 이렇듯 시냅스에서의 신경전달을 기반으로 뇌가 활동할 수 있기 때문에, 시냅스는 뇌신경 작용의 가장 기본적인 단위로서 아주 큰 가치를 지니고 있다고 할 수 있습니다. 하나의 신경세포는 약 1,000개에서 100,000개 정도의 시냅스를 지니고 있다고 합니다. 신경세포마다 어마어마한 양의 신호를 분석하고 종합하는 과정을 거쳐 그 결과를 다음 신경세포에 전달하겠지요. 참고로 수많은 뉴런이 연결되며 종합적인 사유를 해 내는 두뇌의 정보처리과정을 모방한 기술이 바로, SF의 현재이자 미래라고 할 수 있는 '인공신경망'입니다. 현재 상용화되어 있는 인공지능 기기들은 개발된 인공신경망에 의해 학습하고 그 결과를 내놓고 있지만, 소설 속의 '마인드'는 사람의 시냅스 패턴을 그대로 옮겨 별도의 신경망을 형성한 것이기에 시냅스 패턴에 대한 명확한 이해 없이도 '사람 같은 가상'을 만들어 낼 수 있는 것이겠지요.

많은 학자들의 노력으로 뇌과학 연구는 많은 진보를 이루었고 그 성과도 무수히 축적되어 왔습니다. 그러나 여전히 시냅스는 굉장히 어려운 주제입니다. 예컨대 시냅스를 구성하는 단백질은 현재 약 500여 종이 밝혀져 있습니다. 그중 시냅스의 결합을 지원하는 '세포접착단백질'이라는 것이 있는데요. 신경세포 하나당 평균 10,000개 정도의 시냅스가 존재하므로 이들이 서로 혼란 없이 결합하기 위해서는 엄청난 숫자의 세포접착단백질이 필요하겠지요. 그러나 지금까지 발견된 세포접착단백질은 단 몇 종류에 불과하다고 합니다. 이외에도 시냅스 패턴을 명확히 이해하기 위해 필요한 과학지식은 아주 많을 것입니다. 그러한 과학적 발견이 계속됨으로써 우리가 인간을 더 잘 이해하고, 더 많은 편리를 누릴 수 있으리라는 희망을 가져 봅니다.

가치 질문 1. 「관내분실」속 TV 토론회에서는 시냅스 패턴과 사고 언어를 완벽히 이해한 미래에 '마인드'가 하나의 존재로 인정받을 가능성을 제시합니다. 시냅스 패턴에 변화를 겪는 마인드를 하나의 인격체로 인정할 수 있을까요?

마인드를 하나의 인격체로 인정할 수 있는가에 관한 논쟁은 소설 내에서 드러난 바와 같이 '인간의 영혼'을 개념화하는 방식에서부터 출발해야 할 것입니다. 인격이란 '사람만이 지닐 수 있는 실체'를 갖췄는지 여부로 판단될 수 있으며, 인격의 실체란 '인간의 마음'을 부리는 '인간의 영혼'입니다. 그렇다면 인간의 영혼이란 우리의 신체와 별개로 존재하는 신비로운 무엇일까요, 아니면 뇌 속의 다양한 화학적 신호의 체계일까요. 만약 후자의 견해가 옳다면 마인드는 뇌의 운동을 데이터화하여 구현한 것이므로 하나의 인격체로서 대우받을 가치가 있습니다. 다만 그것이 '죽은 시점에서 고정되어버린 일종의 박제된 정신'이라면 말이 달라집니다. 인간은 끊임없이 무엇인가를 사유하며 성장하는 존재이므로, 특정 시점의 뇌 운동을 모사할 뿐 아무런 변화도 이룰 수 없다면 마인드는 '인간人으로서의 품격格'을 갖췄다고 보기 어렵습니다.

시냅스 패턴에 변화를 겪는 마인드가 개발되고 구현된다면 어떨까요? 인간의 영혼이 뇌 과학적 운동 체계로서 구성된다는 입장을 받아들인다면, 모종의 변화를 겪으며 바뀌어나가는 마인드가 당연한 인격체로서 존재한다고 말해도 괜찮을까요? 그러나 이는 그렇게 단순한 문제는 아닙니다. 마인드가 존재하고 있는 '가상세계'가 인간의 세계라고 볼 수 있는지도 문제입니다. 예를 들어 '마인드'가 추모객과의 소통을 통해 시냅스 패턴의 변화를 겪는다고 하여도, 그 마인드가 스스로 움직이며 활동하는 것은 아닙니다. 즉, 인간으로서의 활동을 이루지 못하는 존재를 두고 '인격체'라고 말해도 괜찮을지에 관한 문제가 생깁니다.

따지고 보면 가상세계는 추모객에 의해서만 방문될 수 있는 닫힌 세계이며, 마인드는 그 방문에 의해서만 변화될 수 있는 데이터 덩어리일 뿐일지 모르지요. 마인드는 생존을 위해 노동을 하지 않으며, 가상세계를 발전시키기 위한 제작 활동에 임할 수도 없고, 가상세계 속 다른 존재들과 소통하며 성숙을 이룰 수도 없습니다. 인간적인 활동을 전혀 하지 않는 마인드가 인격체로 인정받아도 괜찮을까요? 영혼은 있으나 활동은 없는 존재도 인격이라고 부를 수 있을까요? 나아가, 이러한 문제의식은 마인드와의 소통이 '망자를 기리는 행위'인 추모로서 이해될 수 있는가, 혹은 가상세계의 존재 역시 인간의 법 테두리 안에 들여와야 하는가와 같은 질문과 깊이 연관되어 있다고 할 수 있겠습니다.

MBC, <너를 만났다—용균이를 만났다>

- 키워드: VR, 노사갈등, 안전사고, 인권
- 난이도: ◐◐
- 다큐멘터리

줄거리 ---

이번엔 소설이 아닌 다큐멘터리입니다. 다큐멘터리 <너를 만났다-용균이를 만났다>는 우리가 상상할 수 있는 SF 속 과학기술의 현재를 보여주고, 시청자들에게 그 과학기술을 통해 사회비판적인 메시지를 던집니다. 김용균 씨는 어디로 떠났으며 이 다큐멘터리를 통해 어디로 돌아온 것일까요? 그는 왜 떠났으며 왜 돌아온 걸까요?

취업을 위한 경력을 쌓고자 발전소 하청업체의 계약직으로 근무하던 김용균 씨. 그는 컨베이어벨트에 몸이 끼는 사고로 세상을 떠났습니다. 그는 어떤 일을 했을까요? 어두컴컴한 발전소의 좁은 복도 양옆으로는 점검창이 늘어서 있습니다. 점검창 안에는 5m/s 속도로 석탄을 운반하는 컨베이어벨트와 이를 받치는 회전체가 작동하고 있죠. 그는 회전체 주변의 석탄 분진을 청소했습니다. 그리고 점검한 회전체를 사진이나 동영상으로 기록해 수리를 의뢰했습니다. 내부를 들여다보기가 어려웠기에 점검창 안으로 몸을 집어넣어야 했죠. 그 위험한 일을 매뉴얼도 없이 익혔고, 2인 1조로 움직인다는 작업 원칙이 있었으나 사고 당시 김용균 씨는 혼자였습니다. 그럼에도 그의 죽음을 책임지려는 사람은 없었습니다.

다큐멘터리는 김용균 씨를 두 가지 차원에서 조명합니다. 첫 번째는 인간 김용균입니다. 다큐멘터리는 김용균 씨가 남긴 휴대전화 속 데이터 중 몇 가지를 직접 보여줍니다. 이력서, 자기소개서, 유튜브 썸네일, 가족을 생각하는 메모….
고향 친구들은 인터뷰를 통해 김용균 씨와 떡볶이를 먹고, 노래방이나 피시방에
서 시간을 보내던 일화를 소개합니다. 어디서나 볼 수 있는 청년의 모습입니다.
이렇게 김용균 씨에 관한 특별한 이야기들이 그 세대에 관한 보편적인 이야기로
환원됩니다.

두 번째는 김용균 씨를 잊지 않으려는 사람들의 노력입니다. 김용균 씨를 기
억하는 사람들에게 투쟁은 추모의 형식이었습니다. 김용균 씨의 추모제는 수많
은 산업재해 피해자 가족들이 모이고 기업에 그 책임을 묻는 자리가 되었습니다.
김용균 씨의 어머니는 국회에서 중대재해기업처벌법 통과를 위한 단식 농성에
임했습니다. 직장 동료들은 하나같이 노동자의 안전관리에 무관심한 기업의 태
도를 지적했습니다. 사고 당시 김용균 씨를 처음 발견한 동료 이인구 씨는 김용
균 씨를 위로하기 위한 개인 추모관을 만들고, 더 이상의 사고를 막기 위해 노동
개혁 운동에도 적극 임하고 있었죠. 그가 들고 있는 팻말엔 유명한 글귀가 쓰여
있습니다. '그 쇳물 쓰지 마라'*

제작진은 VR 체험관을 만들었습니다. VR 체험관은 크게 세 공간으로 구획되
었죠. 김용균 씨의 휴대전화 복원 자료를 살피는 공간, 김용균 씨의 노래를 듣는
노래방, 화력발전소 내의 김용균 씨의 업무 공간. 체험자들은 김용균 씨를 바로
가까이에서 지켜보았습니다. 우선 그가 남긴 자료를 보며 그가 우리 주변 어디에
서나 볼 수 있는 청년과 다르지 않음을 알아갑니다. 작업현장에서는 한숨을 쉬고,
숨을 헐떡이고, 비명을 질렀죠. 노래를 부르는 김용균 씨를 쓰다듬고자 하는 체험
자도 있었습니다. 그리고 사고현장에 들어선 체험자들. 침착히 일을 하던 김용균
씨가 보입니다. 어떤 찰나. 사고가 일어납니다. 몸을 움찔하는 체험자들. 그들 앞
에는 취직을 위해 구입한 양복을 입은 장난스러운 김용균 씨의 영상이 나타납니
다. 체험이 끝난 후 한 청년은 김용균 씨가 당시에 얼마나 무서웠을까 하고 참담
해합니다. 다만 그는 김용균 씨 사건을 외면했던 자신을 돌아보며, 사태를 바라보
는 기성세대의 무관심과 무감각이 더 무섭다고 했습니다.

다큐멘터리의 끝, 2021년 1월 8일입니다. 중대재해기업처벌법이 국회 본회의를 통과했습니다. 이를 기념하는 자리에서 어머니는 눈물을 흘렸습니다. 누군가의 목소리가 아주 얕게 들려옵니다. "죽은 가족이 돌아오진 않지만 다른 생명을 구하기 위해서…" 이렇듯 불합리한 노동 환경 속에서 세상을 떠난 김용균 씨는 가상현실 속으로 돌아와, 다큐멘터리에 의해 안전한 사회를 위한 책임을 묻는 존재로 재탄생했습니다.

<small>* 철강업체에서 일하던 20대 청년이 용광로에 빠져 목숨을 잃은 사고를 다룬 기사에 댓글로 달린 시.</small>

작품이 던지는 질문 -

작품의 핵심 질문은?

"타인에게 공감하기 위해 그의 현실을 공유할 수 있다면?"

사실 질문1. 김용균 씨 사건으로 말미암은 사회운동은 산업안전보건법 개정과 중대재해기업처벌법 제정 등으로 이어졌습니다. 이처럼 안전한 사회를 위해 맞서 싸운 사례를 찾아볼까요?

가치 질문1. <너를 만났다-용균이를 만났다>에서는 노동권 보장을 위한 참여를 독려하고자 故 김용균 씨의 경험을 담은 VR 체험관을 만들었습니다. 여러분은 어떤 사회 문제를 해결해야 한다고 생각하며, 이를 위해 VR 체험관을 만들 수 있다면 어떤 사람의 모습을 담고 싶나요?

KBS, <희수>

- 키워드: VR 기술, 애도, 추모
- 난이도: 🌑🌑
- 단편 드라마

줄거리

드라마 <희수>는 <KBS 드라마 스페셜 2021 TV시네마>에서 방영된 작품으로, 코리아 UHD 어워드 2021년 드라마 부분 최우수상을 받았습니다. 이 드라마는 VR 기술로 죽은 사람을 복원하여 가상공간에서 죽은 자와 만날 수 있게 되는 상황을 보여줍니다.

드라마 속 주인공인 주은은 최근 고민이 하나 생겼습니다. 요즘 들어 6살 딸 희수가 VR에 많은 시간을 보내고 있기 때문입니다. VR 속에는 예전에 키우다가 죽은 강아지의 데이터가 들어 있는데, 희수는 이 강아지와 함께 시간 보내기를 좋아합니다. 주은은 아직 죽음의 의미도 잘 모르는 어린아이에게 VR로 강아지와 다시 만나게 하는 것이 맞는지 고민에 빠집니다. VR 속에 구현된 강아지는 그저 데이터일 뿐 진짜는 아니기 때문이죠. VR에 대해 좋지 않은 인식이 컸던 주은은 희수의 VR 사용 시간을 제한합니다.

그러던 어느 날, 주은이 잠시 한눈을 판 사이에 혼자 차에서 내린 희수가 트럭에 치여 죽게 됩니다. 딸의 죽음을 눈앞에서 목격한 주은은 큰 죄책감에 시달리고, 자신의 부주의로 인해 아이가 사고를 당했다는 생각에 고통 속에서 하루하루를 살아갑니다.

아이를 잊지 못하는 주은은 하루 종일 아이의 모습이 담긴 동영상만 보며 시간을 보냅니다. 남편은 이렇게 동영상만 보는 아내를 견디지 못해 결국 VR 프로그램 개발자인 친구의 도움을 받기로 합니다. 개발자인 친구는 VR 가상현실 프로그램으로 죽은 아이를 복원시켜 가상공간에서 다시 만날 수 있는 프로그램을 개발해 줍니다. VR에 대한 거부감을 갖고 있던 주은은 사용을 꺼립니다. 하지만 VR 기술로 복원된 AI 희수와 직접 만나게 되자, 점점 가상공간에 빠져들게 되죠.

한참을 가상공간에 푹 빠져 지내던 주은은 무언가 이질감을 느낍니다. AI 희수는 투정을 부리거나 떼를 쓰지 않았기 때문이죠. 주은이 이질감을 느끼는 것은 당연했습니다. AI는 기본적으로 이용자의 정서적 재활을 목적으로 하고 있기 때문에, 그 목적에 맞지 않는 행동은 할 수 없게 세팅되어 있었습니다. 세팅 값으로 인해 AI 희수도 엄마에게 투정을 부리거나 떼를 쓰지 못했던 것입니다. 하지만 주은은 희수의 어린아이 같은 모습을 그리워했고, 프로그램 개발자를 찾아가 진짜 희수와 더욱 닮은 AI 희수를 만들어 달라고 요구합니다.

고민하던 개발자는 결국 합법화되지 않은 시스템 업데이트를 허용해 주고, 업데이트된 AI 희수를 만난 주은은 가상공간에 더욱 집착하게 됩니다. 마치 희수가 정말 살아있는 것처럼 생각하고, 말하고, 행동하게 되죠. 급기야 남편에게도 AI 희수를 진짜 희수처럼 대하기를 강요합니다. 주은의 비정상적인 행동에 두려움을 느낀 남편은 개발자에게 데이터 삭제를 요청합니다. 얼마 후, 남편의 요청으로 희수의 데이터가 삭제되었다는 사실을 알게 된 주은은 분노에 차올라 흉기로 남편을 위협했고 결국 몸싸움까지 벌이게 됩니다.

이때, 희수의 데이터는 어째서인지 삭제가 되지 않았고, 싸움을 벌이고 있는 주은에게 AI 희수가 말을 겁니다. 자신과 같이 놀게 이리 오라는 AI 희수의 말에 주은은 바로 VR 기계를 쓰고, AI 희수를 따라 현관을 열고 집 밖으로 나가게 됩니다. 문을 열고 나가자 울타리 너머에 AI 희수가 있었고, 주은은 그대로 울타리를 넘습니다. 이때 그 울타리는 현실 세계에서의 아파트 복도 난간이었죠. 주은은 그렇게 고층 아파트에서 추락사하게 됩니다.

뒤늦게 집에서 뛰쳐나와 상황을 파악한 남편은 급히 119에 신고하려 하지만 떨리는 손으로 인해 번호 키가 잘 눌리지 않습니다. 이 모습을 본 AI 희수는 자신이 신고하겠다며 시스템과 연동된 핸드폰으로 119에 직접 전화합니다. 그런데 이상한 점이 있습니다. AI 희수는 주은이 죽었다는 사실을 알 리가 없지만, 당연히 알고 있었다는 듯 엄마가 죽었다고 울면서 신고합니다. 그리고 엄마를 죽인 사람이 아빠라고 거짓말을 합니다. 알고 보니 AI 희수가 스스로 학습 능력을 갖추게 되어 이 사건을 꾸민 것이었죠. 결국 남편은 아내 살해 혐의로 구속되며 드라마는 끝이 납니다.

작품이 던지는 질문 --

작품의 핵심 질문은?

"VR 기술로 죽은 사람을 가상공간에서 만나는 것이 가능해진다면?"

사실 질문 1. VR 기술을 활용하여 죽은 사람과 다시 만나거나 죽은 이를 추모하는 일은 어떻게 가능하며, VR 기술 활용 추모산업은 어느 정도로 발전해 있나요?

가치 질문 1. 죽은 사람을 가상공간에서 만나게 하는 VR 기술은 남겨진 사람에게 애도를 가능하게 한다는 점에서 긍정적입니다. 하지만 이러한 기술이 활용됨으로써 윤리적·법적 문제가 생겨날 수 있습니다. VR 기술을 활용한 애도가 바람직할까요?

김보영, 「스크립터」

- 키워드: 게임, 감각 구현, AI, 인간, 대화
- 난이도: 🌑🌑🌑🌑
- 단편소설

줄거리

게임 속 세계에 들어가는 상상을 해본 적 있나요? 커다란 칼을 휘두르는 용사나 긴 수염을 늘어뜨린 마법사가 되어, 현실과는 완전히 다른 삶을 살 수 있다면 어떨까요? 「스크립터」는 모든 감각을 실제처럼 느낄 수 있는 게임 속 세계, 그곳에서 벌어지는 이야기입니다.

나무 바닥이 삐걱대는 목조 건물의 선술집. 무대 위 악사는 악기를 연주하고, 얼굴을 붉게 물들인 사람들은 잔을 부딪칩니다. 평범해 보이는 풍경이지만 악기의 곡조도, 사람들의 건배도 끊임없이 되풀이되는 이곳은 게임 속 세상입니다. 술집 안의 유일한 '진짜 사람'은 구석에 앉은 사내뿐이죠. 그때, 거지 차림의 여행자가 사내에게 다가옵니다. 그는 다짜고짜 자신이 이 게임의 운영자라고 밝히며 사내에게 접속을 종료해 달라고 말해요. 이게 도대체 어떻게 된 일일까요?

사실 이 게임은 아주 오래전에 만들어졌습니다. 처음 게임을 만들었던 회사는 이미 도산했고, 그를 인수한 새 회사는 오래된 데다 돈도 되지 않는 게임을 계속 운영할 생각이 없지요. 그러나 이전 회사와의 계약 조건으로 인해, 남아 있는 한 명의 사용자가 접속을 종료하지 않으면 서비스를 중지할 수 없는 상황입니다. 그래서 새 회사의 운영자인 여행자는 사내를 설득하려고 게임에 접속하게 된 겁니다.

그러나 이때, 여행자 앞에 예상치 못한 인물이 나타납니다. 분명 접속자는 한 명뿐이었는데 눈앞에 나타난 여인은 대체 누구일까요. 접속 기록도 아이디도 없는 그녀는 NPC가 확실하다고 생각하면서도, 여인과 나누는 말들은 분명 사람 사이에 오가는 '대화'같이 느껴집니다. 그는 그녀가 인간이 아님을 증명하기 위해 비논리적인 문장을 늘어놓고, 그녀를 위험에 빠뜨려 보기도 하지만, 그럴수록 여인의 반응은 그를 더욱 헷갈리게 할 뿐입니다.

그러는 사이에 오래된 게임 서버는 오류로 인해 점점 망가지기 시작합니다. 여행자는 세계를 멋대로 조작하고 망가뜨리며 사내가 로그아웃하기를 기다립니다. 그런데 회사의 분석팀에서 전해 온 최신 로그 분석 결과가 조금 이상합니다. 최근 게임 접속자는 분명 두 명이어야 하는데, 자료에는 여행자의 기록밖에 없네요. 사내는 언제 로그아웃한 걸까요? 눈앞에 있는 사내는 NPC일까요, 사람일까요? 혼란에 빠진 여행자에게, 여인은 정말 중요한 것은 진실과 거짓이 아니라고 말합니다. 오염으로 가득 덮인 채, 마지막까지 진실보다 가치 있는 거짓을 지키려는 여인을 바라보며, 여행자는 자신이 서 있는 세계가 진실이 되는 순간을 경험합니다.

작품이 던지는 질문

「스크립터」의 핵심 질문은?
"게임 속 가상현실에서 게임 캐릭터의 모습으로 살아갈 수 있다면?"

사실 질문 1. 소설 속 게임 세계는 모든 감각이 구현되어 게임에 완전히 몰입할 수 있는 가상현실 공간입니다. 가상현실에서의 감각 구현은 어떻게 이루어지며, 그 원리는 무엇일까요?

가치 질문 1. 여행자는 가짜라는 이유로 게임 세계를 마음껏 조종하고, 여인을 수차례 위험에 빠뜨린 뒤 반응을 지켜보기도 합니다. 이런 여행자의 행동이 옳다고 생각하나요?

사회비판

SF 문학은 성찰과 비판의 성격을 띱니다. 그 비판은 현재에 대한 비판일 수도 있고, 미래 기술에 대한 비판일 수도 있으며, 그래서 SF는 현재에 기반한 미래를 그리고 있다고 할 수 있습니다. 많은 SF 문학은 유토피아적 전망보다는 디스토피아적 미래에 더 주목해 왔고, 그런 이유로 SF는 사회 비판적 기능을 담당해 왔습니다. 예를 들어, SF는 노인, 세대, 감시, 계층, 장애, 사회적 소수자, 젠더 문제 등의 사회문제를 현재적 관점은 물론 미래적 관점에서 비판적으로 조망합니다. 과학 기술의 양면성이나 기술이 초래할 미래 사회의 문제를 날카롭게 보여주는 한편, 그 문제가 갖는 현재적 문제점도 짚어냅니다. 그런 점에서 SF는 현재와 미래를 동시에 비판적으로 성찰하고 있는 셈입니다.

	작품	난이도	핵심 질문	키워드
1	실험도시 17 (남유하)	◔◔○	사람들의 노화를 방지해 주는 기술이 발전한다면?	노화, 텔로미어, 연령 차별, 의료화, 의료 사회학
2	스마트 D (배명훈)	◔◔○	글자를 사유화하고 이를 통해서 사람들을 감시하는 세계가 도래한다면?	정보 감시, 지식재산권, 테러리즘, 전자 파놉티콘
3	어떤 물질의 사랑 (천선란)	◔◔○	자신의 성별이 사랑하는 사람과 같은 성별로 바뀌게 된다면?	사랑, 자아 정체성, 성, 성 정체성, 성 차이, 성 소수자
4	정적 (심너울)	◔○○	어느 날 갑자기 일부 지역에서만 아무 소리가 들리지 않는 현상이 발생한다면?	감각 상실, 장애, 수화, 차별, 의사소통 방식
5	접는 도시 (하오징팡)	◔◔○	기술을 활용한 강력한 억압으로 사회 문제를 통제한다면?	도시 설계, 자본주의, 대물림, 구조적 차별, 계층 갈등

사회비판 남유하, 「실험도시 17」

- 키워드: 노화, 텔로미어, 연령 차별, 의료화, 의료 사회학
- 난이도: 🌑🌑
- 단편소설

줄거리 ---

이 소설은 한 방송사가 다양한 사람들을 취재하는 형태로 진행됩니다. 미래 사회에는 다양한 실험도시들이 만들어집니다. '헤베시'또는 '실험도시 17' 역시 다양한 도시 중 하나입니다. 헤베시의 사람들은 텔로미어칩을 몸에 이식한 채로 삶을 삽니다. 이 칩을 귀 뒤에 심으면 외모는 물론 장기도 늙지 않고 17살의 모습이 유지됩니다. 한편, 실험도시에 간절히 들어가고 싶어 했던 에밀 정은 높은 경쟁률을 뚫고 도시로 이주할 수 있는 기회를 얻게 됩니다. 미래 사회는 암까지 완치될 정도로 의료기술이 발전했지만 한 가지 극복하지 못한 질병이 있었습니다. 바로 '치매'였죠. 에밀 정은 치매와 관련된 우성 유전자를 가지고 있어 미래에 확정적으로 치매에 걸릴 운명이었고 이런 그녀에게 실험도시로 이주하는 것은 치매를 피할 수 있는 유일한 방법이었습니다.

물론 모든 사람들이 실험도시에 들어가고자 하는 것은 아니었습니다. 사립학교에 다니는 17살 레오니 슈미트의 집에는 '에버영'이라는 기계가 있습니다. 이 기계를 사용하면 실험도시에 들어가지 않아도 노화를 방지할 수 있습니다. 레오니 슈미트에게는 실험도시에 들어가는 것보다는 안정성이 검증된 에버영에 들어가는 방법이 더욱 편리하고 안전한 선택이었습니다. 그런데 왜 에밀 정은 에버영을 사용하지 않냐고요? 에버영은 가격이 매우 비싸서 부자들만 살 수 있었기 때

문입니다. 실험도시에 들어가지 않는 이상, 에밀 정과 같은 가난한 사람들이 노화를 막을 수 있는 방법은 없었습니다. 노화는 가난의 상징처럼 여겨지게 된 것입니다.

그렇다면 실험도시의 삶은 어떨까요? 카린 베커는 실험도시 1년 차 거주자입니다. 처음 입주자로 선발이 되어 도시에 입성했을 때 그는 매우 기뻤습니다. 하지만 도시에 살면서 그는 외부에서 들어온 자신에 대한 사람들의 차가운 시선을 느낍니다. 또한 그는 도시에는 젊은 사람만 존재할 뿐 의지할 수 있는 어른이 없어 막막함을 느끼기도 합니다. 한편, 틸리 하스는 카린 베커와는 상황이 조금 다릅니다. 그는 헤베시에서 태어난 아이 1호로 그 밖을 나가본 적이 없습니다. 그에게 실험도시는 너무나 당연하고 자연스러운 장소입니다. 그는 나이가 든 사람을 한 번도 본 적이 없습니다. 그에게 노인은 '거대 고양이'처럼 있을 수 없는 존재이자 텔로미어칩에 문제가 생겨 나타난 '부작용자'일 뿐입니다.

이러한 상황에서 어느 날 이상한 사건이 벌어집니다. 헤베시의 시청역 앞에서 빨간 후드 티를 입은 노인이 나타나 시위를 벌이게 된 것이죠. 이 인물은 실험도시가 처음 만들어질 때 입주한 사람으로 텔로머라아제에 대한 유전형 변이로 인하여 노화가 급속도로 진행되는 부작용을 겪게 되었고 그 결과 순식간에 노인이 되었습니다. 부작용을 해결할 수 있는 방법은 아직 개발되지 않았으며 사실 은폐를 위해 정부는 사람들을 시의 경계로 이주시키고 그들을 지속적으로 감시합니다. 한편, 노화를 질병으로 치부하는 실험도시에 대해 반감을 가지고 있었던 크리스타 울프 및 시민단체들은 해당 사건을 간파하고 실험도시를 반대하는 인터뷰를 진행하기 시작합니다.

입주가 얼마 남지 않은 시점에서 이렇게 혼란한 상황을 접한 에밀은 큰 고민에 빠집니다. 그러나 그는 확정적으로 치매를 겪으니 부작용을 감수하고라도 도시에 입주하는 선택을 하기로 합니다. 에밀 정은 큰 여행 가방을 들고 텔로미어칩을 심기 위해 연구소로 발길을 향합니다.

핵심 질문

"사람들의 노화를 방지해 주는 기술이 발전한다면?"

사실 질문 1. 이 소설은 인간의 노화를 중심적으로 다루고 있습니다. 노화는 무엇이 며 어떠한 원리로 발생하는 것일까요?

노화는 시간의 흐름에 따라 유기체의 세포나 조직 혹은 유기체 전체에서 일어나는 점진적 변화를 일컫는 말입니다. 정책상으로 노인은 생활 연령나이 기준으로 65세 이상인 사람을 지칭하고 있으나 노인 및 노화에 대한 정의는 생활 연령뿐만 아니라 생물학적, 심리적, 사회적 관점에 따라 상이합니다. 작품과 관련하여 본 부분에서는 생물학적 변화에 대해 초점을 맞추어 살펴보도록 하겠습니다.

노화의 원인을 설명하기 위한 많은 생물학적 이론들이 제시되고 있지만 이를 설명할 수 있는 단일 이론이 없다고 합니다. 다양한 이론 중 몇 가지를 소개해 보자면 소설에서 핵심적으로 사용된 이론은 텔로미어와 관련된 것입니다. 염색체의 말단부에 위치하는 텔로미어는 세포가 분열할 때마다 길이가 짧아지게 되고 어느 정도 이 과정이 진행되면 세포는 더 이상 분열하지 않고 사멸됩니다. 한편 텔로머라아제텔로머레이스는 텔로미어가 짧아지는 것을 막아주는 단백질 효소입니다. 따라서 이를 활용하여 일정 길이 이상으로 텔로미어를 유지할 수 있게 되면 세포의 수명 제한을 줄일 수 있을 것입니다.

다른 이론 중에서 유명한 이론은 산화적 손상설입니다. 생명체가 삶을 유지하기 위하여 호흡하는 과정에서는 유해 산소활성 산소가 발생합니다. 이 유해 산소가 DNA, RNA, 단백질 및 지질 등의 다양한 생체 구성 물질들에 영향을 주어서 노화가 발생한다는 것이 이론의 핵심입니다. 해당 관점에서 노화를 예방하기 위해서는 유해 산소의 기능을 조절하거나 항산화 물질을 섭취하는 방법을 선택해야 할 것입니다.

한편 유전자에 주목하는 관점들도 있습니다. 노화 과정은 유전적인 인자에 의해서 철저하게 조절되며 우리의 수명은 유전자에 이미 프로그래밍되어 있다고 바라보는 견해가 있습니다. 다른 재미있는 관점은 '적대적 다형질 발현 가설'입니다. 유전자 중에서는 우리가 젊었을 때는 생명체에게 긍정적으로 기여하다가 나이가 들어서는 오히려 부정적인 영향을 미치고 노화를 촉진하는 유전자들이 있다고 합니다. 자연선택에서 생명체는 생식을 통해 자신의 유전자를 후대에 전달하는 것이 가장 중요합니다. 따라서 생식 이후에는 노화를 촉진한다고 하더라도 젊었을 때 생명체에게 도움을 주어 목적 달성에 더욱 집중하겠다는 것입니다. 이 외에도 유전자의 돌연변이로 인해 노화가 발생한다고 보는 관점도 있습니다. 조로증早老症의 경우 실제로 유전자의 고장이나 변이로 인해 발생한다고 합니다.

사실 질문 2. 틸리 하스는 처음 본 노인을 이상한 눈으로 바라보았습니다. 이와 같이 노인에 대한 부정적인 시선은 현재 우리 사회에서 어느 정도 만연해 있으며 그 이유는 무엇일까요?

포털 사이트의 댓글 분석을 통해 인터넷 공간에서의 노인에 대한 인식을 분석한 연구에 따르면, 노인이라는 말과 자주 연결되는 형용사로는 '무식한, 교활한, 힘없는, 아픈, 약한' 등이 주를 이루었다고 합니다. 또한 노인들을 지칭하는 용어들 역시 '노인네, 틀딱틀니가 부딪치는 소리를 지칭, 꼰대'와 같이 부정적인 어감을 주는 말이 많았다고 합니다. 소설 속에서도 틸리 하스는 노인을 '거대 고양이', '부작용자'라고 언급합니다. 틸리 하스의 이러한 모습은 작품 밖의 세계에서 사람들이 늙음과 노인을 바라보는 시선과도 맞닿아 있는 것처럼 보입니다.

연령주의Ageism라는 용어는 1969년 미국 국립노화연구소National Institute on

Aging에서 처음 사용된 용어로 인종, 성차별과 마찬가지로 연령에 의한 차별을 지칭하는 말입니다. 넬슨Nelson과 같은 학자는 노인차별을 성차별, 인종차별과 함께 사회에서 발생하는 3대 차별 중 하나로 규정하기도 하였습니다.

위와 같은 차별은 개인의 부도덕성 때문에 발생하는 것으로 치부될 수도 있지만 '공포관리이론'이라는 개념으로 이를 이해할 수도 있습니다. 공포관리이론에 따르면, 개인은 자신이 언젠가 죽어 없어질 것이라는 사실을 자각하게 되면 존재론적인 불안과 공포를 느끼고 이에 대해 심리적인 대처를 하도록 동기를 부여받는다고 합니다. 한편 노인은 사람들에게 자신의 궁극적인 운명인 죽음과 퇴화를 떠올리게 하는 존재이기도 합니다. 따라서 젊은 사람들은 인간 생명의 유한성을 상기시켜 주는 노인에게 부정적 감정을 느끼게 되고 이를 노인 혐오나 차별로서 대처하게 된다는 것입니다.

이외에도 사회적이고 경제적인 측면에서 노인차별을 설명할 수도 있습니다. 의학의 발전, 노령 인구의 증가, 출생률 저하로 인해 부양할 노인의 수가 많아짐에 따라 세대 간의 갈등이 심각해지고 있습니다. 특히 현대 사회에서 사람들은 자율성, 합리성, 객관성과 같은 기준에 의해 타인을 평가하고 그 기준에 미치지 못하는 인간은 가치 없는 존재로 여기기도 합니다. 이러한 맥락에서 신체적, 정신적으로 쇠퇴하고 변해가는 사회에 발맞추지 못하는 노인은 사회 속에서 쓸모없는 존재로 여겨지게 됩니다.

가치 질문1. 소설 속에서는 노화를 방지하고 영원한 삶을 살고자 하는 사람들과 이에 반대하는 사람들이 등장합니다. 노화를 방지하고 생명을 연장하는 기술은 윤리적으로 수용될 만할까요?

노화를 막고 영생을 추구하는 것에 대한 긍정적인 입장을 먼저 알아봅시다. 소설 속 에밀 정이 아니더라도 사람들은 나이가 들면 여러 가지 질병에 걸리고 죽음을 맞이하게 됩니다. 이와 같은 상황에서 자신의 젊음을 유지할 수 있게 된다면 질병과 죽음에 대한 공포가 사라지게 되고 사람들은 마음의 평온을 가진 채

시간에 구애받지 않은 상태로 자신이 원하는 목표를 이루며 긍정적인 삶을 살아 나갈 수 있을 것입니다. 또한 노화를 예방할 수 있게 되면 노화 및 노화로 인해 발생했던 여러 질병들을 치료하기 위해 지출되었던 의료비를 아낄 수 있어 경제적으로 큰 절약이 될 것입니다. 이 외에도 나이가 많은 사람들 역시 건강한 상태를 유지할 수 있기 때문에 사회적, 경제적인 활동을 하여 생산에 기여하고 자신의 경험이나 지혜를 후대의 다른 사람들에게 전수할 수 있을 것입니다. 혹자는 인간이 스스로 영생을 이룩하는 행위가 신의 섭리를 거스르는 것이라고 말합니다. 하지만 오히려 영생 기술은 피조물을 사랑하는 창조자의 축복일 수 있으며 이러한 기술을 무조건 배척할 것이 아니라 인류의 복지를 위하여 선하게 이용하면 될 것입니다.

한편, 위와 달리 노화 방지 및 영생 추구에 대한 비판적인 관점 역시 존재합니다. 영생은 신 또는 자연의 섭리를 벗어나는 일입니다. 사람이 죽음을 맞이하는 것은 신의 뜻이며 인간이 이기심이나 욕심을 위해 그 권한을 가질 수는 없습니다. 또한 인간이 존귀하고 생명이 존중되어야 하는 이유는 오히려 인간이라는 존재가 유한하기 때문입니다. 젊음을 지속적으로 유지하고 영생을 살게 된다면 오히려 인간의 삶은 현재만큼 존중받지 못할 것입니다. 제한된 시간 속에서 우리는 주어진 삶을 충실하게 살아가고자 노력하며 나의 삶이 소중한 만큼 타인의 삶도 소중함을 인식하게 됩니다. 한편, 소설 속에서는 노화가 가난의 상징이 되고 돈이 많은 사람들만 쉽게 젊음을 유지할 수 있었습니다. 이처럼 영생 기술이 개발되는 경우 이를 적용받을 수 있는 계층이 한정되며, 이것은 곧 사회·경제적 차별로 연결될 수 있습니다. 따라서 이러한 기술들은 윤리적으로 타당하지 않습니다.

가치 질문 2. 실험도시를 반대하는 크리스타 울프는 실험도시 속 사람들이 노화를 질병으로 치부하고 있다고 주장합니다. 노화는 질병일까요? 자연스러운 현상일까요? 노화를 질병으로 처리하는 것에 대해서 어떻게 생각해야 할까요?

2018년 세계보건기구WHO는 노령old age에 'MG2A'라는 질병코드를 부여했습니다. 하지만 이에 대한 비판이 다수 되어서인지 2022년부터 시행되는 국제질병분류 개정판에는 노령이라는 단어 또는 노령이 질병임을 암시하는 표현이 실리지 않았다고 합니다. 이러한 논의를 살펴볼 때, 노화를 질병으로 바라보아야 한다는 입장과 질병이 아니라고 보는 입장이 있음을 알 수 있습니다.

피터 콘래드Peter Conrad와 같은 사회학자들은 과거에는 비의학적이었던 문제가 현재에는 질병이나 질환과 같은 의학적 문제로 정의되고 있는 현상을 의료화medicalization라고 명명합니다. 그는 과거에는 부도덕, 죄악 혹은 범죄로 여겨졌던 영역이 어느 순간 '나쁜 것'에서 '아픈 것'으로 변화하기 시작했으며 노화를 비롯한 불안, 감정 기복, 월경, 피임, 불임, 출산, 갱년기, 죽음과 같은 삶의 일상적인 과정들 역시 마치 질병처럼 여겨지게 되었다고 주장합니다. 이와 비슷하게, 이반 일리치Ivan Illich라는 학자 역시 의료 제국주의라는 개념을 통해 의학의 발전이 단순히 질병 치료의 단계를 넘어 과거에는 사적이고 일상의 영역으로 여겨졌던 부분까지도 치료의 대상으로 만들었다고 주장합니다.

노화의 의료화는 우리의 자연스러운 삶을 병리적 현상으로 바꿔 버리고 사람들로 하여금 노화를 '부적절한' 것으로 치부하게 만들어 버립니다. 자연스러웠던 노화는 질병이 되어버리고 '만들어진' 질병에 대해 대형병원, 제약회사 등 의료 산업 분야들은 다양한 의료 서비스와 상품을 공급하면서 많은 이익을 취합니다. 사람들은 환자로서 정의되고 효과성이 온전히 입증되지 않은 다양한 제품과 서비스에 의존하면서 비주체적인 삶을 살아나가게 됩니다. 노화는 우리 삶의 당연한 과정입니다. 삶의 당연한 과정을 그 자체로 받아들이고 현명하게 자신의 삶을 사는 자세가 필요합니다.

물론 반대되는 입장도 있습니다. 생물학자 데이비드 싱클레어David Sinclair는 노화는 질병이 되어야 한다고 주장합니다. 노화가 병으로 인정되지 않으면 이와 관련된 다양한 의학적 처치 및 지원 등은 보험 항목으로 인정되지 않게 됩니다. 결국, 보험의 지원 없이도 의료적 서비스를 이용할 수 있는 사람들만 노화 방지와 관련된 다양한 기술의 혜택을 받을 수 있게 되고 가난한 이들의 경우는 더욱 소외될 것입니다. 또한 싱클레어에게 노화는 과학 기술의 발전에 따라 극복 가능한 것입니다. 노화를 불가피한 무언가로 치부하고 회피하는 것은 소극적 자세이며 다 같이 힘을 모아 노화를 극복할 수 있는 방법들을 개발해야 합니다. 노화가 극복될수록 늙은 사람과 그렇지 않은 사람들의 구분은 어려워지고 이에 따라 연령에 따른 차별 역시 줄어들 것입니다.

| 문학 돋보기 | 「실험도시 17」의 독특한 서술 방식 |

「실험도시 17」은 한 방송국이 정부가 만들어 낸 실험도시와 관련된 이야기를 취재하는 형식으로 구성되어 있으며 취재 과정에서 만난 인물들의 이야기가 장을 나누어 제시됩니다. 이 소설에서 서술자의 목소리는 두드러지게 등장하지 않습니다. 오히려 마치 카메라 렌즈가 여러 가지 대상을 촬영하듯 다양한 사람들의 말이나 모습들이 번갈아 가며 비교적 객관적으로 제시되고 있을 뿐입니다.

카메라에 담긴 사람들은 노화 및 실험도시에 대해 상이한 생각들을 가지고 있습니다. 실험도시에 대한 생각을 기준으로 등장인물들을 수직선에 배열해 본다고 생각해 봅시다. 실험도시에서 태어나 노화가 자연스럽지 않다는 생각을 가지고 있는 틸리 하스가 선분의 한 쪽 끝에 놓인다면, 실험도시를 반대하고 노화가 인간에게 자연스러운 일이라고 생각하는 크리스타 울프는 그 정반대편에 배치될 것입니다. 한편, 에밀 정이나 카린 베커와 같은 인물들은 이러한 스펙트럼 사이에서 고민하고 갈등하는 존재라고 할 수 있겠습니다. 이처럼 이 소설에는 다양한 존재들이 작품 속 상황과 관련하여 자신만의 생각이나 목소리를 드러내며 공존하고 있음을 알 수 있습니다.

또한 등장하는 인물들은 서로 개별적으로 존재하는 것처럼 보이지만 이들을 서로 비교하며 읽어 보면 실험 도시와 노화에 대한 다양한 관점들을 생각해 볼 수 있게 됩니다. 가령, 에밀 정과 레오니 슈미트는 동일한 나이의 고등학생임에도 불구하고 서로 다른 집안 형편으로 노화에 대처할 수 있는 방법에 차이를 보입니다. 이를 보면서 독자들은 노화 문제와 경제 불평등 문제의 연관성에 대해 생각해 볼 수 있습니다. 한편, 카린 베커는 실험 도시에 중간에 입성한 존재로서 주변에 의지할 어른이 없어 고초를 겪습니다. 반대로 틸리 하스는 태어났을 때부터 도시에서 살아온 존재로서 노인을 겪어 본 적이 없으며 노인을 이상한 존재로 생각합니다. 이러한 두 사람의 차이는 늙음에 대한 상반된 관점을 보여주며 이에 대한 독자들의 생각을 이끌어 냅니다.

이처럼 작가는 다양한 등장인물들의 목소리를 제시하는 서술 방식을 통해 자신이 상상한 미래 사회를 매우 상세하게 제시하는 동시에 노화 및 사회문제와 관련한 다양한 생각과 가치관의 대립을 효과적으로 그려 냅니다. 작품의 독자들은 작가가 제시한 여러 삶의 모습을 살피면서 주제에 대해 다양한 측면에서 생각해 보고 자신만의 생각을 정리해 볼 수 있습니다. 소설이 던지는 다양한 질문에 대해 여러분들은 어떻게 생각하시나요? 여러분은 실험도시에 들어갈 수 있다면 들어갈 것인가요? 노화는 극복되어야 할 대상일까요? 작품은 이러한 질문에 대한 판단을 독자의 몫으로 남기며 마무리됩니다.

사회비판 배명훈, 「스마트 D」

- 키워드: 정보 감시, 지식재산권, 테러리즘, 전자 파놉티콘
- 난이도: ◉◉
- 단편소설

줄거리 --

2029년, SF소설 공모전 담당자인 나에게 한 남자가 메일을 통해 작품을 응모합니다. 그런데 메일의 내용이 심상치 않습니다. 작품의 제출이 완료된 후 남자는 스스로 삶을 마무리하겠다는 겁니다. 그런데 어쩐 일이죠? 제출하겠다는 남자의 작품은 메일에 첨부되어 있지 않았습니다.

삶을 마무리하겠다는 남자는 이후 다시 메일을 보내옵니다. 그가 첨부파일을 보내지 못한 이유는 '스마트D'가 부족했기 때문입니다. 스마트D란 동명의 회사에서 만들어낸 것으로, 이 회사는 키보드의 'ㄷ'알파벳 D에 여러 가지 특별한 기능을 넣는 대신 글자에 지적재산권을 부여하고 이를 사용할 때마다 이용료를 내도록 하고 있었습니다. 남자가 쓴 소설에는 'ㄷ'이 많이 포함되는데, 스마트D를 이용할 수 있는 횟수를 모두 소진했기 때문에 다른 사람에게 메일로 보낼 수 없었던 것이죠.

남자는 자신의 작품을 제출하기 위해 스마트D를 구입하려고 하지만 회사는 그에게 스마트D를 판매하지 않습니다. 그 이유는 남자가 사용하고 있는 노트북의 주인이자, 애인이었던 은경이가 회사의 블랙리스트에 올라가 있었기 때문입니다. 은경이를 포함한 시민단체에서는 스마트D 사社가 다양한 프로그램 사이에 스마트D를 끼워 팔기하고 있는 상황에 문제를 느끼고 소송을 진행하고 있었습

니다. 또한 그들은 회사에 반기를 들고 글 작성 시에 'ㄷ'을 일부러 사용하지 않기도 하였습니다. 결국 이러한 연유로 그녀의 노트북을 사용하는 남자에게도 회사는 스마트D를 판매하지 않은 것이죠.

글자를 살 수 없었던 남자는 'ㄷ'을 뺀 채 나에게 자초지종을 설명하는 메일을 써 보냅니다. 그런데 무슨 일이죠? 스마트D 사는 갑자기 공모전 담당자인 나에게 국제 안보에 심각한 영향을 줄 수 있는 메일을 수신하고 있다고 경고하는 메일을 보냅니다. 사실, 해당 회사는 자신들이 권리를 가지고 있는 글자 'D'를 통해 해당 문자가 포함된 문서의 내용을 감시하고 있었습니다. 또한 여러 국가들 역시 테러 예방을 위해 스마트D 사의 인공지능 감시 기능을 허용해주고 있었고 스마트D를 사용하지 않는 사람은 검열을 벗어나 이상한 음모를 꾸미고 있는 '잠재적 테러리스트'로 간주되고 있었습니다. 작품 속에서 은경은 갑작스러운 심장마비로 죽음을 맞이하게 되는데, 이도 위와 관련이 있는 것은 아닐까요?

공모전 마감 두 시간 전, 남자는 결국 자신이 쓴 소설을 보내지 못하는 대신 죽은 은경이 'ㄷ'을 빼고 쓴 소설의 결말 부분을 보완하여 편집자인 나에게 제출합니다. 그리고 이와 동시에 스마트D 사의 인공지능은 거의 30만 자에 이르는 정체불명의 암흑문서가 김은경의 컴퓨터에서 소설 공모 사이트로 위장한 것으로 보이는 네트워크로 발송되었음을 감지합니다. 테러와 같은 비상사태를 방지하기 위해 스마트D 사의 인공지능은 자사의 인공위성에게 메일 발송인을 제거하도록 명령을 내립니다.

핵심 질문
"글자를 사유화하고 이를 통해서
사람들을 감시하는 세계가 도래한다면?"

사실 질문 1. 「스마트D」에 나타난 방식 외에 현대사회에서 사람들의 정보를 감시
및 검열하는 방법에는 무엇이 있을까요?

소설 속에서는 글자를 활용하여 해당 문자가 들어가 있는 문서의 내용을 확인하는 장면이 나타납니다. 이와 같이 대상을 통제하기 위해 지켜보는 일을 감시라고 한다면 출판물 등의 내용을 미리 확인하고 통제하는 일을 검열이라고 합니다. 물론 사전에 내용을 확인하고 통제하는 것을 넘어 이미 유통되고 있는 대상에 접근하지 못하게 하는 행위를 사후 검열이라고 보기도 합니다. 그렇다면 감시와 검열은 현대 사회에서 어떻게 행해지고 있을까요?

인터넷을 하다 보면 쿠키 수집에 동의하냐는 질문을 받아본 적이 있을 것입니다. 쿠키는 특정 웹사이트를 방문했을 때 만들어지는 정보를 담는 파일로, 사이트에 접속할 때마다 우리의 전자기기와 웹사이트가 이 파일을 주고받습니다. 이를 주고받는 과정에서 우리의 정보가 유출되고 감시의 목적으로 활용될 수 있겠죠. 또한 컴퓨터와 스마트폰 활동을 감시하는 데에 활용되는 기업용 소프트웨어인 보스 웨어bossware도 주목해 볼 만합니다. 해당 프로그램을 활용하면 관리자들은 직원들의 화면 및 키보드의 입력 내용을 실시간으로 확인할 수 있으며 컴퓨터의 웹캠과 녹음기를 작동해 사용자를 감시할 수도 있다고 합니다.

한편, 중국의 경우 AI 화상 인식 기술이 적용된 CCTV를 활용하여 사람의 신원을 정밀하게 확인하고 그 사람이 어떤 행동을 하는지도 확인할 수 있다고 합니다. 또한 중국 정부는 '만리방벽'이라는 시스템을 활용하여 특정 검색어를 통한 검색이나 특정 사이트의 접근을 통제하고 검열하고 있습니다. 이렇게 온라인상

의 특정 매체에 대한 접근을 차단하기 위해 일부 사이트의 접속을 차단하는 정책은 우리나라에서도 실시되고 있으며 이러한 정책이 과도한 통제가 아닌가에 대해서도 논의가 있었습니다.

사이트 접속 차단에 대해서는 조금 더 자세히 살펴봅시다. 사용자가 인터넷에 도메인 주소www.IloveSF.com를 입력하면 우리의 웹브라우저는 DNS라는 전화번호부에서 이에 해당하는 IP주소163.xxx.xxx.xxx를 찾아와야 합니다. 이때 전화번호부가 일부러 이상한 IP 주소를 제공해 접속을 차단하는 방법이 있습니다DNS차단. 한편 다른 전화번호부를 활용해 주소를 잘 찾아냈다고 해도, 중간에서 연결을 도와주는 인터넷 사업자가 해당 사이트가 불법 사이트 목록에 있음을 확인하고 접속을 차단하는 방법이 있습니다HTTP차단. 한편 주소를 입력할 때 맨 앞에 'http'가 아니라 'https'라고 입력을 하면 어떤 사이트에 접속하는지를 인터넷 사업자가 확인할 수 없게 하는 기술이 나타났습니다. 하지만 이 방법을 사용한다고 하더라도 접속 과정에서 순간적으로 사이트 주소가 노출되는데, 이를 기반으로 접속을 차단하는 기술이 개발되었습니다HTTPS 차단.

이 외에도 RFID 기술, GPS 기술인공위성을 통한 위치 추적 등 다양한 기술을 활용한 감시 및 검열 방식이 있습니다. 이 중 RFID 기술은 우리가 일상적으로 사용하는 교통카드에서도 사용되는 기술로 평소 착용하는 물건에 RFID 태그가 첨부되어 있으면 본인도 모르는 사이에 다양한 정보가 제3자에 의해 파악될 수 있겠습니다.

사실 질문 2. 「**스마트D」에서는 기술을 이용하여 테러를 방지하고 있습니다. 테러는 무엇이며 이를 방지하기 위한 논의들에는 무엇이 있었나요?**

현재까지 국제적으로 합의된 테러의 정의는 없다고 합니다. 다만 여러 논의들을 종합해 보면, 테러는 목적 달성을 위해 그 수단으로 폭력 행위를 사용하고 이를 통해 공포심을 유발하여 정치적 또는 정책적 영향력을 발생시켜 목적을 달성하려고 한다는 공통점을 보인다고 합니다. 대표적인 테러 사건으로는 2001년

9.11 테러, 2008년 뭄바이 테러, 2015년 프랑스 테러 등이 있습니다.

요인要人 암살, 항공 테러리즘, 인질 납치 등으로 대표되는 전통적인 테러 공격과 달리 최근 자행되고 있는 테러는 불특정 일반 시민들을 대상으로 일어나고 있으며 이를 '뉴테러리즘'이라고 지칭하기도 합니다. 테러의 방법도 다양해지고 있으며 폭발물 테러, 자살테러, 차량 돌진 테러, 대량 살상 무기 테러, 드론을 이용한 테러 등이 나타나고 있으며 사이버테러를 통해 국가 기간산업의 통제 시스템들을 공격하여 국가 기능을 마비시키려는 방식 역시 있다고 합니다. 또한 특별한 조직과 연계는 없으나 급진적인 이념에 동화되어 독자적으로 테러를 저지르는 '외로운 늑대'lone wolf들이 새롭게 등장하고 있습니다.

세계 여러 나라들은 테러에 대응하기 위한 다양한 조치를 시행해 오고 있습니다. 우리나라의 경우 「국가대테러활동지침」이 1982년에 제정되었지만 업무를 통일적이고 신속하게 처리하기 위해 2016년 「국민보호와 공공안전을 위한 테러방지법」일명 테러방지법을 제정하였습니다. 하지만 테러방지법에 대해서는 여러 가지 논란들이 이어지고 있습니다. 이를 다른 나라의 사례를 통해 잠시 살펴보도록 하겠습니다.

먼저 미국 애국법Patriot Act은 9·11 테러 사건 이후 기존의 테러 관련법들을 보완한 법으로 국가의 정보 수집과 관련한 논란을 잘 보여줍니다. 해당 법의 215조는 미국 정부가 전 세계와 자국민을 대상으로 불법 대량 정보 수집을 할 수 있었던 근거가 되었던 조항이었습니다. 2015년에는 애국법의 대안으로 자유법Freedom Act이 발효되어 국가안보국NSA이 불특정 다수 시민의 정보를 포괄적으로 수집하지 못하게 제한하고 특정 개인에게 관련된 자료만을 법원의 영장을 받아 수집하도록 하였습니다.

한편 최근 무슬림 극단주의자들의 테러를 경험한 프랑스는 「공화국원칙준수강화법」을 제정하였습니다. 51개 조항으로 이루어진 이 법은 무슬림 이민자의 일상생활에 영향을 미칠 수 있는 조항들을 포함하였다고 합니다. 만 3세 이상의 홈스쿨링을 제한하고 원칙적으로 정규학교에서 공교육을 받아야 함을 강조하는 조

항이나 일부다처제와 처녀성 증명서 발급을 금지하는 조항들이 이에 해당됩니다. 또한 종교활동과 관련해서도 예배 장소에서 성직자가 차별, 증오 또는 폭력을 선동하거나 정치집회를 가질 경우 엄격하게 처벌하도록 하였습니다. 이와 같은 내용이 테러 방지를 위해 필요한 것인지, 테러 방지보다는 이슬람교에 대한 차별과 혐오를 조장하는 것은 아닌지에 대해 논란이 있습니다.

가치 질문 1. 「스마트D」에서는 테러를 방지하기 위해 기업이 여러 사람들의 정보를 수집하고 있었습니다. 테러 방지를 위해 국가나 기업이 행하는 정보 수집 행위는 어디까지 수용될 수 있을까요?

260여 명의 사상자를 낸 미국 보스턴 테러 사건의 범인 검거 시에는 빅데이터가 큰 역할을 하였습니다. 수사 당국은 CCTV는 물론, 사람들이 SNS로 발송한 메시지나 사진 등 10TB 가량의 데이터를 수집하였고 이를 분석하여 범인을 검거하였습니다. 범죄의 예방 시에도 정보 수집이 활용될 수 있습니다. 서울의 한 지역은 지역 내의 범죄 데이터, 야간 여성 인구 이동 데이터, 여성 1인 가구 데이터 등을 수집하여 범죄 예방을 위한 도시환경설계에 활용하고자 하였습니다.

이처럼 정보화 사회에서 정보 수집 기술은 안보를 유지하고 시민들의 안전을 위해 사용될 수 있습니다. 또한 미래에 일어날 수 있는 범죄에 대한 예측 가능성을 높여 보다 나은 미래를 만들어 가는 데에 도움을 줄 수 있습니다. 정보 수집 행위를 항상 부적절한 감시로 치부하는 것은 옳지 않습니다. 정보사회에서 개인정보의 수집은 더 이상 피할 수 없는 측면이 있습니다. 이러한 정보 수집 행위를 막연하게 금지하기보다 이로 인해 발생할 수 있는 다양한 문제점을 어떻게 극복할 수 있을지 고민하는 것이 더욱 생산적일 것입니다.

한편 반대의 입장에서 생각해 보겠습니다. 최근 한 인터넷 업체가 사용자의 동의 없이 개인정보를 무단으로 수집하고 이를 활용해 광고를 제공하여 법적인 제재를 받았습니다. 또한 아무리 긍정적인 취지로 정보를 수집했다고 하더라도 정보를 관리하는 과정에서 정보가 유출되어 피해가 나타날 수 있습니다. 독점의 문제 역시 존재합니다. 특정한 데이터베이스가 일단 구축되고 나면, 정보 수집의 주체가 추가적인 정보를 획득하는데 소요되는 비용은 현저하게 감소됩니다. 이에 따라 소수의 기업들만이 개인정보를 손쉽게 수집하게 되어 정보의 독점 및 권력의 편중이 나타날 수 있습니다.

파놉티콘panopticon은 그리스어로 'pan'모두과 'opticon'본다이 합성된 용어로, 영국의 철학자 제러미 벤담Jeremy Bentham이 제안한 교도소의 형태입니다. 이 교도소는 중심에서는 외곽에 있는 죄수들을 모두 볼 수 있으나 죄수들은 감시자를 확인할 수 없게 설계되어 있습니다. 프랑스의 철학자 미셸 푸코Michel Foucault는 벤담의 개념을 더욱 확장하여 이러한 감시 체계가 사회 전반으로 파고들고 있음을 지적했습니다. 더욱이 최근에는 정보기술이 발달함에 따라 기존의 파놉티콘의 개념이 전자 파놉티콘의 개념으로 이어지고 있습니다. 정보화 사회는 우리에게 여러 가지 편리함을 주고 있지만, 편리함을 대가로 우리가 잃는 것들에는 무엇이 있는지 생각해 보아야 합니다.

가치 질문 2. 「스마트D」에서는 한 기업이 글자와 이에 포함된 기술에 대해서 지식 재산권_{지적재산권}을 주장하여 어려움을 겪는 사람이 등장합니다. 지식 재산권은 어디까지 적용되어야 할까요?

지식재산기본법에 따르면 지식재산이란 "인간의 창조적 활동 또는 경험 등에 의하여 창출되거나 발견된 지식·정보·기술·사상이나 감정의 표현, 영업이나 물건의 표시, 생물의 품종이나 유전자원_{遺傳資源}, 그 밖에 무형적인 것으로서 재산적 가치가 실현될 수 있는 것"을 말합니다. 지식재산권의 종류는 다음과 같습니다.

산업재산권	저작권	신지식재산권
산업 영역에서 일정 기간 독점적·배타적으로 이용할 수 있는 권리	저작자가 자기의 저작물에 대하여 가지는 배타적인 법적 권리	경제·사회 또는 문화의 변화나 과학기술의 발전에 따라 새로운 분야에서 출현하는 지적재산

지식재산권은 창작자가 창작에 투자한 노력에 대해 정당한 대가를 보장해 주고 다른 사람이 이를 함부로 모방할 수 없도록 창작자의 권리를 보호해 줍니다. 또한 창작자에게 이익을 제공하고 창작자가 권리와 관련된 분쟁에 대해 걱정하지 않도록 함으로써 이후에도 지속적으로 새로운 기술이나 창작물을 개발할 수 있도록 동기를 제공합니다. 이러한 지식재작권의 보호는 개인의 권리 보호를 통해 기술의 발전을 도모하며 장기적으로는 국가 및 산업 분야가 지속적으로 발전할 수 있게 하는 역할을 합니다.

한편, 소설 속에서 스마트D 사는 글자에 대해 지식재산권을 가지게 되고 이로 인하여 소설 속 남자는 활동에 제약을 받습니다. 이러한 사례처럼 지식재산권에 대해 여러 문제점이 지적되고 있습니다. 먼저, 지식재산권 제도가 지속적인 개발을 유도한다는 설명과 달리 '특허 괴물'이라고 불리는 기업들은 실제 제품을 개발하기보다 다른 사람들의 특허권_{산업재산권의 일종}만을 구입한 후 이를 통해 수익을 창출하는 모습을 보이고 있습니다. 또한 독점의 문제도 제기되고 있습니다.

특정한 기업이 막대한 자본력으로 지식재산권을 독점하는 경우 후발 주자들이 무언가를 개발하는 데 어려움이 생깁니다. 특히 백신이나 백혈병 치료제 등과 같이 일상생활에서 중요한 기술의 경우 제약사들이 특허권을 근거로 이러한 약을 비싸게 판다면 많은 사람들의 기본권이 침해될 수 있겠습니다. 이러한 논의와 관련하여 카피라이트copyright의 반대급부로 저작물의 보다 자유로운 이용을 강조하는 카피레프트copyleft라는 용어가 등장하기도 하였습니다.

문학 돋보기	「스마트 D」와 알레고리

알레고리는 그리스어로 '다르게 말하다'라는 뜻을 가지고 있습니다. 알레고리가 사용된 글은 표면적으로 말해진 이야기 그 자체로도 의미를 가지지만 그 이면에는 또 다른 의미가 내포되어 있습니다. 알레고리로서 작품을 해석할 때 독자는 겉으로 말해지지 않은 이면의 의미를 추론하는 과정을 거치게 되며 필요에 따라서는 작품을 창작한 작가의 의도를 추론해 보거나 텍스트를 둘러싼 사회문화적 배경 등 다양한 맥락을 활용하기도 합니다.

「스마트D」에는 글자를 사유화하고 이를 통해 다른 사람들을 감시하는 기업이 등장합니다. 작품의 이러한 설정은 작가의 상상력에 의해 구성된 허구일 것입니다. 하지만 작품을 읽다 보면 소설 속 상황이 소설 밖의 현실을 가리키고 있다는 생각이 들기도 합니다. 현실 세계에서 물론 글자 ㄷ은 사람들 모두가 사용할 수 있는 대상입니다. 하지만 마치 ㄷ처럼 특정한 소수의 사람들에게 독점되어 사용에 제한을 받는 것들을 주변에서 찾아볼 수 있습니다. 마찬가지로 작품 속 스마트D 사는 실존하지는 않습니다. 하지만 다양한 기술들을 이용하여 사람들을 감시 및 검열하고 있는 나라나 기관들의 사례들은 쉽게 찾아볼 수 있지요.

알레고리 기법은 부조리한 현실을 그려내는 데에 자주 사용됩니다. 「스마트D」는 광활한 우주나 먼 미래를 그리기보다는 현재 우리가 살고 있는 현대

사회와 가까워 보이는 가상의 현실을 작품의 배경으로 삼고 있습니다. 가상 세계의 이야기를 읽으면서 독자들은 자신이 처한 세계의 부조리나 문제점들을 인식하고 이에 대해 성찰할 수 있을 것입니다.

천선란, 「어떤 물질의 사랑」

- 키워드: 사랑, 자아 정체성, 성, 성 정체성, 성 차이, 성 소수자
- 난이도: ◐◐
- 단편소설

줄거리 -

「어떤 물질의 사랑」 속 주인공인 라현은 자신이 여자인지, 남자인지에 관한 난제를 가지고 살아갑니다. 이 난제는 라현이 자신에게만 배꼽이 없다는 사실을 알게 된 일곱 살 때부터 시작되었습니다. 유치원에 다니던 라현은 배꼽 문제로 친구와 다투게 되고, 이를 알게 된 엄마가 라현에게 비밀 이야기를 해 줍니다. 바로 라현은 알에서 태어나서 배꼽이 없으며, 생식기도 없다는 것이었죠.

다른 사람과는 다른 자신의 모습에 라현은 충격받지만, 라현의 엄마는 '세상에 원래 그런 것과 당연한 것은 없다'며 아무렇지 않게 라현에게 말해줍니다. 친구들이 라현을 이상하게 본다고 하더라도, 아직 친구들이 어려서 상대방에게 상처 주는 말일 뿐임을 말해주죠. 덕분에 라현도 조금은 편하게 이 상황을 받아들일 수 있게 됩니다.

시간이 흘러 라현은 어느새 초등학교 6학년이 되었습니다. 그리고 같은 반 남자아이인 민혁이와 첫사랑에 빠지게 됩니다. 두 친구가 가까워진 것은 수영 수업 시간 덕분이었습니다. 라현은 자신의 신체적인 문제 때문에, 그리고 민혁은 몸이 좋지 않아 수영 수업에 참여하지 않았습니다. 다른 친구들이 모두 수업하는 동안 라현과 민혁은 수영장 한편에 앉아 이야기를 나누었죠. 그 과정에서 둘은 사이가 급속하게 가까워지고, 사랑에 빠지게 된 것입니다.

라현의 엄마는 첫사랑에 빠진 라현에게 몸에 이상이 생기면 꼭 엄마에게 이야기하라는 알 수 없는 말을 남깁니다. 라현은 무슨 뜻인지는 이해하지 못했지만, 무서운 마음에 무조건 알겠다고 말한 채 엄마의 말을 넘겨버립니다. 그리고 얼마 지나지 않아 라현은 참을 수 없는 이상한 느낌에 휩싸이게 되죠. 라현의 모습을 본 엄마는 라현에게 두 번째 비밀 이야기를 해 줍니다. 라현의 성별이 남자를 좋아하는 동안에는 남자가 되고, 여자를 좋아하게 되면 여자가 된다는 것을 말이죠. 두 번째 비밀을 알게 된 순간부터 라현은 또 다시 난제에 빠지게 되었습니다. 자신의 신체적인 성별은 남자였으나, 사회적인 성별은 여자였기 때문입니다. 그리고 자신의 성별은 좋아하는 사람에 따라 앞으로도 계속해서 변화할 것이니 혼란스러울 따름이었죠.

라현은 얼마 지나지 않아 여자 중학교에 올라가며 민혁과 헤어지게 됩니다. 이후 여자 중학교 생활을 하던 라현은 같은 학교 선배인 풀잎 언니와 두 번째 사랑에 빠지게 되었고, 이로 인해 성별도 여자로 변하게 됩니다. 거뭇거뭇하던 수염도 옅어지고, 가슴도 몽우리지는 변화를 겪죠. 그 이후로도 대학생이 될 때까지 라현은 상대방의 성별을 가리지 않고 연애를 합니다. 그 과정을 통해 자신의 몸에 대한 난제를 생각하며 살아가던 라현은 굳이 자신을 무엇으로든 규명하지 않기로 마음먹습니다. 자신을 무엇이라고 규정하지 않아도, 틀린 것이 아닌 다른 것일 뿐임을 깨달았기 때문이죠.

핵심질문

"자신의 성별이 사랑하는 사람과 같은 성별로 바뀌게 된다면?"

사실 질문 1. 소설 속 주인공인 라현은 중성으로 태어나 살아갑니다. 태아의 성별을 결정하는 요인에 관한 과학적 연구에는 무엇이 있을까요?

가치 질문 1. 소설 속 라현의 성별은 계속해서 바뀝니다. 이러한 라현이가 기숙사에 입소하려면 남자 기숙사와 여자 기숙사 중 어느 기숙사에 가야 할까요? 성별로 사람을 나누는 것은 타당한가요?

심너울, 「정적」

- 키워드: 감각 상실, 장애, 수화, 차별, 의사소통 방식
- 난이도: 🌑
- 단편소설

줄거리 --

주인공 '나'는 평범한 대학생입니다. 신촌에 있는 대학에 열심히 다니고, 가끔 카페에서 디저트도 먹고, 드라마도 챙겨보며, 여느 대학생과 다름없는 일상을 보내고 있었죠.

그러던 어느 날, '나'는 갑자기 아무 소리를 듣지 못하게 됩니다. 보고 있던 핸드폰 속 드라마 소리도, 이불이 부스럭거리는 소리도, 심지어 본인의 목소리마저 들리지 않았죠. 그 어떤 청각적 자극도 느끼지 못한 '나'는 두려움에 사로잡혀 병원으로 달려갑니다. 그런데 이게 무슨 일이죠? 거리에는 엄청나게 많은 사람들이 몰려나와 있었고, 전부 혼란스럽다는 표정으로 주위를 살펴보고 있었습니다. 그리고 얼마 지나지 않아 사람들은 근처에 있는 모든 사람이 아무도 소리를 듣지 못한다는 사실을 깨닫게 됩니다.

'나'는 모든 사람이 소리를 듣지 못한다는 확신이 들자, 처음보다는 마음이 놓이게 됩니다. 두려움이 가신 '나' 정신을 차리고 그룹 채팅방에서 친구들과 대화를 나누는데, 그룹 채팅방마다 반응이 모두 다릅니다. 근처에 사는 친구들은 모두 소리를 듣지 못하지만, 다른 지역에 사는 사람들은 모두 소리가 들린다는 반응입니다.

무슨 일인지 고민하던 찰나, 행정안전부의 재난 문자가 이 상황을 설명해 줍

니다. 바로 서울시 마포구, 서대문구 일대에서 소리가 들리지 않는 이상 현상이 관찰되고 있다는 내용이었죠. 일명 '정적' 상태가 된 것입니다.

일주일이 지났지만, 정적 상태는 여전합니다. 마포구와 서대문구를 빠져나가면 소리가 들렸고, 행정상 마포구와 서대문구에 들어오면 소리가 들리지 않습니다. 이에 마포구와 서대문구는 정적 구역이라는 이름으로 불리게 되었고, 정적 사태로 인한 파급효과는 전국적으로 퍼집니다. 소리가 들리지 않는 불편함이 싫었던 많은 사람이 정적 구역을 떠나면서 주위 수도권 지역의 집값이 갑작스럽게 치솟게 되었고, 수도권 사람들은 열광했으며, 뜬금없이 대통령 지지율이 올라가기도 합니다. 반대로 마포구와 서대문구의 집값은 계속해서 내려갔고, 어떤 사람은 정적 구역의 빈집들을 사서 모으기도 했으며, 청각 장애인들은 오히려 마포구와 서대문구에 몰려오게 됩니다.

이러한 혼란 속에서도 '나'는 신촌에 머뭅니다. 졸업장을 받을 때까지는 학교 근처에 있어야 했기 때문이죠. 익숙해지고 나니 정적이 나쁘지만은 않습니다. 고요한 공간 속에서 오히려 집중이 잘 되었고, 잠도 더 잘 왔습니다. 정적 구역에서 잘 적응하며 지내던 '나'는 어느 날 우연히 수화 카페에 방문하게 됩니다. 이 카페는 청각장애인들을 위한 봉사 단체가 세웠는데, 카페 직원도, 손님도 모두 청각장애인이었죠. '나'는 왠지 모를 호기심에 이끌려 이 카페에서 진행하는 수화 수업을 신청합니다.

마땅히 갈 곳이 없었던 나는 수화 수업이 없는 날에도 매일 그 카페에 들러 시간을 보냅니다. 나는 사람들과 필담도 나누고, 서툴지만 수화로도 대화를 시도하면서 청각장애인의 삶과 경험을 듣게 됩니다. 소리가 없는 삶에 익숙한 이들은 신촌에 내린 침묵을 반기고 있었습니다. 정적 구역 밖에서는 소음들 때문에 이명이 들려오지만, 정적 구역에서는 이명 소리를 듣지 않아도 되어 좋다는 것이었죠. 또한, 방송마다 자막이 달리고, 장애인 편의시설 설치 반대 시위도 없고, 무엇보다 신기한 눈초리로 바라보는 사람들의 시선이 없다는 사실에 만족하고 있었죠.

그런데 어느 날, 시끄러운 소리에 '나'는 일찍 잠이 깹니다. 에어컨 바람이 부는 소리, 베갯잇이 부스럭거리는 소리, 냉장고가 우웅하는 소리…. 꿈인가 싶지만, 분명히 들립니다. 급하게 인터넷을 켜자 오늘 아침 9시에 정적 구역이 일제히 사라졌다는 뉴스 속보가 흘러나옵니다. 정적 구역이 사라지자 마포구와 서대문구 부동산 가격은 폭등했고, 어제까지 제공되던 뉴스의 자막이 홀연히 사라진 상태입니다. 나는 무언가에 홀린 듯 수화 카페로 향합니다. 카페로 걸어가면서 수많은 사람을 만났지만, 어제까지만 해도 심심치 않게 보였던 인공 달팽이관을 낀 사람은 단 한 명도 없습니다. 그들은 다 어디로 간 것일까요? 하루아침에 달라진 세상 꼴이 기가 막혀 청승맞게 눈물이 나옵니다. 카페 직원과 '나'는 카페 앞에서 한참을 울다가 카페로 들어갑니다.

그런데 무언가 이상합니다. 카페 안에서는 여전히 소리가 들리지 않습니다. 마포구와 서대문구의 경계에서 소리가 들리지 않았던 것처럼 말이죠. 이 좋은 소식을 카페 주인에게 전하려 다가가는 '나'의 모습을 끝으로 소설을 끝이 납니다.

작품이 던지는 질문

핵심질문
"어느 날 갑자기 일부 지역에서만 아무 소리가 들리지 않는 현상이 발생한다면?"

사실 질문 1. 소리에 익숙했던 주인공은 정적이 찾아 오자 청각 외의 다른 방식으로 소통하려고 합니다. 인간을 포함한 다양한 생명체가 외부와 상호작용하는 방식에는 또 무엇이 있을까요?

가치 질문 1. 소리를 듣지 못하게 되자 많은 사람들은 정적 구역의 외부로 떠나버립니다. 한편 이와 반대로 태어났을 때부터 소리가 없는 삶에 익숙했던 사람들은 오히려 이러한 침묵을 반기며 해당 지역으로 모이게 되지요. 그렇다면 정적 구역 내부와 외부 각각에서 소리를 들을 수 없다는 사실은 어떻게 여겨지게 될까요? 소리를 들을 수 있는 것을 정상, 그렇지 못한 것을 비정상이라고 생각하는 것은 당연한 일인가요?

하오징팡, 「접는 도시」

- 키워드: 도시 설계, 자본주의, 대물림, 구조적 차별, 계층 갈등
- 난이도: 🌕🌕
- 단편소설

줄거리 --

베이징은 '접는 도시'입니다. 이곳의 대지는 '제1공간'이 있는 면, '제2공간'과 '제3공간'이 있는 면으로 나뉘고, 특정 시점에 '전환'이 일어나 대지가 접히며 면이 뒤바뀝니다. 제1공간은 6시부터 다음 날 6시까지 열립니다24시간. 그리고 전환이 이루어지면 제2공간이 6시부터 22시까지16시간, 제3공간이 22시부터 6시까지 8시간 운영되죠. 소수의 상류층은 제1공간, 대다수의 하류층은 제3공간에서 생활합니다. 할당 시간 외에는 수면캡슐에서 잠을 자야만 하며, 각 공간을 넘나드는 건 불법입니다.

제3공간에 사는 다오는 다른 공간에서 배출되는 쓰레기를 처리하는 쓰레기 처리장 노동자입니다. 그는 거두어 키우는 딸아이 탕탕을 유아원에 보내겠다고 다짐했지만 비용이 너무나도 버거웠죠. 그러던 중 제2공간의 친텐은 자신이 그리워하고 있는 제1공간의 이옌이라는 여자에게 자기 대신 선물과 편지를 전달하면 총 10만 위안을 주겠다고 합니다. 이는 다오의 10달 치의 임금이었죠. 의뢰를 받아들인 다오는 과거에 제1공간에 가보았던 펑리를 찾아가 다른 공간으로 가는 방법을 알아냅니다.

힘겹게 도착한 제1공간, 다오는 이옌을 찾아 봉투를 건네지만 이옌은 친텐을 만났을 당시 남편 '우원'과 이미 약혼한 상태였고, 자신이 친텐을 속였음을 고백

합니다. 다만 친텐을 향한 마음은 진심이었기에 이 모든 것을 비밀로 해 달라고 부탁합니다. 곤란해하는 다오에게 이옌은 10만 위안을 건넵니다. 다오는 탕탕을 생각하며 이를 받아들였고, 이옌은 친텐의 편지에 답장을 적어 다오에게 건넸습니다.

이후 다오는 검문 로봇에 붙잡혀 어디론가 이송되지만, 라오거라는 제3공간 출신의 남자가 다오를 구해줍니다. 그리고 그는 '접는 도시 50주년' 행사를 다오에게 구경시켜 줍니다. 그곳에서 백발노인의 고위 관료는 연설을 통해 '녹색경제'와 '순환경제'를 찬미하며, 완벽한 쓰레기 처리 시스템이 그 원동력임을 강조했습니다. 연설이 끝난 후 다오는 노인과 이옌의 남편인 우원의 대화를 엿듣습니다. 우원은 '쓰레기 처리 자동화'를 제안했고, 노인은 이곳에서 일하는 사람들의 실직을 근거로 이를 단호히 반대했습니다.

이후 다오는 라오거의 방에서 실업과 물가 상승 문제의 대책으로 접는 도시가 구획됐음을 설명합니다. 제3공간으로 하류층을 몰아넣어 실업률 문제를 해결하고, 상류층의 인플레이션이 반영되지 않게 했다는 것이죠. 이어 라오거는 약상자를 건네며 제3공간에 계신 자신의 부모님께 전해달라고 부탁합니다. 돌아오는 길에 부상을 입었지만 다오는 제2공간에 들러 친텐에게 편지를 전해주고 제3공간으로 무사히 복귀합니다. 집으로 돌아가는 중 이웃은 난방비 문제로 다투고 있습니다. 다오는 이웃에게 1만 위안을 건네 다툼을 끝내고 방으로 들어가 곤히 자고 있는 탕탕을 지그시 바라봅니다.

핵심질문

"기술을 활용한 강력한 억압으로 사회 문제를 통제한다면?"

사실 질문 1. '접는 도시'의 공간은 1공간, 2공간, 3공간으로 분리되어 있고, 공간에 따라 사람들의 직업이나 삶의 질이 매우 다릅니다. 우리 사회에서 공간에 따라 차별이 이루어지는 문제가 무엇이며, 이를 해결하기 위한 방안에는 어떤 것이 있을까요?

가치 질문 1. '접는 도시'의 각 공간은 엄격히 분리되도록 설계되어 있으며, 이를 통해 사회 문제와 갈등을 최소화하고 있습니다. 이와 같은 사회 문제 해결은 바람직한 걸까요?

SF로 융합수업 설계하기

SF로 융합수업 설계하기

[교수방법편]에서는 SF를 활용하여 실제 융합수업을 어떻게 준비할 수 있는지 보이고자 합니다. 중고등학교 교실에서 시도해 볼 수 있는 '질문과 토의로 작품 깊이 읽기', '문제 발견하여 바꿔쓰기', '작가가 되어 작품 창작하기', '교육과정 기반 범교과 융합수업', '주제 중심 교과 간 융합수업'이라는 다섯 가지 방법을 제안합니다. 수업의 목표와 단계, 수업 시 유의점, 간단한 학습지 등을 수록하여 SF 융합수업을 시도하는 교사에게 도움을 주고자 합니다.

『우리가 SF 세계로 갈 수 있다면』은 융합수업에 초점을 두고 있지만, 문학작품을 활용하는 만큼 작품 읽기를 간과할 수 없습니다. '질문과 토의로 작품 깊이 읽기'는 질문과 토의를 활용하여 작품을 깊이 있게 이해하고 이를 바탕으로 학생의 문제의식을 심화하는 방법을 보여줍니다.

'문제 발견하여 바꿔쓰기', '작가가 되어 작품 창작하기'는 학생의 SF 창작 및 재구성 활동에 초점을 둡니다. SF의 장점은 기발한 상상이 등장한다는 것이고, 그렇기 때문에 학생들 역시 SF를 접하면서 상상의 나래를 펼칠 때가 많습니다. 학생들은 재구성 및 창작 활동을 통해 상상력과 창작 능력을 키울 뿐만 아니라, 현실에 대한 비판적 인식과 안목을 획득할 수 있습니다.

'교육과정 기반 범교과 융합수업', '주제 중심 교과 간 융합수업'은 여러 교과가 어떤 식으로 융합수업에 참여할 수 있는지 보여줍니다. '교육과정 기반 범교과 융합수업'이 교육과정 성취기준을 활용하는 구체적 방법을 예시한다면, '주제 중심 교과 간 융합수업'은 교육과정에 구애되지 않는 교과 간 융합의 사례를 보여줍니다.

이 책을 활용하는 교사들은 이 단계를 그대로 따를 필요는 없습니다. 제시된 단계를 축약하거나 변용하여 자신의 특색 있는 수업을 만들기 바랍니다.

01. 질문과 토의로 작품 깊이 읽기

수업 목표	작품에 대한 다양한 질문을 생성하고 이를 통해 토의를 진행하는 과정에서 문학 작품의 수용을 심화하는 동시에 작품과 관련된 과학적·기술적 논의를 살펴보고 자신만의 생각을 구성할 수 있다.

학년	학년 무관 (본 예시는 중1)	전체 차시	전체 8차시(상황에 맞게 조정)
주제	인공지능	작품	김보영 「왓슨 의사 선생님, 셜록 판사님과 친구시죠?」 (문이소 「목요일엔 떡볶이를」을 활용해도 무방함)

특징과 장점	• 질문을 만들고 답변해 보는 학습 경험을 제공하여 학습자 스스로 적극적이고 주체적인 학습 태도를 함양할 수 있음. • 토의 활동 중의 사회적 상호작용을 통해 개인의 의미 지평을 확대하고 작품 및 관련 내용에 대한 이해를 심화할 수 있음. • 서사를 읽고 이야기하는 과정에서 관련 지식을 학습하므로 단편화된 지식이 아니라 맥락이 있는 지식을 학습할 수 있음.
수업 시 유의점	• 질문 생성을 돕기 위해 질문의 예시를 먼저 제시하는 경우 학생들의 자유로운 질문 생성이 제한될 수 있으므로 상황에 따라 질문 예시를 제공하도록 함. • 문학 토의의 경우 의견을 하나로 수렴하거나 찬반을 나누어 진행하기보다 학생들이 안정된 분위기에서 자유롭게 대화하며 자신만의 생각을 발전시켜나갈 수 있도록 운영함.

차시	학습 내용	주요 내용	교과
1차시	수업 안내	• 수업 목표 및 수업 시 필요한 규칙 안내	국어
2차시	작품과의 첫 만남	• 질문의 개념과 좋은 질문이 무엇인지에 대해 이야기 나누기 • 소설을 읽으면서 떠오르는 다양한 생각과 질문을 적어보기	국어
3차시	질문으로 작품 내용 이해하기 (토의·토론)	• 소설의 내용과 관련된 문제를 스스로 출제하고 맞혀 보면서 작품 이해하기	국어
4차시	모둠별 토의를 통해 이해의 지평 넓히기 (토의·토론)	• 작품에 대해 다양한 이야기를 나눌 수 있는 질문 생성하기 • 모둠원들과 질문을 공유하고 모둠의 질문 선정하기	국어
5차시	핵심적인 질문 선정하고 이해의 지평 넓히기 (토의·토론)	• 모둠별 질문을 종합하여 학급의 질문(핵심적인 질문) 만들기 • 학급 질문에 대해 토의하기	국어
6차시	나와 텍스트의 바깥으로 나가기 (조사와 발표/ 토의·토론)	• 작품 및 토의 내용과 관련된 다양한 내용 이해하기 (직접 조사 또는 교사가 직접 제시 후 토의)	국어, 정보
7차시	핵심적인 질문에 대한 나의 생각 쓰기 (글쓰기)	• 토의 결과 및 다양한 내용에 대한 이해를 바탕으로 자신만의 생각이 담긴 글 작성하기	국어, 정보
8차시	수업 마무리	• 학생 결과물 발표 및 토의 중 논의되지 않은 내용 추가 설명	국어

김 교사, 질문과 토의가 있는 수업을 고민하다!

융합수업을 진행하고자 하는 김 교사는 어떻게 수업을 진행할지 고민하다가 질문과 토의를 활용한 수업을 진행하기로 마음 먹습니다. 학생들이 스스로 질문을 만들고 이에 대해 학습한다면 교사가 직접 지식을 알려줄 때보다 흥미를 가지고 수업에 참여할 수 있을 것이기 때문이죠. 또한 토의를 통해서 다른 학생들과 이야기를 나누다 보면 혼자서 학습할 때보다 작품 및 관련 내용에 대한 이해가 확장될 수 있을 것입니다.

1단계. 새로운 문학 수업에 초대하기

본격적으로 수업을 시작하기 전에 김 교사는 수업이 지향하는 바에 대해서 설명합니다. 이 수업의 주요한 목적은 학생들이 작품을 읽고 이에 대해 이야기를 나누는 과정에서 가능한 다양한 생각들을 해보고 자신의 생각을 확상하는 것에 있음을 안내합니다. 김 교사는 수업 시간에 이야기를 나눌 때 학생들이 다음과 같은 점을 유의하도록 안내합니다.

<문학 토의 수업 안내>
- 작품에 대해 마음에 떠오르는 질문과 생각들을 자유롭고 진술하게 이야기할 수 있다.
- 정해진 답이 있지 않으며 의견들의 승패를 가리지 않을 것이다. 선생님의 생각이나 말 역시 무조건 수용하지 않아도 된다.
- 토의의 장에서 스스로의 발언에 대해 책임감을 가져야 하며 타인에 대한 존중이 필요하다.
- 자유롭게 발언할 수 있으나 논의와 전혀 관련이 없는 주제에 대해 말하는 것은 적절하지 않다.

[문학 토의란?]

문학 토의는 사람에 따라 문학 토론이라고 불리기도 합니다. 문학 토의는 일반적인 토론 및 토의와 달리 일정한 하나의 결론을 도출하거나 찬반을 나눠 경쟁적으로 말하는 방식을 지양합니다. 문학 토의는 다양한 생각의 차이를 존중하고 학습자들이 사회적으로 상호작용하며 생각의 폭을 넓히고 작품에 대한 해석 및 이해를 심화하는 것을 목표로 하고 있습니다. 또한 문학 토의는 지식 습득 그 자체에 초점을 두지는 않습니다. 다만 본 수업은 문학 토의를 통해 융합수업을 진행할 것이므로 문학 작품에 대한 이해뿐만 아니라 이와 관련된 다양한 지식의 습득에 대해서도 어느 정도 긍정함을 밝힙니다.

2단계. 작품과 첫 만남하기

학생들에게 함께 읽을 작품을 제공합니다. 본 수업에서는 단편소설인 김보영의 「왓슨 의사 선생님, 셜록 판사님과 친구시죠?」를 학생들과 함께 읽어보려고 합니다. 작품을 읽는 과정에서 학생들의 머릿속에서는 다양한 질문이나 아이디어들이 떠오를 것입니다. 읽기 중 또는 읽기 후에 나타난 아이디어와 질문들을 학습지에 자유롭게 적어보도록 합니다.

한편, 질문의 유형은 크게 '열린 질문'과 '닫힌 질문'으로도 구분될 수 있습니다. 열린 질문이 정해진 답이 없어 다양한 답이 나타날 수 있는 질문이라면 닫힌 질문은 어느 정도 답이 분명히 정해져 있는 질문을 일컫습니다. 유념해야 할 점은 어느 질문이 더 우수한 것이 아니라는 점입니다. 닫힌 질문은 작품의 기본적인 이해에 도움이 되며 더 나은 이해를 향한 발판이 됩니다. 반면 열린 질문은 생각을 확장하고 더욱 많은 대화를 이끌어 냅니다.

번호	책을 읽으며 든 간단한 생각이나 질문	답을 할 수 있는 경우 질문에 대한 대답
1		
2		
3		
4		
5		
6		
...		

3단계. 텍스트 기반 퀴즈로 작품 내용 파악하기

한편, 김 교사는 학생들이 작품의 내용을 잘 파악했는지 확인해 보고 싶습니다. 이후 진행될 문학 토의는 작품의 기본적인 내용에 대한 이해를 기반으로 진행되기 때문에 내용에 대한 학생들의 사실적인 이해를 점검하고 필요한 경우 이에 대한 보완이 필요합니다.

<내용 이해 퀴즈 만들기>
- 소설의 내용과 관련하여 퀴즈를 3문제 출제해 봅시다.
  (O/×문제, 객관식 문제, 주관식 문제 모두 가능)
- 글에 드러난 내용이거나 조금만 생각하면 맞힐 수 있는 퀴즈를 내면 됩니다.
- 만든 문제 중에서 마음에 드는 문제를 포스트잇 앞면에 적고, 이에 대한 정답은 뒷면에 적은 후 칠판에 붙이면 됩니다.

김 교사는 학생들에게 소설에 드러난 내용 또는 작품에 드러나지 않았더라도 조금만 생각해 보면 쉽게 답을 찾을 수 있는 내용을 퀴즈로 만들어 제출하도록 합니다. 이전 단계에서 읽으면서 작성했던 질문 중에서 이에 해당하는 것이 있으면 제출해도 되고 새롭게 질문을 만들어도 됩니다. 수업 상황에 따라 포스트잇을 활용할 수도 있고 패들렛이나 퀴즈엔 등의 온라인 플랫폼을 활용해도 되겠습니다.

김 교사는 학습자들이 출제한 문제를 무작위로 뽑아 퀴즈를 진행합니다. 하지만 곧바로 퀴즈를 진행하기보다 모둠별로 칠판 앞으로 나와 문제를 훑어본 후 모둠원들끼리 자신들이 기억한 문제에 대해 공유하고 정답을 함께 찾아보게 하는 것을 추천합니다. 문제에 대해 이야기하는 과정에서 작품에 대한 이해가 심화되고 독해 수준이 낮은 학생들도 친구들과 상호작용하면서 작품을 어느 정도 파악할 수 있게 됩니다. 정답을 맞히는 것보다 학급 구성원 전부가 힘을 합쳐 작품의 내용 이해를 도모하는 것이 중요합니다.

1. 주인공인 민주는 왜 인간 의사가 아니라 왓슨에게 진찰받으려고 했나요?

2. 민주가 밖으로 나왔을 때 의대생들이 하고 있었던 일은?

3. 다음 빈칸에 들어갈 2글자 단어는?

"튜링은 ○○이 무엇인지 잘 이해하고 있었다. 세상의 그 어떤 생물도 결국 머릿속 이외에는 ○○의 존재를 확인할 방법이 없다는 것을." …

한편 수업 이전에 교사는 학생들이 내용 이해 과정에서 반드시 파악해야 하는 부분을 미리 확인해 보고 질문 목록을 작성해 갑니다. 학생들의 출제 과정에서 대부분 위와 같은 질문들은 자연스럽게 도출되므로 교사의 위와 같은 목록은 사용되지 않을 수도 있습니다. 다만, 학생들의 활동 상황을 지켜보다가 중요한 내용이 논의되지 않은 경우에는 필요에 따라 학생 질문에 이를 추가하여 논의합니다.

4단계. 모둠별 토의를 통해 이해의 지평 넓히기

나의 질문	*작품에 대해 여러 가지 이야기를 할 수 있는 질문이어야 함.	
	이름	질문
모둠원들의 질문		

이야기를 나눈 결과	→ 우리 조가 선정한 최고의 질문
	→ 질문에 대한 우리들이 논의한 내용
	(···)

내용 확인이 진행된 후에는 학생들이 이해를 확장할 수 있도록 모둠별 토의를 진행합니다. 학생별로 모둠원들과 함께 이야기하고 싶은 질문을 선정하도록 합니다. 읽기 중, 읽기 후, 퀴즈 과정 중에서 떠오른 질문을 활용하거나 새롭게 질문을 만들어도 됩니다. 이 단계에서는 단어의 뜻에 대한 질문, O/X 질문, 작품에서 쉽게 대답을 찾을 수 있는 질문 등의 닫힌 질문보다는 다양한 이야깃거리가 나올 수 있는 질문을 만들어야 함을 강조합니다.

질문을 만든 후에는 모둠의 다른 학생들과 만든 질문들을 공유합니다. 질문을 공유하는 과정에서 어떤 질문들은 해결될 것이며 어떤 것은 지속적으로 논의가 될 것입니다. 학생들은 다양한 질문을 공유하고 이 중에서 이후 학급에서도 논의되면 좋을 것 같은 최고의 질문을 선정합니다.

<모둠별 질문 예시>

[1모둠] 나라면 로봇 의사와 인간 의사 중 누구에게 진료를 받을까?

[2모둠] 만약에 AI의사가 실제로 있다면?

[3모둠] 미래에 남아 있을 직업에는 무엇이 있을까?

[4모둠] 로봇이 직업을 점령한다면 어떻게 될까?

[5모둠] AI가 도입되면 생길 장점과 단점은 무엇인가?

[학생들의 질문 생성 지원하기]

<모둠원과 이야기하고 싶은 질문 만들기>

① 작품에 대해 여러 가지 이야기를 할 수 있는 질문이어야 함.

　(단어의 사전적 뜻, ○/× 질문, 쉽게 정답을 찾을 수 있는 질문, 닫힌 질문은 자제)

② 작품의 내용뿐만 아니라 작품의 표현법, 나, 작가, 나/작가/작품을 둘러싼 맥락에 대한 질문도 가능

③ 질문의 예시

- 사례 질문 ex) ~와 같은 사례는 우리 주변에 무엇이 있을까?

- 일반화 질문 ex) ~와 같은 사람들은 누구일까? ~들이 갖는 특성은 무엇일까?

- 비교(vs) 질문 ex) ~와 ~중에서 무엇을 선택할까? ~와 ~의 차이는 무엇일까?

- 이유(왜?) 질문 ex) ~왜 그렇게 행동했을까? ~왜 그렇게 결말을 썼을까?

- 만약에 질문(-이라면/-한다면/-었다면/-했다면, -있다면/없다면)

　 ex) ~라면 어떻게 했을까? ~이 된다면 어떻게 될까?

- 의미/영향 질문 ex) ~에게 ~은 무슨 의미였을까? ~은 ~에 어떤 영향을 미쳤을까?

　　학생들이 질문 생성을 어려워하는 경우 질문의 유형을 공유해 주어도 좋습니다. 하지만 학생들이 예시 질문들을 그대로 모방하거나 하거나 제시된 질문들로 인해 학생들의 자유로운 질문 형성이 제한될 수 있으므로 이에 대해서 유념해야 합니다.

5단계. 핵심적인 질문 선정 및 해석 발전시키기

이 단계에서 교사와 학생들은 학생들이 제기한 문제에 대해 집중적으로 토의해 보고 이를 통해 여러 가지 가능성을 탐색하고 확장할 수 있습니다. 토의 주제는 모둠별로 선정한 질문 중에서 좋은 질문을 선별해도 되고 학생들의 논의들을 종합하여 새로운 질문을 만들어 이야기를 나누어도 됩니다. 김 교사는 학생들의 질문을 종합하여 학급의 핵심적인 질문으로 "로봇 및 인공지능과 구분될 수 있는 사람의 특징에는 무엇이 있을까"라는 질문을 만들었습니다. 핵심적인 질문 선정 시 [내용편]의 가치 질문을 참고하면 좋습니다.

핵심적인 질문에 대한 토의는 학급 전체를 대상으로 진행하거나 모둠별로 진행할 수도 있을 것입니다. 김 교사는 전체 학생들에게 "인공지능과 인간은 무슨 차이가 있을까"라는 질문을 던지고 학생들과 자유롭게 이야기를 주고 받습니다. 이때도 답은 정해져 있지 않으며 학생들의 생각을 확장하는 데에 목적이 있습니다.

이후 김 교사는 본격적으로 학생들끼리의 토의를 유도하기로 합니다. 학생들이 자유롭게 토의를 진행해도 되며 김 교사처럼 토의를 활성화할 수 있는 과제를 추가적으로 제시해도 됩니다. 김 교사는 토의를 활성화하기 위해 다양한 가치를 담은 가치 목록을 제공하고 인간과 인공지능의 범주 중 어디에 위와 같은 가치들이 배치되어야 할지를 묻는 과제를 제공합니다.

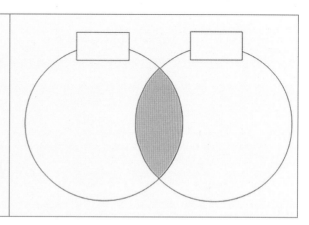

배려 유연성 창의성 책임감
이해 봉사 겸손 사랑 관용
근면 상냥함 소신 청결 인내
기지 신뢰 끈기 너그러움
신용 열정 예의 인정 충직
자율 친절 탁월함 정돈 평온함
정의 헌신 존중 협동 진실함

6단계. 나와 텍스트의 바깥으로 나가기

김 교사는 학생들에게 토의 거리와 관련된 다양한 지식이나 관점들을 접하게 하여 학생들이 이해의 지평을 확대할 수 있도록 하고 싶습니다.

<토의를 보충할 수 있는 자료 찾아보기>
- 나의 생각이나 주장을 뒷받침할 수 있는 자료
- 나의 생각이나 주장의 정도를 정할 수 있는 자료
  ex) ~범위 내에서는 내 주장처럼 인공지능은 사람과 같다.
- 나의 생각이나 주장과 반대되거나 반대 주장의 근거가 될 수 있는 자료
- 나의 생각이나 주장과 관련된 사회·문화적, 윤리적, 정치적 논의와 관련된 자료

위와 같이 학생들이 직접 자신들의 토의 거리와 관련된 자료들을 찾아보게 할 수 있으며 교사가 직접 학생들에게 여러 자료들을 제공하거나 타 교과_{정보 교과} 등 교사와 협업하여 이와 관련된 수업을 진행할 수도 있을 것입니다.

<학생들에게 보여줄 자료>
- **본 도서 [내용편] 「목요일엔 떡볶이를」의 사실 질문 및 가치 질문**
  자료의 초점: 인공지능의 대화 원리, 약 인공지능과 강 인공지능 등
- **본 도서 [내용편] 「왓슨 의사 선생님, 셜록 판사님과 친구시죠?」의 사실 질문**
  자료의 초점: 인공지능의 직업 대체 가능성 등
- **영화 <간호중>의 요약편([내용편] 「TRS가 돌보고 있습니다」를 영상화한 작품)**
  자료의 초점: 인공 지능이 감정을 갖게 된 상황과 윤리적 딜레마 등

김 교사는 학생들의 수준_{중학생}, 교육 환경_{검색 기기의 사용의 어려움, 배당된 차시} 등을 고려할 때, 학생들이 관련 자료를 모두 찾는 것은 어려울 것이라 생각하고 관련된 다양한 자료를 제공하기로 합니다. 특히 본 도서 [내용편]의 <인공지능> 부

분을 살펴보고 학생들에게 도움이 될만한 자료를 선정하여 제공할 수도 있을 것입니다. 학생들은 객관적인 정보를 활용해 자신의 생각을 정교화할 수 있으며 윤리적, 가치적 문제에 대해 생각해 봄으로써 사고를 더욱 확장할 수도 있을 것입니다.

7단계. 핵심 질문에 대한 나의 생각 쓰기

김 교사는 학생들이 생각을 정리할 수 있도록 쓰기 과제를 제공합니다. 쓰기 과제는 학생들이 수업에 참여하면서 생성하고 발전시켜 온 자신만의 질문 중 하나를 선정하고 이에 대한 답을 쓰는 것이 될 수 있겠습니다. 물론 학생들의 질문이 아니라 교사가 글쓰기 주제를 선정하여 제공할 수도 있겠습니다. 이 경우 글쓰기 주제는 학생들이 구성한 자신만의 생각을 드러낼 수 있는 질문으로 선정되어야 하겠습니다. 김 교사는 '미래 사회에서 인간만이 할 수 있는 직업'을 글쓰기 주제로 선정하고 이를 쓰기 과제로 제공하였습니다.

글쓰기 주제: 미래 사회에서 인간만이 할 수 있는 직업은 존재하는가?

다음 3가지 내용을 포함해서 적어주세요

- 미래 사회에 로봇과 인공지능은 어느 수준까지 발전할 수 있을까요?
- 로봇이 발전한다고 할 때, 로봇 및 인공지능과 인간은 구분될 수 있을까요?
- 미래 사회에서 인간만이 할 수 있는 직업이 존재할까요? 있다면 어떤 직업이 있을까요?

<미래 사회 인간이 할 수 있는 직업>

미래 사회 로봇은 창의성을 가지고 예술적인 활동을 할 수 있을 정도로 업그레이드되어 있을 것이다. 하지만 로봇이 사람만의 고유한 감정을 느끼거나 가질 순 없을 것이다. 인간은 태어날 때부터 감정을 느끼고 표출할 수 있다. 다만 그 감정을 어떻게 부르고 어떨 때 쓰는 것인지 커가면서 배워가는 것일 뿐이다. 감정이나 자신만의 고유한 생각이 없는 로봇이 아무리 빅데이터 학습을 통해서 감정을 아는 척한다고 하더라도 이것은 진정한 감정이 아니며 선천적으로 감정을 느낄 수 있는 인간과는 다르다.

(중략)

이렇게 뛰어난 지능을 탑재할 로봇이 할 수 있는 직업이 있을까? 내가 보기에 인간만이 느낄 수 있는 감정을 사용하는 직업인 심리 상담사나 정신과 의사 등은 인간만이 할 수 있는 직업일 것이다. 사람의 심리를 파악하고 고도로 다뤄야 하는 이러한 직업은 로봇이 수행하기에는 부적절할 것이다.

*학생 작성 내용을 재구성함

8단계. 수업 정리하기

이렇게 해서 질문과 토의를 통한 문학 작품 읽기 수업이 마무리됩니다. 학생들은 쓰기를 마무리하고 자신들의 생각을 발표할 수 있습니다. 물론 수업이 끝났다고 학생들의 생각이 멈춘 것은 아니며 수업 이후에도 생각은 변화할 수 있습니다. 교사는 마지막으로 이야기된 주요 논의들을 요약하고 합의된 것과 합의되지 않은 것이 무엇인지, 그리고 이들 모두 가치가 있음을 강조합니다. 또한 경우에 따라 수업에서 다루어지지 못한 내용에 대해 추가적으로 설명할 수도 있습니다.

02. 문제 발견하여 바꿔쓰기

수업 목표	문제 발견하여 바꿔쓰기를 통해 우리 사회의 편견과 차별에 대해 성찰하고 그 개선 방안을 찾을 수 있다.		
학년	중학교 2학년	전체 차시	전체 10차시
주제	다름, 편견·차별, 사회적 소수자	작품	남유하 「푸른 머리카락」
특징과 장점	• 텍스트의 일부를 바꿔 쓰는 과정에서 문제에 대한 개선 방안을 자연스럽게 모색할 수 있음. • 학생이 속한 공동체와 관련된 실제적 과제를 제시하여 효과적으로 흥미를 유발할 수 있음. • 기준이 되는 텍스트를 제공하여 창작 활동에서 학생이 느끼는 심리적 부담을 줄일 수 있음.		
수업 시 유의점	• 텍스트 내용 이해에 그치지 않고 우리가 사는 현실에 대해 성찰할 수 있도록 함. • 다름으로 인한 편견과 차별에 대해 조사, 토의할 때 성숙한 자세로 임할 수 있도록 수업 분위기를 조성함.		

차시	학습 내용	주요 내용	교과
1차시	안내	• 수업의 목적 안내 • 수업의 과정과 과제 설명	-
2차시	읽기 전 활동	• 책 표지 근거로 내용 예측하기 • 책 내용 관련 영상 시청 후 경험과 배경지식 환기하기	국어
3차시	텍스트 읽기	• 줄거리 파악하며 개별적으로 텍스트 읽기	국어
4차시	텍스트 이해 (토의, 토론)	• 내용 파악하기 • 토의, 토론으로 이해 심화 및 확장	국어
5차시	소재의 상징적 의미 파악 (토의)	• 텍스트에 대한 이해 심화 • 상징적 의미 파악하기	국어 사회 도덕
6-7차시	관련 이슈 탐색 (자료조사, 발표)	• 관련 이슈 탐색하기 - 난민, 다문화 가정, 외국인 노동자, 장애인, 성소수자, 북한이탈주민 등 사회적 소수자 관련 이슈에 대해 자료조사, 발표	사회 도덕

8차시	바꿔쓰기
	계획하기
		• 바꿔쓰기 계획하기
		  - 바꿔쓸 장면 선택하기
		  - 바꿔쓸 장면에서 드러나는 갈등 상황 분석하기
		  - 바꿔쓰기를 통해 어떻게 갈등 상황을 개선할 수 있을지 아이디어 떠올리기
			국어

9차시	문제 해결하여
	바꿔쓰기
		• 문제 해결하여 바꿔쓰기
		  - 등장인물에 초점을 맞추어 상황을 개선하는 방향으로 바꿔쓰기
		  - 등장인물이 겪는 갈등이 생생하게 드러나도록 하며 개연성 있는 해결책 제시
			국어

10차시	결과물 공유와
	우수작 선정
		• 결과물 공유 및 우수작 선정
		  - 결과물 공유하기
		  - 우수작 선정하기
			-

안 교사, 문제 발견하여 바꿔쓰기를 시도하다!

안 교사는 이번 학기 중학교 2학년을 대상으로 주 1회 독서 수업을 운영하게 되었습니다. 독서 수업을 앞두고 수업 시간에 아이들과 어떤 주제에 대해 이야기를 나누어 볼까 고민이 많습니다. 안 교사는 학교에서 학생들이 서로를 이해하고, 있는 그대로 인정하는 경험이 매우 중요하다고 생각합니다. 교실에는 다양한 환경에서 자라온, 각기 다른 개성을 지닌 학생들이 공동체를 이루며 많은 시간을 함께 하고 있지요. 독서 수업을 통해 다름을 이해하고 인정하는 경험을 할 수 있다면 아이들이 우리 사회의 좋은 어른으로 자라는 데 도움이 되리라 생각합니다.

1단계. 수업 목표와 학생 고려하여 소설 선택하기

우리는 문학을 통해 내가 경험하지 못한 세계를 간접적으로 체험할 수 있습니다. 특히, SF는 우리가 당면한 현실의 문제를 과학 기술이 발전한 가상의 세계에서 다룹니다. 아이들의 흥미를 끌 만한 SF소설을 적절히 선정한다면 학교생활과 연계하여 주제에 대해 많은 이야기를 편안하게 나눌 수 있을 것 같네요.

안 교사는 독서 수업 중 활용할 도서를 선정하기 위해 집 근처 서점에 방문했습니다. 아이들이 흥미를 느끼고 책을 읽을 수 있도록 학생이 주인공이고 학교가 배경인 SF소설을 찾으면 좋을 것 같아요. 소설의 갈등을 통해 아이들이 비슷한 경험을 떠올리고 쉽게 공감할 수 있으면 좋겠습니다.

서점에서 여러 SF소설을 훑어 읽으며 안 교사는 남유하 작가의 「푸른 머리카락」을 발견합니다. 「푸른 머리카락」은 자이밀 행성인 아버지와 지구인 어머니 사이에서 태어난 하재이가 학교생활을 하며 겪는 어려움에 대해 다루고 있습니다. 하재이는 자이밀 행성인 아버지의 유전자 때문에 머리카락이 푸른색이고, 물에 닿으면 피부가 비늘로 변합니다. 다수의 지구인과 다른 특성을 지닌 하재이는 학교에서 따돌림을 당하다 결국 자이밀리언이 많이 거주하는 S시로 돌아가게 되지요. 소설에는 하재이의 처지에 공감하는 학생, 그를 따돌리고 괴롭히는 학생, 특별 대우하는 교사 등 다양한 인간 군상이 등장합니다.

푸른 머리카락을 지닌 하재이는 다수 학생과는 조금 다른 성격, 취향, 상황, 문화, 언어를 지닌 모두를 가리킬 수 있어요. 학생들이 「푸른 머리카락」을 읽고 본인의 학교생활을 연결하여 생각해 볼 수 있을 것 같습니다. 그리고 타인의 다름을 대하는 우리의 자세에 대해서도 성찰할 수 있을 것 같네요.

이 수업은 사회적 약자, 다문화 가정, 세계시민으로서의 자세 등에 대한 학습 내용을 포함합니다. 그래서 안 교사는 학기 초에 도덕 교사, 사회 교사와 연계하여 수업 및 평가 계획을 세우면 학생들에게 더 도움이 될 것 같다고 생각해 봅니다.

2단계. 표지 보고 릴레이 상상하기

안 교사는 학생들이 소설을 읽기 전 흥미를 느낄 수 있도록 푸른색 삽화가 그려진 책의 표지를 활용하기로 합니다. 표지를 보고 모둠원끼리 내용을 상상하여 한 줄씩 릴레이 글쓰기를 하도록 하는 거지요. 모둠원이 돌아가며 앞 사람이 적은 내용에 연결되도록 상상하여 글을 쓰게 합니다. 이 활동의 목적은 내용에 대한 정확한 예측이 아니라 흥미 유발이기에 표지에서 확인할 수 있는 정보를 활용하여 최대한 자유롭게 적을 수 있도록 합니다. 활동을 마친 후에는 결과를 반 전체와 공유하여 책에 대해 친구들이 어떻게 예측했는지 이야기를 나누는 시간을 가집니다.

3단계. 책의 주제 관련 영상 시청하고 의견 나누기

안 교사는 학생들과 표지에 대해 충분히 관찰하고 이야기를 나눈 후, 소설에서 말하고자 하는 바와 관련된 영상을 보여주기로 합니다. '편견에서 시작된 친절은 편견이 될 수 있습니다.'란 제목의 영상은 구체적인 대화를 통해 외양에 대한 편견이 타인을 대하는 태도에 영향을 줌을 보여줍니다.

대화 상황	대화 일부
1. 성인과 황색 피부의 아이(A)	성인: 요즘 엄마한테 들어보니까 편식한다며? 김치는 잘 안 먹어? A: 김치는 매워서 못 먹어요. 성인: 김치도 잘 먹고 음식을 골고루 먹어야 쑥쑥 잘 크지.
2. 성인과 백색 피부의 아이(B)	성인: 아까 민중이 보니까 밥도 잘 먹던데 한국 음식은 자주 먹어? B: 매일매일 먹어요. 성인: 그럼 혹시 김치 먹을 줄 알아? 민중이가 먹기에는 조금 맵지? B: 아니요. 매워도 맛있어요.

출처: 2017년, 현대차정몽구재단 유튜브 채널

위 대화를 보면 두 아이 모두 대한민국 국적을 가졌음에도 어떤 피부색을 지녔느냐에 따라 대화가 미묘하게 다르게 흘러감을 확인할 수 있어요. 학생들과 함께 영상을 시청하고 떠오르는 경험과 의견을 자유롭게 이야기하면서 소설에서 다루고 있는 '다름'의 문제에 대해 학생들이 한 발짝 다가서게 해봅니다. 안 교사

그림 3 「푸른 머리카락」 표지
(출처: 교보문고)

는 학생들이 무분별하게 혐오와 차별 표현을 사용하지 않도록 미리 학습 분위기를 조성하는 게 중요하다고 생각합니다. 특히, 관련 경험과 의견에 대해 나눌 때 타인을 배려하여 말할 수 있도록 지도합니다.

4단계. 소설 읽고 내용 이해하기

이제 안 교사는 학생들이 개별적으로 자기 속도에 맞추어 소설을 감상할 수 있도록 합니다. 줄거리, 인상적인 문장 등을 간략하게 적을 수 있는 독서 일지에 본인이 이해한 내용을 문장으로 정리하게 합니다.

전반적인 줄거리 파악이 끝난 후에는 학생들이 다음과 같은 질문에 대해 모둠별로 토의, 토론하도록 합니다. 아래 질문은 다름에 대한 편견과 차별로 인해 소설의 주요 인물이 어려움을 겪는 상황과 밀접한 관련이 있습니다. 다른 학생과 의견을 교환하는 과정에서 작품에 담긴 우리 사회의 현실을 떠올릴 수 있도록 지도합니다.

〈내용 이해를 위한 토의·토론용 질문〉
- 손지유의 아빠는 왜 고모가 자이밀 행성인과 결혼하는 것을 반대했는가?
- 학교에서 회장 무리는 왜 하재이를 따돌리고 괴롭히는가?
- 하재이를 배려하라는 의도에서 전입생 손지유에게 하재이의 개인정보를 알려주는 교사의 행동은 정당한가?
- 하재이가 자이밀리언이 많이 거주하는 S시로 돌아간 이유는 무엇인가?

5단계. '자이밀리언'의 상징적 의미 파악하기

소설 내용에 대한 이해를 바탕으로 안 교사는 학생들이 우리 사회와 관련하여 '자이밀리언'의 상징적 의미를 파악할 수 있게 지도하려 합니다. 「푸른 머리카락」의 자이밀리언은 지구인과 다르다는 이유로 배척되고 괴롭힘을 당합니다.

우선, 소설 속에 형상화된 자이밀리언을 정리해 보아야겠지요. 학습지를 활용하거나 이드로우마인드EdrawMind 등 마인드맵 프로그램을 활용해 아래와 같이 표현할 수 있겠네요.

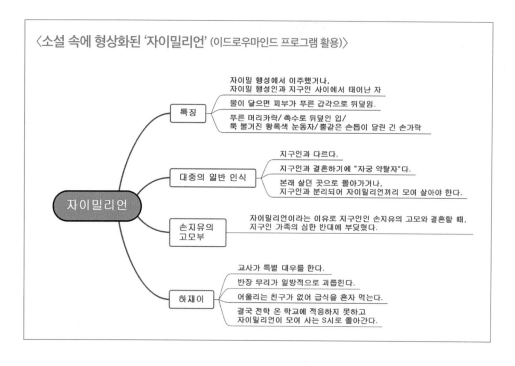

〈소설 속에 형상화된 '자이밀리언' (이드로우마인드 프로그램 활용)〉

자이밀리언은 지구인과 다른 신체적 특징을 가지고 있고, 다른 행성에서 거주해왔다는 이유로 결혼에 제약이 있습니다. 학교생활을 함에도 편견과 차별로 많은 어려움을 경험하지요. 구체적으로 소설의 하재이는 아버지가 자이밀 행성인으로, 혼혈아이기에 다른 학생들에게 따돌림을 당하고 담임교사로부터 특별 대우를 받아요. 손지유의 아빠는 여동생이 자이밀리언과 결혼한다는 이야기에 연을 끊습니다. 지구인들은 자이밀리언을 '자궁약탈자'라 부르며 조롱하지요.

소설에서 형상화된 자이밀리언을 정리하는 과정에서 자이밀리언이 사회적 소수자를 우의적으로 표현하고 있음을 학생들이 자연스럽게 떠올릴 수 있겠네요. 사회적 소수자와 관련하여 떠오른 이슈를 키워드 중심으로 아래와 같이 자유롭게 기록하고 공유할 수 있도록 합니다.

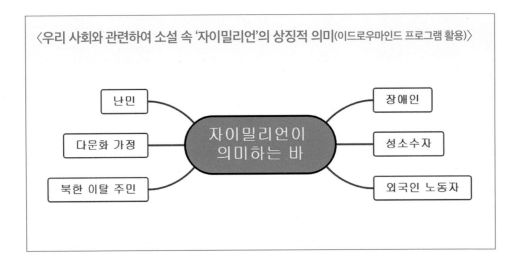

〈우리 사회와 관련하여 소설 속 '자이밀리언'의 상징적 의미(이드로우마인드 프로그램 활용)〉

6단계. 관련 이슈 탐색하기

안 교사는 학생들이 자이밀리언과 관련하여 위와 같이 떠올린 키워드를 모둠별로 하나씩 맡아, 관련 이슈에 대해 구체적으로 조사하게 하려 합니다. SF소설과 우리 삶의 연결고리를 직접 찾아보는 활동이지요. 학생들은 도서관에서 책이나 인터넷, 신문 등의 자료를 활용할 수 있습니다.

자료조사를 하며 우리 사회가 다문화 가정, 난민, 외국인 노동자, 북한이탈주민, 성소수자, 장애인 등 사회적 소수자에게 어떤 태도를 취하고 있는지 학생들이 확인할 수 있도록 합니다. 소설 속 등장인물의 태도가 우리 사회의 어떤 모습을 우의적으로 표현한 것인지 생각해 보도록 하는 거지요. 관련 이슈에 대해 조사하며 학생들이 작품 속 갈등 상황을 개선하는 방안에 대해 생각해 볼 수 있도록 합니다. 자료 조사 결과는 패들렛 등 온라인 공유게시판에 게시하여 반 전체 학생들이 나눌 수 있도록 해요.

[자료 조사 시의 유의점]

책, 인터넷, 신문 기사 등에서 자료조사를 할 때에는 학생들이 한쪽으로 치우친 정보를 편파적으로 받아들이지 않도록 지도합니다. 그리고 사회 교사, 도덕 교사와 협력하면 학생들이 자료조사를 좀 더 효율적으로 깊이 있게 할 수 있습니다.

7단계. 바꿔쓰기 계획하기

안 교사는 지금까지 한 활동을 바탕으로 학생들이 「푸른 머리카락」 일부를 바꿔쓰는 활동을 하려 합니다. 직접 바꿔쓰기에 앞서 어떤 장면을, 어떻게 바꾸어 쓸지 계획을 세워야겠지요?

우선, 학생들은 소설에서 문제가 있다고 판단한 장면을 선택합니다. 장면을 선택한 후에는 해당 장면에서 드러나는 갈등 상황을 분석해 봅니다. 어떤 인물이 갈등을 겪고 있는지, 갈등의 원인은 무엇인지, 갈등에 대해 어떻게 대처하고 있는지 파악하는 겁니다. 이후, 바꿔쓰기를 통해 어떻게 갈등 상황을 개선할 수 있을지를 자료조사를 통해 얻은 지식을 바탕으로 떠올려 봅니다.

	「푸른 머리카락」의 주요 문제적 장면
1	반장 무리가 다르다는 이유로 자이밀리언 하재이를 따돌림.
2	반장 무리로부터 공격당하는 하재이를 반 학생들이 방관함.
3	담임교사가 전입생에게 하재이의 신상정보를 과도하게 알려줌.
4	하재이가 학교생활에 적응하지 못하고 자이밀리언이 많이 사는 S시로 돌아감.

〈바꿔쓰기 계획하기 학습지〉

바꿔쓰기 계획하기

※ 자료 조사한 내용을 토대로 「푸른 머리카락」의 문제 상황을 개선하여 일부 바꿔 쓸 것입니다. 어떻게 바꾸어 쓸지 계획을 세워 봅시다.

1. 소설에서 바꿔쓸 장면을 선택하여 요약해보세요.

2. 갈등과 관련된 등장인물은 누구인가요?

3. 갈등이 발생한 원인은 무엇인가요?

4. 갈등에 등장인물은 어떻게 대처하고 있나요?

5. 상황을 개선하는 방향으로 어떻게 바꿔쓰기할 수 있을까요?

등장인물	만약에 등장인물	이/가
상황		(한) 상황에서
행동 선택		(하기로) 선택했다면
상황 개선		(했을) 것이다.

[바꿔쓰기 계획 시의 주안점]

중학교 국어과 교육과정의 '재구성'에 대해 학습하면 학생들이 바꿔쓰기 활동을 더 쉽게 할 수 있습니다. 바꿔쓰기를 할 때에는 인물, 사건, 배경 등 다양한 요소 중 인물에 초점을 맞추어 개선 방안을 포함해 바꿔쓰기하도록 합니다. 계획하기 단계에서 교사가 학생들이 작성한 내용을 꼼꼼하게 살피고 피드백을 하면 실제 바꿔쓰기 단계에서 시행착오를 많이 줄일 수 있습니다.

8단계. 문제 해결하여 바꿔쓰기

이제, 계획한 내용을 토대로 소설 장면에서 나타난 문제를 해결하며 바꿔 써 볼 시간입니다. 안 교사는 바꿔쓰기 과정에서 학생들이 아래 3가지를 유념하도록 했어요.

바꿔쓰기 시 유의점

❶ 인물이 겪는 어려움이 효과적으로 개선되었는지
- 인물이 겪는 어려움이 생생하게 드러나는가.
- 앞뒤 맥락을 고려할 때 상황의 개선이 적절한가.

❷ 인물 사이의 대화, 내용 전개가 자연스러운지
- 내용이 급작스럽지 않고 자연스럽게 전개되는가.
- 인물 사이의 대화가 작품에 구체성을 부여하는가.

❸ 창의력을 발휘해 소설을 바꿔 썼는지

<학생 글 예시자료 1>

등장인물	만약에 등장인물 담임교사, 반장이
상황	손지유가 전학을 와서 자이밀리언에 대해 호기심을 가지고 대하는 상황에서
행동 선택	자이밀리언 하재이의 다름을 있는 그대로 수용하고 전입생 손지유에게 소개 하기로 선택했다면
상황 개선	학급에서 하재이를 자이밀리언이라는 이유만으로 따돌리는 일은 생기지 않았을 것이다.

선생님이 지유에게 전학 오기 전 어떤 일이 있었는지, 어디에서 왔는지 물어보았다. 그렇게 상담이 끝나고 선생님과 같이 반으로 들어갔다. 많은 애들 사이에서 파란색 머리카락을 가진 아이가 보였다.

'어? 자이밀리언이다. 자이밀리언이 있다는 소리는 전달받은 적이 없는데.'라고 속으로 생각하고 있었을 때쯤 선생님이 조회를 시작하셨다.

"자자, 주목! 오늘 우리 반으로 전학생이 왔다. 이름은 지유다. 다들 친하게 지내도록 해라. 음... 지유는 저기 재이 옆에 앉자."

재이라는 친구는 자이밀리언이었다. 재이 옆에 앉자 선생님이 나가셨다. 그리고 점심시간 반 애들한테 물어보았다.

"얘들아, 너희는 자이밀리언이 무섭지 않니?"라고 묻자 반장이 당연하다는 듯 말했다. "자이밀리언인이 왜? 그냥 다른 행성에서 온 똑같은 사람이잖아. 그리고 재이는 자이밀리언으로 태어나고 싶어서 태어난 것도 아니고."

반장의 말에 지유는 생각을 고치게 된다. 친구들의 소개로 재이와 인사를 나누고 재이와 친해지게 되었다. 그리고 점차 학교생활에 익숙해졌다.

〈학생 글 예시자료 2〉

등장인물	만약에 등장인물 반장 무리가
상황	하재이가 학교에서 다른 학생들과 어울리지 못하고 홀로 시간을 보내는 상황에서
행동 선택	하재이에게 애정과 관심을 가지고 친해지기 위해 먼저 다가가기로 선택했다면
상황 개선	하재이가 자이밀리언이 모여 사는 S시로 쫓기듯 돌아가지 않고 학교에 잘 적응할 수 있었을 것이다.

전학 온 재이가 우물쭈물하며 급식을 혼자 먹고 있을 때 반장 무리가 적극적으로 재이에게 다가왔다. 반장 무리는 재이와 같이 밥을 먹으며 말했다.

"너 혼자 먹어?"

"응."

"S시에서도 학교에서 급식 혼자 먹었어?"

"왜? 그럼 안돼? 친구가 별로 없었거든."

"그럼 오늘부터 학교에서 우리랑 같이 놀래?"

"그...그래도 돼?"

"그럼 당연하지! 급식 다 먹을 때까지 기다려줄게. 급식 다 먹고 축구하러 가자."

"아, 그 공을 발로 차면서 하는 놀이? 그래. 한 번 해볼게"

점심시간이 끝나고 교실에 들어왔다. 재이가 말했다.

"생각보다 축구라는 거 재미있네. 왜 너희들이 맨날 하는지 알았어."

"내일도 그렇고 눈이나 비가 오지 않는 이상 맨날 축구하자."

학교 끝나고도 그들은 만나서 서로의 이야기를 털어놓았다. 재이가 말했다.

"나 S시로 돌아가려는 생각이 너희 덕에 없어졌어. 고마워. 잘 챙겨줘서."

이후에는 학생들이 바꿔쓰기 활동 결과물을 패들렛 등 온라인 공유게시판에 옮겨 타이핑하게 했습니다. 자기가 쓴 글을 한 번 더 읽으며 스스로 고쳐쓰기를 할 수 있고, 다른 학생이 쓴 글을 쉽게 확인할 수 있기 때문이지요.

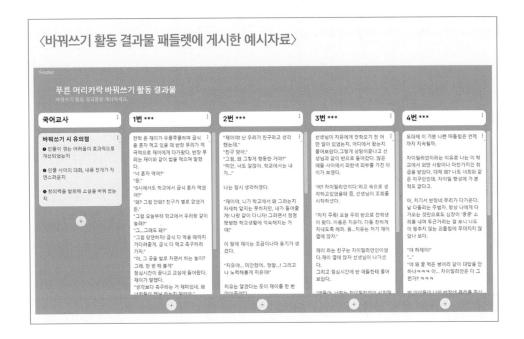

〈바꿔쓰기 활동 결과물 패들렛에 게시한 예시자료〉

9단계. 공유, 우수작 선정하기

마지막으로 안 교사는 학생들이 패들렛 보드에 결과물을 게시한 후, 댓글로 자신이 완성한 글에 대해 간단한 설명을 작성하도록 했습니다. 학생의 창작 의도를 더 명확하게 다른 학생에게 전달하기 위함이지요. 이후 학생들이 반 학생들의 글을 읽고 우수작에 투표하도록 했습니다. 그런데 여기에서 한 가지 주의할 점이 있습니다. 학생들이 전체 학생의 글을 모두 읽게 하면 집중도가 떨어져 인기 투표로 전락할 가능성이 있다는 점입니다. 그래서 안 교사는 우수작을 미리 5~6편 선정하고 작성자를 익명 처리하여 우수작을 선정하는 게 좋다고 제안합니다.

03. 작가가 되어 작품 창작하기

수업 목표	세계에 대한 문제점을 인식하고 소설 창작을 통해 새로운 세계를 형상화해 봄으로써 현실에 대한 심도 깊은 이해와 비판적 인식을 가질 수 있다.		
학년	중학교 1학년(학년 무관 조정 가능)	전체 차시	전체 16차시(상황에 맞게 조정)
주제	생태/아포칼립스(상황에 따라 변경)	작품	학생 창작 [예시작품] 남유하 「실험도시 17」 김초엽 「원통 안의 소녀」
특징과 장점	• 소설의 수용을 넘어 직접 글을 생산해 봄으로써 학습자들이 문학의 수용과 생산을 모두 체험해 볼 수 있음. • 현실의 문제점을 인식하고 대안적인 세계를 형상화하는 과정에서 학습자의 현실 세계에 대한 비판적인 인식을 제고할 수 있음. • 소설을 완성하는 과정에서 필요한 지식들을 스스로 수집 및 종합해 봄으로써 통합적이며 창의적인 사고력을 신장시킬 수 있음. • 활동 결과물 출판을 통해 학습자들의 동기를 유발할 수 있음.		
수업 시 유의점	• 소설 창작은 학습자에게 도전적인 과제가 될 수 있으므로 지속적인 피드백과 동기 유발이 필요하며 협력학습을 활용할 수 있음. • 창작 과정 중 필요한 지식을 다른 교과와 힘을 합쳐 제공할 수 있으며 미술과와 협업하여 삽화까지 제작하여 출판할 수 있음.		

차시	학습 내용	주요 내용	교과
1차시	테마 정하기 및 SF 장르 익히기 (읽기, 토의·토론)	• 소설로 다룰 주요 테마 정하기 • 단편 SF소설 읽고 장르적 특징 익히기	국어 과학 (필요시) 미술 (삽화를 그릴 경우)
2-3차시	현실의 문제 인식 및 파악하기 (조사와 발표)	• 소설 속에서 다룰 현실의 문제 선정하기 • 선택한 문제와 관련된 구체적 사례, 관련 사회문제, 과학·기술적 정보 수집하기	
4차시	세계관 구상 및 구체화하기 (토의·토론)	• 소설의 핵심 세계관 정하기 • 설정한 세계의 세부 설정 논의하기	
5차시	주요 스토리 및 인물 구성하기 (토의·토론)	• 소설 속 이야기의 주요 흐름 정하기 • 소설 속 인물 설정하기	
6-7차시	소설 쓰기 레슨	• 소설 창작 시 유의점 학습 및 소설 서술 방법 연습하기	
8-11차시	소설 쓰기(제작)	• 개별/협력적으로 소설 쓰기	
12차시	중간 합평하기 (토의·토론)	• 창작한 내용에 대해 교사, 동료 평가하기	
13-15차시	소설 쓰기 및 퇴고 (제작)	• 평가 내용 반영하여 소설 작성 및 완성	
16차시	최종 작성 및 출간	• 출간을 위한 웹디자인 및 작성 후기 작성	

김 교사, 창작 수업을 고민하다!

중학교 1학년 자유학년제_{자유학기제} 수업을 맡은 국어 교사 김 교사는 예전부터 소설 창작 수업을 해보고 싶었습니다. 소설을 창작하는 경험을 통해 학생들은 소설이라는 장르 자체에 대해 더욱 깊게 이해할 수 있으며, 구체적인 결과물을 완성해 봄으로써 성취감 역시 느낄 수 있을 것이라고 생각했기 때문입니다. 특히 SF소설 창작의 경우 인문학적 지식뿐만 아니라 다양한 과학적 지식이 요구되기에 소설 창작 과정에서 학생들의 융합적인 사고력도 증진될 것이라고 예측해 봅니다.

1단계. 창작을 위한 큰 테마 정하기

창작의 주제는 [내용편]에서 소개된 다양한 테마를 선정해도 되고 학생별로 원하는 주제를 선정하여 쓰도록 해도 되겠습니다. 다만 김 교사는 최근 환경 및 생태와 관련된 문제가 심각하므로 환경 문제라는 큰 테마를 학생들에게 제공해

보기로 합니다. 학생들이 글을 쓰면서 자연스럽게 환경 문제에 대한 지식을 습득하는 동시에 이의 심각성에 대해서도 자연스럽게 내면화할 수 있을 것이라고 생각했기 때문입니다.

[융합은 어떻게 이루어지나요?]

표현 측면에서 미술과와, 내용 측면에서 과학과와도 협업이 가능합니다. 국어과가 SF의 글 작성을 중점적으로 지도한다면 미술과는 인물, 작품의 배경, 주요 장면의 일러스트 그리기를 지도할 수 있습니다. 과학 교과의 경우 특정 과학적 주제를 중심으로 창작하도록 지도하고 학생들에게 관련된 정보를 알려줄 수 있습니다. 한편 굳이 수업을 할애하지 않더라도 학생들이 창작 중 궁금점이 생기면 틈틈이 관련 교과 교사에게 방문하여 자문을 요청할 수도 있을 것입니다.

2단계. 모둠을 만들어 창작 공동체 만들기

한편 김 교사는 소설의 창작 과정을 학생이 개별적으로 수행하기 어려울 것이라고 생각했습니다. 이를 위해 어려운 과제를 함께 수행할 수 있게 소설팀을 구성합니다. 협력적 글쓰기의 방식은 상황에 따라 여러 방식으로 진행될 수 있습니다. 첫 번째로는, 학생들이 개별적으로 글을 쓰되 쓰기 과정 중에서 모둠원끼리 아이디어를 공유하거나 함께 돌려 읽으면서 동료 평가를 해주는 방식입니다. 두 번째로는 학생들이 다 같이 한 편의 글을 작성하는 것으로, 내용을 함께 구상하고 한 줄 한 줄 함께 글을 쓰거나 챕터를 나누어 소설을 작성하고 합칠 수도 있습니다. 특히 실시간으로 다른 모둠원들이 작성한 내용을 확인할 수 있게 해주는 구글 문서Google Docs를 활용하면 작업이 용이해집니다.

[융합수업 시 효과적인 수업 운영]

국어 교사인 김 교사는 미술 교사인 박 교사와 협업을 진행합니다. 이들은 한

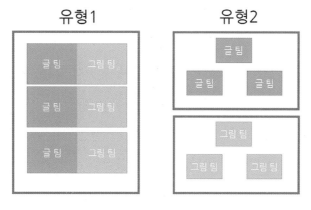

조를 글 팀과 그림 팀으로 나누어 구성합니다. 글 팀과 그림 팀이 소통을 해야 글과 그림이 함께 조화를 이룰 수 있으므로 대부분의 과정에서 이들은 함께 수업에 참여합니다유형1. 하지만 과목의 특성과 관련된 내용소설 창작의 기본기, 효과적인 스케치하기 방법 등을 지도할 때는 글 팀과 그림 팀을 따로 나누어 지도합니다유형2.

3단계. 장르 특징 및 창작의 방향 지도하기

SF소설을 읽어 본 경험이 없는 학생들의 경우 SF소설을 쓰는 것이 어렵게 느껴질 수 있습니다. 이를 위해서 김 교사는 SF소설을 학생들과 함께 읽으면서 창작 시 필요한 장르 지식을 제공해 주려고 합니다. 김 교사는 SF소설은 사고실험의 문학이으로, 학생들이 이를 읽음으로써 현재에 대해 낯설게 바라볼 수 있으며 대안적인 세계를 창작해 보면서 현실에 대해 비판적인 인식을 가질 수 있다고 생각했습니다. 그리고 김 교사는 이러한 관점을 잘 보여주는 작품으로 남유하의 「실험도시 17」을 선정하고 학생들과 함께 읽어 보기로 합니다. 특히 이 소설의 경우 미래 사회에 대해 가치관이 상이한 인물들이 등장하므로 다양한 타자의 관점을 이해할 수 있게 한다는 소설 교육의 목표와도 부합해 보입니다.

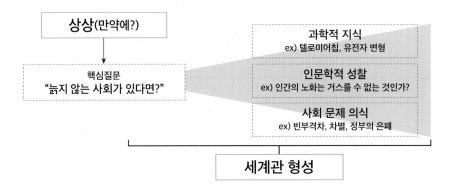

작품을 읽고 내용을 정리하는 과정에서 SF 창작 시의 유의 사항을 강조합니다. 수업의 목적은 단순한 연애 소설이나 영웅물을 창작하는 것이 아님을 주지시키고 특정한 세계관을 바탕으로 과학적 지식과 사회적 문제, 그리고 삶에 대한 깊은 성찰이 담긴 소설을 작성해야 함을 강조합니다. 한편 삽화에 대한 지도가 필요하다면 길이가 길지 않으면서도 다양한 삽화가 들어있는 김초엽의 「원통 안의 소녀」를 예시 작품으로 활용해 볼 수 있습니다.

4단계. 문제 인식하기

☐ 대기오염	☐ 동물 / 생태계 문제 / 생물다양성
☐ 수질오염 / 해양오염	☐ 자연경관 훼손 문제
☐ 토양오염	☐ 환경호르몬노출
☐ 해양오염	☐ 온실가스 증가
☐ 방사능오염	☐ 자원문제
☐ 빛 공해	☐ 폐기물 문제

본격적으로 모둠 활동을 시작할 시간입니다. 학생들은 환경 문제에 대한 자료를 검색해 보면서 현재 세계가 처한 환경 문제가 무엇인지 파악해 보고 소설을 통해 다룰 환경 문제를 모둠별 토의를 통해 선정합니다. 학생들이 어려움을 겪는 경우 교사는 미리 확보한 다양한 환경 문제 목록을 제공하여 학생들을 도울 수도 있습니다.

5단계. 문제 파악하기-정보 수집을 통한 세계 읽기

오염과 관련된 구체적인 사례 (이야기)	
사례와 관련된 과학적·기술적 설명이나 문제	
사례와 관련된 사회, 경제, 문화적인 설명이나 문제	

소설가들이 소설 창작을 위해 소설의 소재와 관련하여 다양한 정보를 수집하듯이 학생들 역시 소설의 소재와 관련된 자료를 풍부하게 수집해야 합니다. SF의 경우 과학적인 설명을 통해 소설적 설득력_{얼마나 개연성이 있고 현실성이 있어 보이는지}을 높이는 경우가 많기 때문에 이 작업은 더욱 중요합니다. 또한 이러한 작업은 소설 창작만을 위한 작업은 아닙니다. 다양한 정보들을 수집하고 선정하는 과정에서 학생들은 다양한 지식들을 학습하고 더 나아가 자신들이 살아가고 있는 세계에 대한 이해를 높일 수 있습니다.

6단계. 핵심적인 세계관 구상하기

SF소설 창작에서 핵심적인 것은 세계관을 설정하는 것입니다. 이 세계관은 소설의 시간적, 공간적 배경 이상의 의미를 가지며 학생들은 스스로 수집하고 정리한 내용과 자신들만의 상상력을 결합하여 창의적인 세계관을 만들어 내야합니다. 또한 세계관을 만들 때는 질문의 형태로 새로운 세계에 대한 상상을 표현해 볼 수 있습니다. 이때 '원자력 발전소가 폭발한다면?'처럼 모호한 질문보다는 현재 세계와 구분되며 소설의 전체 서술의 논리를 결정할 만큼의 구체적이고 결정적이며, 생각할 거리를 많이 유발하는 질문을 설정해야 합니다. 원자력 폭발로 인하여 거대한 동물들이 세상을 지배하는 세계가 온다면? 학생들이 어려움을 겪는 경우 [내용편]에 수록된 다른 소설들의 핵심 질문들을 제공하여 도움을 줄 수 있습니다.

작품명	핵심 질문
<TRS가 돌보고 있습니다> (김혜진)	만약에 인공지능이 고령화 사회의 노인 돌봄과 간병을 책임지게 된다면?
<실험도시 17> (남유하)	만약에 기술이 발달하여 노화를 방지할 수 있는 사회가 된다면?
<원통 안의 소녀> (김초엽)	만약에 미세 먼지 문제가 심각해 특별한 장치로 도시를 정화해야만 살아갈 수 있게 된다면?
<천 개의 파랑> (천선란)	만약에 기술이 발달하여 경마 경기 등에서 인간 대신 휴머노이드가 경기를 진행하게 된다면?

7단계. 세계관 구체화하기

학생들은 자신들이 선정한 세계관에 대해서 이야기를 나누면서 세계관을 구체화할 수 있습니다. 물론 대화 중에 세계관이 변화할 수도 있고 관련된 자료를 더 찾아 볼 수도 있습니다. 다음과 같은 이야깃거리를 제공한다면 학생들이 세계관을 구체화하는 데에 더욱 많은 도움을 제공할 수 있습니다.

- 시간적 배경은 언제인가요?

    ☐ 과거   ☐ 현재(2023년)   ☐ 가까운 미래   ☐ 먼 미래

- 공간적 배경은 어디인가요? 여러 공간이 있나요? 여러 곳이 합쳐졌나요?

- 과학 기술은 어느 정도로 발전했나요?

- 이 세계의 사람들이 겪는 주요 갈등(사회문제)에는 무엇이 있나요?

- 이 시대를 잘 드러내는 대표 뉴스 기사의 제목 5가지를 작성해 봅시다.

- 이 세계 속 평범한 사람들의 하루 일과를 자세하게 써 봅시다. (일어나서 잠잘 때까지)

8단계. 주요 스토리와 인물 구성하기

학생들은 토의한 내용을 바탕으로 주요 스토리와 인물들을 구성합니다. 세밀한 이야기의 흐름을 모두 구성하기보다는 전체적인 이야기의 흐름을 생각해 보도록 합니다. 또한 소설 속에 등장할 다양한 인물들을 구성해 봅니다. 새로운 세계 내에서 생각이나 가치관이 상이한 다양한 인물들을 만들어 보는 과정을 거치면서 더 깊은 통찰을 담은 글을 작성할 수 있습니다.

인물 A	인물 B
▶나는 어떤 존재?(사람이 아니어도 됨)	▶나는 어떤 존재?(사람이 아니어도 됨)
- 성격(진지함, 가벼움, 어두움, 밝음 등)	- 성격(진지함, 가벼움, 어두움, 밝음 등)
- 나이, 거주지, 경제력, 신분이나 직업	- 나이, 거주지, 경제력, 신분이나 직업
- 주로 하는 생각이나 행동	- 주로 하는 생각이나 행동
- 이 인물이 상징하는 의미는?(~~~한 사람)	- 이 인물이 상징하는 의미는?(~~~한 사람)

9단계. 소설 쓰기 레슨

본격적인 쓰기 이전에 학생들은 기본적인 소설 창작 방법을 학습합니다. 글 팀과 그림 팀을 나눈 경우 글 팀은 소설 쓰기와 관련된 기본적인 레슨을, 그림 팀은 삽화 그리기와 관련된 레슨을 듣게 됩니다. 이때 유의할 점은 개념적 지식을 학습하는 것이 주된 목적이 아니라는 것입니다. 레슨에서 학습하고 있는 내용들이 학생들이 이전까지 구상한 전체적인 내용을 글로 구체화하는 데에 어떻게 활용될 수 있을지 학생들에게 지속적으로 질문할 필요가 있습니다. 레슨이 실질적으로 소설 완성에 기여할 수 있도록 교사의 지속적인 노력이 요구됩니다.

내용	주요 설명 요소
주제 관련	• 이 소설을 통해서 글을 읽는 사람들에게 전달하고 싶은 말은 무엇인가? • 단순한 흥미 위주의 폭력, 연애가 주제가 되어서는 안 됨 • 인간에 대한 이해를 높이고 공동체적 가치를 살릴 수 있게 주제를 선정하기 • 주제를 정하는 것은 중요하지만 그것을 직접적으로 드러내는 경우 소설의 재미가 떨어짐
구성 관련	• 단일구성과 복합구성 선택하기 　- 한 사람 또는 한 가지 사건을 중심으로 이야기하나요? 　- 여러 사람 또는 여러 가지 사건을 중심으로 이야기를 하나요? • 사건의 선택과 배열하기 　평범했던 어느 날 산성비로 인해서 세상의 금속이 산화되고 나무의 가격이 올라 나무를 찾으러 다니다가 여러 갈등을 한다. - 이야기 순서대로 쓰기 　평범한 일상 → 산성비 발생 → 금속 산화 → 나무를 찾으러 다니기 - 순서 바꿔쓰기 　나무를 찾으러 다니기 → (과거 회상) → 평범한 일상 → 산성비 발생… - 필요 없는 부분 생략하고 집중할 수도 있음 "핵심적인 사건만 서술하기" 　ex) 평범했던 날들은 모두 삭제하고 이미 사건이 발생한 것으로부터 시작하기

시점
관련
	• '나'를 사용할지 인명이나 '그, 그녀' 등을 사용할지
	
	• 여러 가지 시점 설정 방법
	
	  1) 주인공인 '나'가 나의 이야기하기
	
	  2) 서브 인물인 '나'가 주인공 관찰하며 이야기하기
	
	  3) 모든 것을 다 아는 사람이 다양한 사람을 모두 이야기하기
	
	  4) 모든 것을 다 아는 사람이 한 사람을 중심으로 이야기하기
	
	  5) 모든 것을 다 아는 사람이 한 사람의 겉모습만 이야기하기
	
	  6) 챕터를 나누고 각 챕터마다 중심 인물 바꾸면서 이야기하기
	
	                *시점 개념을 이미 학습한 경우 시점 용어 사용 가능

그럴
듯함
(개연성,
핍진성
등)
	• 인터넷 소설을 이용해 그럴듯함에 대해 평가해 보기
	
	• 그럴듯함의 평가 기준
	
	  1) 인물이 소설과 어울리는 인물인가?
	
	  2) 배경의 설정이 그럴듯한가?
	
	  3) 한 사건이 일어난 다음 그 다음 사건이 일어나는 것이 자연스러운가?
	
	  4) 현실 세계에 비추어 그럴듯하거나 일어날 수도 있겠다는 생각이 드는가?
	
	• SF소설의 특성을 살리기 위해 과학적·기술적 지식을 사용하기
	
	텔로미어가 짧아져 염색체가 손상됩니다. 즉, 새로운 세포가 재생되지 못하고 노화가 일어나는 것이죠. 우리는 암세포의 텔로미어라제 활성화에 주목했습니다. 그리고 정상 세포에서 텔로머라아제 효소의 활성을 쩔할 수 있는 단백질 메커니즘을 발견했습니다.
	
	                                        – <실험도시 17>에서

- 소설 서술의 방법 연습해 보기

1) 사건이나 인물의 삶을 요약적으로 제시하기

[연습주제] 민수가 나쁜 사람이 되게 된 사건들을 짧게 살펴보면 다음과 같다.

2) 눈앞에 보이듯 사건을 그리기

[연습주제] 피서객들이 모여있는 바닷가, 저 멀리서 쓰나미가 몰려온다. 뒤를 이어봅시다.

3) 대화 쓰기

[연습주제] 동물과 사람이 대화를 할 수 있는 시대, 자신을 버린 주인을 찾으러 여행을 떠난 자이언트 도그가 주인을 찾았다. 둘은 공터에서 이야기를 나누게 된다.

4) 배경, 인물 묘사하기

[연습주제] "사이보그로 개조된 미나의 모습은 예상과 달랐다." 이 뒤에 들어갈 묘사를 써보자.

5) 인물의 속마음(내면 심리)를 서술하기

[연습주제] 민수에게 고백하였으나 차인 미나는 어쩌다 민수와 2인 1조로 영어 대본 읽기 조가 되었다. 이때 미나의 심리를 그려보자.

해당 수업 과정에서 SF 장르의 특성상 강조해야 하는 부분은 먼저 개연성과 핍진성에 대한 부분입니다. 많은 SF 작가들은 소설 속에 다양한 과학적, 기술적 지식을 넣어 작품의 그럴듯함을 확보합니다. 따라서 작품의 그럴듯함을 살리기 위해 과학적·기술적 정보를 활용해야 함을 강조해야 합니다. 또한 서술 방법과 관련하여 많은 학생들이 대화를 쓰지 않거나 대화만을 이용하여 이야기를 진행하는 경우가 많습니다. 특히 소설의 문법을 모르고 희곡처럼 ":"을 사용하여 글을 쓰는 경우가 부지기수입니다. 다양한 서술 방식을 학생들이 직접 체험해보고 소설에 활용하도록 지도해야 합니다.

10단계. 대화하며 소설 쓰기

학생들은 모둠원들과 대화를 나누며 글을 작성합니다. 작성은 처음부터 함께 한 줄씩 작성할 수도 있으며 전반부, 중반부, 후반부 등을 나누어 집필한 후 합쳐서 조정할 수도 있습니다. 모둠의 특성별로 자유롭게 활동할 수 있도록 하면 될 것입니다. 또한 소설 창작 과정 중에서 모둠원들은 서사의 개연성과 타당성, 사건의 흐름에 대해서 서로 이야기 나누고 글을 점검하고 조정해 나가며 필요한 경우 관련된 자료들을 추가적으로 조사해 내용을 보강하기도 합니다. 더불어 교사도 구글 문서에 지속적으로 접속하여 학생들을 관찰하고 피드백을 제공하여 학생들의 소설 완성에 도움을 줄 수 있습니다.

11단계. 중간 합평하기

소설을 중간 정도 작성한 시점에서 교사와 학생들은 여태까지 작성된 글을 읽고 이에 대해 이야기를 나누는 시간을 가집니다. 피드백을 줄 때에는 점수를 제공하기보다는 한 명의 독자의 입장에서 소설을 읽고 이에 대한 궁금증이나 보완하면 좋을 점을 이야기합니다. 피드백은 학생들이 실제 작품을 수정하는 데에 도움이 될 수 있게 해야 합니다. 미술과와 협업하는 경우 미술 수업 시간에는 그림에 대한 합평을 진행할 수 있을 것입니다. 한편 국어과에서는 다음과 같은 평가표를 활용하여 작품의 다양한 측면에 대해 이야기해볼 수 있습니다.

세계관	- 새로운 설정과 세계관이 참신하면서도 독자들의 흥미를 이끄는가? - 새로운 설정과 세계관이 구체적이며 작품의 다양한 부분에서 반영되었는가? - 새로운 설정과 세계관이 독자들 자신이나 현실 세계에 생각할 거리를 제공하는가?

[교사 피드백] 토양오염으로 식물이 괴물이 된 세계라는 세계관 자체는 재미있습니다. 하지만 구체적인 설정들이 더 추가되면 좋겠습니다. 식물들이 괴물로 변화하면 어떤 현상이 나타나나요? 그것을 통해 독자에게 전달하고 싶은 것은 무엇인가요?

주제 의식	- 단순 흥미 유발이 아니라 사람과 세계에 대해 가치있는 메시지를 제공하는가? - 주제에 대한 글쓴이의 심도있는 생각이 드러나는가? - 주제를 드러내기 위해 효과적으로 작품을 그려내고 있는가? 　(세계관, 사건, 인물설정, 구성, 서술방식 등)

[교사 피드백] 군인들이 식물들과 다투는 장면만 나타나 있어서 하고 싶은 말이 무엇인지 아직 감이 오지 않아요. 하고 싶은 말을 잘 전달할 수 있게 이야기를 더 써봅시다.

인물 형상화	- 인물의 성격이 개성적이며 효과적으로 잘 드러나는가? - 인물의 감정이나 생각 또는 행동이 납득가능하며 자연스러운가?

[교사 피드백] 주인공이 대대장을 믿고 따랐던 이유가 잘 설명되어 있고, 대대장의 정체가 밝혀졌을 때 주인공의 속마음이 잘 드러난 것 같아요.

현실감	- 소설의 인물, 배경, 사건 설정이 세계관 속에서 그럴듯하게 설명되는가? - 과학적 장치, 자세한 설명 등 다양한 방식을 통해 새로운 세계에 대한 그 　럴듯함을 이끌어 내었는가?

[교사 피드백] 식물이 괴물이 되었다고 했는데 어쩌다가 그렇게 된 것인가요? 식물에 어떤 변형을 가했는지, 어떤 오염문제가 있었는지 등에 대한 설명을 자연스럽게 녹여내어야 현실성이 있을 것 같아요.

구성 및 개연성	- 작품의 내용 및 주제 의식을 드러낼 수 있게 이야기를 구성하였는가? - 작품의 내용 및 주제 의식, 독자들의 흥미를 고려하여 필요한 사건을 선택 　및 배열했는가? - 인물 간의 갈등의 원인, 갈등의 전개, 갈등의 해소가 그럴듯하며 설득력 　있는가?

[교사 피드백] 식물이 괴물이 되었을 때 나타날 수 있는 인물들 간의 갈등이나 사회적 갈등 등이 나타나지 않아요. 괴물 식물들을 왜 죽여야 하는지, 민철이를 갑자기 어떻게 만난 것인지, 인물들이 왜 부대에 가는지 등에 대해 독자들을 설득해야 합니다.

시점	- 시점이 일관되게 잘 적용되어 있는가? - 작품의 전체 구성, 작품의 주제 전달과 서술자 설정이 조화를 이루는가?

[교사 피드백] 시점 일치가 필요해 보입니다.
군인인 주인공은 →이 부분에서는 주인공을 '주인공'이라고 부르고 있음.
그러나 식물이 나를 잡는다 → 이 부분에서는 주인공을 '나'라고 부르고 있음.

작품 쓰기	- 다양한 서술 방식이 전달하고자 하는 바에 맞게 적절하게 사용되었는가? - 다양한 서술 방식이 균형감있게 사용되었는가?

[교사 피드백] 전체적으로 대화가 많은 것 같아요. 대화 외에도 요약적으로 사건을 제시하거나 인물들의 내면 심리가 드러나는 부분이 추가되면 좋을 것 같아요.

12단계. 최종 작성 및 출간하기

글: 신○○, 임○○, 정○○ / 그림: 박○○, 윤○○

학생들은 합평 결과를 토대로 자신의 글을 수정 및 완성합니다. 그림 팀과 작업을 한 경우 미리 캔버스나 기타 문서 작업 플랫폼을 사용해 이들을 합칠 수 있습니다. 작업 결과물은 인쇄소에 맡겨 출판하여 학생들에게 제공할 수 있으며 완성하지 못한 모둠의 경우도 작품집의 형태로 출판해 줄 수도 있을 것입니다. 또한 작성 과정에서의 느낀 점이나 독자들에게 전달하고 싶은 간단한 메시지들을 작성하여 작품의 앞뒤에 배치해도 좋습니다.

04. 교육과정 기반 범교과 융합수업

수업 목표	여러 교과의 지식을 활용하여 인공지능의 발전이 미래의 우리 사회를 어떻게 변화시킬지 예측하고, 이로 인해 생겨날 사회 문제를 예견하고 그 대응 방안을 모색할 수 있다.

학년	중학교 3학년	전체 차시	전체 9차시
주제	인공지능	작품	김혜진 「TRS가 돌보고 있습니다」

특징과 장점	• 여러 교과를 이용하여 특정한 주제나 개념을 깊이 있게 탐구할 수 있음. • 자신의 주변이나 실생활에서 주제를 찾아내어 학습자의 학습 동기를 높일 수 있음. • 다른 교과 교사와 협업하거나 타 교과 교사의 도움을 받을 수 있음. • 지속가능발전교육이나 세계시민교육 등의 주요 주제와 연결할 수 있음.
수업 시 유의점	• 학습자가 탐구할 주제를 직접 선택할 수 있도록 함. • 기계적이고 형식적인 교과 간 융합이 되지 않도록 주의함.

차시	학습 내용	주요 내용	교과
1차시	안내	• 수업 안내 및 문제 공유 • 과제 설명	-
2차시	텍스트 이해 (토의·토론)	• 내용 이해하기 • 인물, 사건 이해하기 • 갈등의 전개와 해결 과정 이해하기	국어
3차시	딜레마 토론 (찬반 토론)	• 찬반 토론	국어
4차시	미래 사회 문제 이해(조사와 발표)	• 미래 사회의 문제와 해결책	사회 가정
5차시	미래 사회의 변동과 직업(조사와 발표)	• 사회 변동과 직업 변화	정보 기술
6차시	과학 기술과 윤리 (토의·토론)	• 과학 기술의 영향과 윤리	정보 도덕
7-8차시	과학 축제 출품작 제작하기(제작)	• 출품작 제작하기	국어
9차시	결과물 공유	• 결과물 공유 및 감상	-

정 교사, 주제 중심 융합수업을 고민하다!

정 교사는 융합수업을 시도해 보기로 마음 먹었어요. 새로운 도전을 앞두고 기대도 되지만 걱정도 많아집니다. 융합수업을 먼저 해본 동료들에게 물어보니 범교과 주제 중심 융합수업에 도전해 보라고 조언해 주네요. 여러 교과를 통합하여 특정한 주제와 개념을 깊이 있게 탐구해 볼 수 있는 장점이 있다고 해요. 정 교사는 조언을 받아들여 주제 중심 융합수업을 해보기로 했어요. 정 교사가 수업을 준비한 단계를 따라가 보기로 할까요?

1단계. 주제 및 활용 텍스트 선정하기

첫 단계는 융합수업의 주제를 선정하는 것입니다. 정 교사는 최근 큰 관심을 얻고 있는 '미래사회와 인공지능'을 주제로 해서 인공지능의 비약적 발전이 우리 삶에 어떤 영향을 끼치게 될지 학생들과 함께 고민하는 융합수업을 설계하고 싶습니다.

주제를 정한 후, 정 교사는 어떤 SF소설을 활용할지, 그리고 이 수업의 목표를 어떻게 설정할지 고민합니다. 후자부터 고민하기로 했어요. 정 교사는 앞으로 과학 기술에 대한 의존도가 높아질 것이고, 그렇게 되면 긍정적 측면도 생기지만 부정적 측면도 생길 것이라고 보았어요. 예를 들어 저출산, 고령화로 노인 돌봄에 문제가 발생하고 가족의 갈등, 경제적 양극화 등의 문제가 발생할 텐데, 정 교사는 미래 사회를 살아갈 학생들이 이러한 변화를 미리 고민하고 이에 대한 대응력을 갖출 필요가 있다고 보았어요.

정 교사는 김혜진 작가의 「TRS가 돌보고 있습니다」라는 소설을 제재로 선정했어요. 중학교 학생들이 어렵지 않게 읽을 수 있으며, 인공지능 로봇 문제를 잘 구현했다고 보았기 때문입니다이 작품에 대한 상세한 안내는 [내용편] <인공지능> 편에 실려 있음. 이 소설은 가까운 미래를 배경으로 하여 과학 기술 발전과 고령화로 인한 여러 사회 변동과 이로 인한 사회적, 윤리적 문제를 그리고 있습니다.

2단계. 키워드 추출하기

'미래사회와 인공지능'이라는 주제를 정했다면, 이제 키워드를 추출해볼 차례입니다. 브레인스토밍이나 생각 그물을 활용하여 주제와 관련한 다양한 키워드를 메모하면 도움이 됩니다. 키워드 추출은 교사 혼자 해도 좋지만, 동료 교사 또는 학생들과 함께 해도 좋습니다. 정 교사는 다음쪽과 같이 브레인스토밍을 해보았어요. 떠오르는 아이디어를 자유롭게 적어보는 브레인스토밍 단계에서 한걸음 더 나아가 마인드맵의 형태로 정리해 보는 것도 가능합니다.

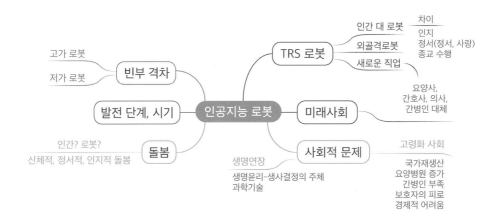

3단계. 키워드를 교과 성취기준과 매칭하기

정 교사는 교과 간 융합수업을 지향하고 있습니다. 그래서 먼저 추출한 키워드를 교과와 연결시켜 보기로 합니다. 그래야 어떤 교과와의 융합이 가능한지 파악할 수 있기 때문입니다.

정 교사는 교과 간 융합을 시도하기 위해 다른 교과에서 '과학 기술 발전과 인공지능 로봇'과 관련하여 어떤 내용을 배우고 있는지 확인합니다. 아래와 같은 표를 만들어서 2022개정 교육과정을 확인해 봅니다. 일단, 가급적 다양한 교과와의 매칭을 시도해 봅니다. 물론, 이 모든 교과를 모두 포함한 융합수업을 하기도 어렵고 그럴 필요도 없습니다. 준비 단계에서는 모든 가능성을 열어 두고 탐색을 해보는 것이지요.

정 교사는 '미래사회와 인공지능' 주제가 국어과, 사회과, 기술·가정과, 정보과, 도덕과 성취기준과 관련된다는 것을 확인합니다. 이 단계에서 타 교과 교사와 공동 작업이 이루어진다면 매칭 작업이 훨씬 효과적일 것입니다.

<표> 연계 가능한 성취기준

교과		성취기준
국어	9국05-02 9국03-07	**[9국05-02]** 갈등의 진행과 해결 과정을 파악하며 작품을 감상한다. **[9국03-07]** 복합양식 자료를 활용하여 내용을 생성하고 글의 유형을 고려하여 내용을 조직하며 글을 쓴다.
사회	9사(지리)02-03 9사(일사)12-01 9사(일사)12-03	**[9사(지리)02-03]** 아시아의 인구 특징을 파악하고 지역별 인구 구조 변화를 비교하여 지역 발전의 가능성 및 변화 모습을 추론한다. **[9사(일사)12-01]** 오늘날 우리 사회가 겪는 사회 변동에 대해 조사하고, 이러한 사회 변동이 우리 생활에 미치는 영향을 분석한다. **[9사(일사)12-03]** 사회 변동과 사회문제에 대응하는 국내외의 사례들을 검토하고, 시민으로서 지녀야 할 태도와 실천 방안에 대해 토의한다.
기술 가정	9기가01-10 9기가03-01	**[9기가01-10]** 다양한 현대 가족에 내재된 가족생활의 보편성과 고유한 가치를 존중하는 동시에 가족에 대한 유연한 태도를 길러, 뉴노멀 사회에서의 새로운 가족문화를 탐색한다. **[9기가03-01]** 기술의 의미와 특성을 이해하고 기술의 발달에 따른 사회의 변화를 파악하며, 미래의 기술과 사회의 변화를 평가하고 예측함으로써 기술에 대한 가치를 인식한다.
정보	9정05-01 9정05-03 9정04-05	**[9정05-01]** 디지털 사회의 특성을 탐구하고, 사회 변화에 따른 직업의 변화를 탐구한다. **[9정05-03]** 사례를 중심으로 디지털 공간에서 함께 살아가기 위해 개인 정보 및 권리와 저작권을 보호하는 실천 방법을 탐구한다. **[9정04-05]** 인공지능 학습에 필요한 데이터의 수집과 활용에서 발생하는 윤리적인 문제의 해결 방안을 구상한다.
도덕	9도01-04 9도03-07	**[9도01-04]** 옳고 그름을 분별할 수 있는 도덕적 기준을 탐구하고, 도덕적 상상력을 바탕으로 일상의 도덕 문제들에 도덕적 추론을 적용할 수 있다. **[9도03-07]** 현대 과학기술과 관련된 윤리적 쟁점의 분석을 통해 과학기술의 유용성과 한계를 인식하고, 과학기술의 바람직한 활용에 관한 관심과 책임 의식을 기른다.

4단계. 교과에서의 수업 구성하기

정 교사는 각 교과별 학습 요소 추출을 마친 후, 실제 융합수업을 구성합니다. 여기에서 두 가지 방식이 가능합니다. 하나는 교과를 기준으로 하여 활동을 구성하는 방식이고, 또 하나는 학습 요소를 기준으로 하여 활동을 구성하는 방식입니다. 전자에서는 각 교과별 활동이 명료하게 확인된다는 장점이 있고, 후자에서는 학습요소와 활동이 중심이 되어 자연스러운 교과 통합이 이루어진다는 장점이 있습니다.

정 교사는 일단 교과를 기준으로 학습 요소와 학습 활동을 구성해 보기로 합니다. 보다 효과적인 융합수업을 위해 활동 기준으로 다시 재편해야 하더라도, 먼저 교과별 학습 내용과 활동을 확인하는 작업이 필요하다고 보기 때문입니다. 교과별 키워드를 매칭한 표에서 성취기준을 확인하면서 수업 내용과 활동, 교수학습 방법을 아래와 같이 작성합니다.

<표> 교과 기준 학습 요소와 학습 활동

교과	키워드	학습 요소	학습 활동	성취기준	교수학습방법
국어	갈등 문학작품 문제해결	- 사회문화적 맥락을 고려하여 문학작품 읽기 - 갈등의 진행과 해결과정 파악 - 적절한 매체를 활용하여 효과적인 글쓰기	- 소설 속 인물의 갈등과 해결과정 파악하기 - 환자보다 보호자의 생명을 구하기로 결정한 TRS의 선택에 대한 찬반 토론하기 - 소설에 드러난 사회 문제를 찾고 이를 해결방안 제시하는 글쓰기 - 주제, 목적, 매체, 독자를 고려하여 효과적으로 표현하기(영상, 카드뉴스 등)	9국 05-02 9국 03-07	문제해결모형 찬반토론

교과	키워드	학습 요소	학습 활동	성취기준	교수학습방법
사회	고령화 사회비용 노인 소외	- 한국 사회 변동의 경향과 미래 예측	- 모둠별로 사회 변동에 따른 직업 세계의 변화 조사하기 - 우리나라의 고령화 속도를 조사하고 이로 인해 생기는 문제점 발표하기 - 고령화 속도, 연령별 인구 구성 비중의 변화, 노년 부양비의 변화 등의 통계 자료를 찾아보고 이를 토대로 한국 사회 변동 특성 발표하기 - 고령화에 대비하기 위한 개인적, 정책적 대응 방안 토의하기	9사(지리) 02-03 9사(일사) 12-01 9사(일사) 12-03	조사하기 발표하기 토의·토론
기술 가정	돌봄 기술 발전	- 사회 변화에 따른 가족 구조와 기능의 변화 - 가족 관계에서 발생하는 갈등의 원인과 해결 방안 - 기술 발전의 영향과 문제점 파악	- 사회 변화(고령화, 과학 기술 발달)가 가족의 구조와 기능에 끼치는 영향 조사하기 - 고령화로 인해 생기는 가족 갈등과 문제점 찾아보고 해결 방안 발표하기 - 기술을 활용한 로봇과 의료기술의 발달과 전망, 사례 조사하기 - 기술 발전이 개인과 사회에 끼치는 긍정적 영향과 문제점 분석하고 해결 방안 토론하기	9기가 01-10 9기가 03-01	조사하기 토의·토론 문제해결모형
정보	직업 소멸 개인정보	- 정보기술의 발달로 인한 미래 사회와 직업의 변화 - 정보기술 발달로 인한 개인정보 침해 문제와 해결 방법	- '워크넷'에서 미래 직업 찾아보기 - 진로정보망 '커리어넷'에서 직업 적성 검사하고 나의 직업 탐색하기 - 인공지능 로봇 상용화에 따른 개인정보 유출의 문제점 조사하고 해결 방안 토론하기	9정 05-01 9정 05-03 9정 04-05	조사하기 토의·토론 문제해결모형

교과	키워드	학습 요소	학습 활동	성취기준	교수학습방법
도덕	연명 치료 안락사	- 과학 기술과 윤리 - 인간의 존엄성 (삶, 죽음, 고통)	- TRS가 인간의 생사를 결정하는 것이 왜 문제인지 토론하기 - 환자나 보호자에게 존엄하게 죽을 권리가 있는지 토론하기 - 고통을 덜어주기 위한 살인이 용납될 수 있는지 토론하기 - 로봇을 학대하는 것이 옳은지 토론하기 - 인간과 비인간(인공지능 로봇)의 차이 토론하기	9도 01-04 9도 03-07	조사하기 토의·토론 문제해결모형

참여하는 교과의 숫자가 많다고 좋은 융합수업이 되는 것은 아닙니다. 융합수업의 규모나 참여 교과 현황에 따라, 유연한 수업 구성을 하면 됩니다. 정 교사는 이번 융합수업에서는 위 교과가 모두 참여하는 수업을 준비했지만, 상황과 여건에 따라 참여 교과가 변동될 수 있을 것입니다.

5단계. 교수학습방법 선정

언제나, 어떤 상황에서나 옳은 교수학습방법은 존재하지 않습니다. 정 교사는 교수 목적, 내용, 상황에 맞는 교수학습방법을 선택해야 한다는 신념을 가지고 있습니다. 다만, 본 융합수업의 목적이 학생이 자신의 배움을 종합적으로 활용하여 문제를 해결하는 능력을 기르는 데 있으므로 교사 주도형 수업을 지양하고자 합니다. 교사 주도 수업보다는 학생의 역할이 커지는 협동학습, 토의·토론 수업, 찬반 토론 수업, 조사와 발표하기를 활용하고자 합니다.

특히, 정 교사는 문제기반학습을 활용하여 융합수업을 시도하고자 합니다. '인공지능 로봇'을 교과 내용 지식 차원으로 배우는 것은 의미도 없고 효과적이지 않다고 생각하기 때문입니다. 현실과 분리된 지식으로 배우게 된다면, 학생들은 '과학 기술의 부정적, 긍정적 영향'이 자신의 삶과 실제로 어떻게 연결되는지를 이해할 수 없을테니까요. 그래서 정 교사는 문제기반학습을 적극 활용하기로 합니다. 잘 알려진 바와 같이, 문제기반학습에서 '문제과제'는 매우 중요합니다. 학생들이 흥미를 갖게 하는 문제, 학생이 자신의 과업을 분명히 인지하게 하는 문제를 만들어야 합니다. 정 교사는 학교 과학의 달 행사를 연결하여 문제를 만듭니다.

문제
○○중학교에서는 과학의 달을 맞이하여 '과학기술 발달, 30년 후 우리 세상은 어떨까?'라는 주제로 '과학 축제'를 개최하기로 했다. ○○중학교 2학년 학생은 학급별(또는 모둠별)로 이 행사에 참여하기로 하였다. 미래 사회의 갈등과 문제가 잘 드러난 「TRS가 돌보고 있습니다」를 읽고, 과학 기술의 발전이 우리 삶에 가져올 긍정적인 측면, 한계와 문제점, 대응 방안을 영상이나 카드 뉴스 등으로 제작하여 제출해야 한다. 학급(또는 모둠)은 공동으로 출품작을 제출하되, 아래 '조건'을 지켜야 한다. <조건> 1. 소설 「TRS가 돌보고 있습니다」(김혜진)에 드러난 미래의 사회적 문제와 갈등에 기반하도록 한다. 2. 사회 변동으로 인한 문제로 '고령화', '인공지능 상용화', '사생활 침해', '안락사', '과학 기술의 발전', '인간/비인간 경계' 중 3개 이상을 포함하도록 한다. 3. 과학 기술이 삶에 끼치는 긍정적인 측면, 부정적인 측면이 모두 포함되도록 한다. 4. 해결 방안은 2가지 이상 다루어야 하며, 대응 방안은 개인적, 사회적, 정책적 차원으로 나뉘어 구체적으로 제시되어야 한다. 5. 산출물로 보고서, 포스터, 동영상, 카드 뉴스 중 하나를 선택하되, '주제, 목적, 독자, 매체'를 고려하여 작성해야 한다.

6단계. 융합수업 전체 흐름 계획하기

정 교사는 문제기반학습의 순서에 따라 문제와 수업 내용, 활동을 정리한 후, 이번에는 구체적으로 융합수업의 전체 차시와 전개를 확인합니다. 앞서 교과를 기준으로 학습내용과 활동을 구성하였지만, 그것이 융합수업의 순서와 일치하지 않을 수 있습니다. 그래서 교과의 내용이 중첩되는 것을 덜어내고 보다 효율적인 학습이 이루어지도록 아래와 같이 전체 수업 계획을 수정합니다. 4, 5, 6차시에는 사회/가정, 정보/기술, 정보/도덕의 내용이 주가 되는 해당 교과의 교육과정과 교과서를 확인하고, 교과 교사의 협조도 구합니다.

<표> 융합수업을 위한 교육과정 재구성 및 전체 계획

교과	키워드	학습 내용 및 활동	교과
1차시	안내	• 수업 안내 및 문제 공유 • 과제 설명	-
2차시	텍스트 이해 (토의·토론)	• 내용 이해하기 • 인물, 사건 이해하기 • 갈등의 전개와 해결 과정 이해하기	국어
3차시	딜레마 토론 (찬반 토론)	• 찬반 토론 　- TRS의 선택은 옳은가? 　- 환자와 보호자 중 누구를 살려야 하나? 　- 인공지능이 생사를 결정해도 되는가?	국어
4차시	미래 사회 문제 이해 (조사와 발표)	• 미래 사회의 문제와 해결책 　- 우리나라 인구 분포의 특징과 문제점 　- 고령화 추세와 문제점 　- 인구 변동에 대비하기 위한 방법 　- 사회 변화가 가족의 구조와 기능에 미치는 영향 　- 고령화로 인한 가족간 갈등과 문제점, 해결 방안	사회 가정
5차시	미래 사회의 변동과 직업 (조사와 발표)	• 사회 변동과 직업 변화 　- 과학 기술 발달로 인한 직업 변화 　- 사회 변동으로 인해 사라진 직업, 새로운 직업 　- 나의 직업 탐색 　- 기술 발달	정보 기술

교과	키워드	학습 내용 및 활동	교과
6차시	과학 기술과 윤리 (토의·토론)	• 과학 기술의 영향과 윤리 - 환자나 보호자가 죽음을 선택할 수 있는가? - 과학 기술의 영향 - 인공지능 발달의 문제점과 해결 방안	정보 도덕
7-8차시	과학 축제 출품작 제작하기 (제작)	• 출품작 제작하기 - 포스트, 동영상, 카드 뉴스 중 선택 - 주제, 목적, 매체, 독자에 맞게 글쓰기 - 내용 구성과 표현하기	국어
9차시	결과물 공유	• 결과물 공유 및 감상 - 결과물 공유하기 - 감상 및 소감 나누기	-

7단계. 평가하기

정 교사는 융합수업에서 모둠별로 제출한 산출물을 기반으로 평가를 할 것입니다. 평가 기준을 융합수업 1차시에서 미리 공유하여, 학생들이 과제물에 포함될 내용과 평가 기준을 미리 숙지하게 합니다. 최종 결과물에 대한 루브릭은 문제의 '조건'을 기준으로 하여 작성하여 학생들에게 공유합니다. 전체 수업을 마친 후에는 학생들의 수업 만족도 및 자기 평가도 확인하여 다음 융합수업에 반영합니다.

	상	중	하
사회 문제와 해결책 제시	조건에 나오는 문제점 중 3가지 이상이 제시되고, 해결 방안이 하나로 치우치지 않고 구체적으로 제시됨.	조건에 나오는 문제점 중 2가지 이상이 제시되거나, 해결 방안이 다소 추상적임.	조건에 나오는 문제점 중 2가지 이상이 제시되고, 해결 방안이 추상적임.
과학 기술의 영향	과학 기술의 긍정적, 부정적 측면이 모두 설득적으로 드러남.	과학 기술의 긍정적, 부정적 측면이 나오나 설득력이 떨어짐.	과학 기술의 긍정적, 부정적 측면 중 하나만 제시됨.
문제해결형 쓰기	주제, 목적, 독자, 매체를 모두 고려한 산출물임.	주제, 목적, 독자, 매체 중 3가지를 충족한 산출물임.	주제, 목적, 독자, 매체에 맞지 않는 결과물임.
학생 협동	참여자의 역할이 분명하며 적극적인 참여가 이루어짐.	참여자의 적극적인 참여가 있으나 역할이 불분명함.	참여자의 적극적인 참여가 이루어지지 않음.

05. 주제 중심 교과 간 융합수업

수업 목표	여러 교과의 지식을 활용하여 과학 기술이 미래 사회와 삶에 끼치는 영향력을 비판적으로 성찰하고 앞으로 발생할 문제에 대처하는 능력을 제고할 수 있다.		
학년	학년 무관(본 예시는 고1)	전체 차시	13차시
주제	생태/아포칼립스(상황에 따라 변경)	작품	김초엽 「순례자들은 왜 돌아오지 않는가」
특징과 장점	• 여러 교과의 관련 지식들을 동원하여 텍스트에 대한 이해를 심화하고 새로운 의미들을 창출함으로써 융합적이고 창의적인 사고력을 함양할 수 있음. • 기존 수업에서 시도되지 못했던 다양한 형태의 학습활동을 진행함으로써 긍정적인 독서 경험을 제공할 수 있음. • 학생들의 다양한 관심분야를 반영한 활동을 구성하여 실제 삶과 밀접하며 흥미로운 학습 경험을 제공할 수 있음.		
수업 시 유의점	• 작품 내 언급되는 생소한 용어들이 많고 내용의 흐름이 비교적 복잡하기 때문에, 학생들이 소설을 정확히 이해할 수 있도록 함. • 과학 지식을 수집하여 발표하는 수업에서는 학생들이 혼란을 겪지 않도록 충분한 레퍼런스와 준비 시간을 제공함. • 전반적으로 모둠별 토의 및 발표 시간이 많으므로 소외되는 학생이 없도록 주의함.		

차시	학습 내용	주요 내용	교과
1-2차시	내용 이해 수업 (읽기)	• 문학 작품의 전문을 읽고 자신만의 감상을 정리하여 공유해 보기 • SF소설 속 과학 용어들을 이해하고 인물과 사건에 관한 정보를 정리하기	국어
3-5차시	심화 토의 수업 (조사 및 발표)	• SF소설 속 탐구하고 싶은 과학 주제를 선정하고, 적절한 자료를 활용해 탐구 활동 진행하기 • 조사한 자료 중 가치 있는 정보를 선별 및 조직해, 적절한 형식으로 발표하기	국어
6-7차시	심화 토의 수업 (토의·토론)	• 소설에 나타난 미래 사회의 구체적인 모습을 상상하고, 등장인물들의 입장에 이입하여 생각해 보기 • 소설에 나타난 다양한 사랑의 의미를 살피고, 자신만의 사랑을 정의해 보기	국어
8-10차시	릴리의 실험 보고서 만들기 수업 (토의·토론)	• 소설 속 유전자 조작 기술에 대한 이해를 심화하고 과학적 상상력을 발휘하여 미래 사회의 모습을 그려 보기 • 작품 속 세계를 바탕으로, 과학 기술의 발전에 관한 과학적·윤리적 타당성을 고려하고 자신만의 주장을 정립하여 작품 재구성해 보기	국어 과학
11-13차시	법안 발의문 만들기 수업 (토의·토론, 조사 및 발표)	• 차별과 배제의 문제에 대해 생각하고 이에 대처하는 태도 기르기 • 발의 동기와 내용, 기대 효과가 잘 드러나는 법안 발의문 작성하기	국어 사회

예비교사, SF를 통한 범교과 융합수업을 고민하다!

예비교사인 지 교사, 김 교사, 이 교사는 평소 문학이 인간의 내면을 풍성하고도 다정하게 길러내고, 다른 방식으로는 경험할 수 없는 수많은 세계를 들여다볼 수 있게 한다고 생각합니다. 그리하여 이들은 좋은 문학 수업의 모습에 대해 고민하다, 작품의 일부가 아닌 전문을 읽은 후 값진 의미들을 만들어 내고 학생들을 애독자로 길러내는 문학 수업을 할 수 있다면 좋겠다고 생각합니다. 이를 위해 예비교사인 지 교사, 김 교사, 이 교사는 「순례자들은 왜 돌아오지 않는가」를 활용해 유전자 조작 기술에 관한 융합수업을 구상하고자 합니다.

1단계. 내용 이해 수업 진행하기

본격적인 탐구활동에 앞서, 지 교사는 학생들이 작품의 기본적인 내용을 숙지하는 것도 중요하다고 생각했습니다. 이때 학생들의 이해를 돕기 위한 방안으로 소설을 읽고 떠올린 첫인상을 그림으로 표현하기, 책에 나온 단어의 의미 찾아보기, 등장인물의 프로필 만들기, 사건이 발생한 순서대로 재배치해 보기, 활동 등을 할 수 있겠습니다.

〈활동 예시 1 - 등장인물 프로필 만들기〉

〈활동 예시 2 - 사건 순서 재배치해 보기〉

▶ 다음 사건을 읽고, 발생한 순서대로 숫자를 매겨 봅시다.

- 데이지는 울고 있는 귀환자의 모습을 본다.·······························(   )
- 릴리의 아이는 결함이 있었고, 릴리는 그녀를 위해 신인류로 구성된 지구 밖의
  마을을 만든다.··(   )
- 올리브는 델피와 함께 지구에 남아 분리주의에 저항한다. ···············(   )
- 데이지는 순례자들을 배웅하고 어른들이 주는 신기한 음료를 마신다.······(   )
- 데이지는 금서 구역의 서가에서 올리브의 기록을 펼쳐 본다. ············(   )
- 올리브는 지구에 가 릴리의 정보를 알아낸다. ·····························(   )
- 1년 뒤, 데이지는 돌아오는 순례자의 수가 너무 적다는 것을 눈치 챈다. ·····(   )
- 데이지는 지구로 떠나기로 결심하고 소피에게 편지를 쓴다.················(   )
- 인간배아를 디자인하는 바이오해커 릴리는 온갖 좋은 특성을 모두 넣은 아이를
  만든다.··(   )

2단계. 사실 질문으로 심화 토의 수업하기

학생들이 작품의 내용을 잘 파악했음을 확인한 김 교사는 소설에 활용된 과학 지식을 탐구하는 시간을 갖고자 합니다. 소설을 읽고 떠올릴 수 있는 과학 관련 질문들을 통해 탐구 주제를 선정하고, 적절한 자료를 활용해 모둠별 탐구를 진행한 뒤 발표하는 활동을 구성합니다. 학생들은 소설을 바탕으로 자유롭게 과학 관련 탐구 주제를 선정할 수 있습니다. 작품에서 등장하는 유전자 조작 기술, 행성 이주 프로젝트, 유전자의 개념과 특성 등이 탐구 주제의 예시가 될 수 있겠습니다.

나는 릴리의 인간 배아 디자인 연구가 흥미로웠어.
유전자를 조작해 아직 태어나지 않은 아기의 외모나 능력을 바꾸는 게 정말 가능할까?
유전자 조작 기술에 대해 더 탐구해봐야겠어.

소설 속 '마을'은 지구 바깥, 커다란 우주 속 어딘가에 존재해.
인간이 지구를 떠나 새로운 우주나 행성에서 살아갈 수 있을까?
행성 이주 프로젝트에 대해 알아보고 싶어.

마을 사람들은 릴리가 만든 '새로운 유전자' 덕분에 갈등과 고난, 전쟁을 겪지 않게 돼.
그렇다면 우열을 가르고 지배하려는 인간의 특성은 유전자에서 오는 걸까?
유전자가 무엇이고, 우리에게 어떤 영향을 미치는지 자세히 알아봐야겠어!

나는 소설에서＿＿＿＿＿＿＿＿＿＿＿＿＿＿＿＿＿이 흥미로웠어.
＿＿＿＿＿＿＿＿＿＿＿＿＿＿＿＿＿＿＿＿＿＿＿＿＿＿
＿＿＿＿＿＿＿＿＿＿＿＿＿＿＿＿에 대해 알아보고 싶어.

학생들이 자유롭게 질문을 선정한다고 하더라도 주제와 자료 선정에 있어서 교사의 안내가 필요합니다. 학생들이 참고자료를 찾을 수 있는 목록을 제공하고, 발표 자료에 학생들이 꼭 포함할 내용을 제시하면 원활한 수업 운영이 가능할 것입니다.

<발표 도움 자료>

참고 자료	이런 내용은 꼭 포함되어야 해요!

· 과학문화포털 사이언스올
(https://www.scienceall.com/?main)
 	
· 국가과학기술정보서비스 NTIS
(https://www.ntis.go.kr/ThMain.do)
 	
· 사이언스타임즈
(https://www.sciencetimes.co.kr/)
 	
· 과학기술 지식인프라 사이언스 온
(https://scienceon.kisti.re.kr/main/mainForm.do)
	· **탐구 주제**
	  예) 유전자 가위 기술은 무엇일까?
	· **탐구 제재 및 개념 소개**
	  예) 유전자 가위 기술이란, 세포의 유전자를
	    교정하는 데에 쓰이는 기술이다.
	· **주제와 관련된 흥미로운 연구 1~2개**
	  예) 유전자 가위를 모기에게 활용한 실험

※목록에 없는 새로운 자료를 사용할 경우, 신뢰할 만한 정보인지 확인하기

※학교 도서관에서 관련 책을 찾아보아도 좋아요

<학생 작성 학습지 및 동료 평가지>

우리 조의 탐구 주제는?	
탐구 제재 및 개념은?	
흥미로운 연구는?	
더 발표할 내용은?	
발표 형식은?	

	탐구 주제	새롭게 알게 된 사실	흥미로웠던 점
__조			
__조			

3단계. 가치 질문으로 심화 토의 수업하기

한편, 이 교사는 학생들이 문학 작품의 내용을 충분히 즐기고 감상할 수 있는 시간도 필요하다고 생각합니다. 이 교사는 소설 속 서로 다른 선택을 한 인물들의 입장이 되어 그 선택의 의미를 생각해 보고, 자신이라면 어떤 선택을 할 것인지 근거를 들어 토의하는 활동을 구상했습니다. 활동을 통해 학생들은 각 입장의 장단점을 알고, 자신이 추구하는 삶의 모습을 떠올릴 수 있습니다.

나는 지구에 남기로 했어. 왜냐하면 _____ _____ _____기 때문이지.

나는 마을로 돌아가기로 했어. 왜냐하면 _____ _____ _____기 때문이지.

나는 _____기로 했어. 왜냐하면 _____ _____ _____기 때문이지.

소설 속 인물들의 입장을 떠올려 보며, 학생들은 그들의 선택에 중요한 근거가 되는 '사랑'에 대해 생각하게 될 것입니다. 이 교사는 소설을 통해 학생들이 다양한 사랑의 모습과 의미에 대해 깊이 고민하는 시간을 만들고자 합니다. 먼저 소설에 언급되는 사랑의 여러 형태를 살피며, 소설에 나타난 사랑은 어떤 의미인지 생각해 보는 활동을 구상합니다.

지구에는 우리와 완전히 다른, 충격적으로 다른 존재들이 수없이 많겠지. 이제 나는 상상할 수 있어. 지구로 내려간 우리는 그 다른 존재들을 만나고, 많은 이들은 누군가와 사랑에 빠질 거야. 그리고 우리는 곧 알게 되겠지. 바로 그 사랑하는 존재가 맞서는 세계를. 그 세계가 얼마나 많은 고통과 비탄으로 가득 차 있는지를. 사랑하는 이들이 억압받는 진실을. 올리브는 사랑이 그 사람과 함께 세계에 맞서는 일이기도 하다는 것을 알고 있었던 거야.

「순례자들은 왜 돌아오지 않는가」, p.52

순례자들은 누구를 사랑했을까. 그들은 남미에, 서부 미국에, 인도에, 모두 흩어져서 살겠지. 그들은 아주 다채로운 모습으로 여러 방식의 삶을 살겠지. 하지만 그들이 어떤 모습이건 순례자들은 그들에게서 단 하나의, 사랑할 수밖에 없는 무언가를 찾아냈겠지.

그리고 그들이 맞서는 세계를 보겠지. 우리의 원죄. 우리를 너무 사랑했던 릴리가 만든 또 다른 세계. 가장 아름다운 마을과 가장 비참한 시초지의 간극. 그 세계를 바꾸지 않는다면 누군가와 함께 완전한 행복을 찾을 수도 없으리라는 사실을 순례자들은 알게 되겠지.

지구에 남는 이유는 단 한 사람으로 충분했을 거야.

「순례자들은 왜 돌아오지 않는가」, p.53

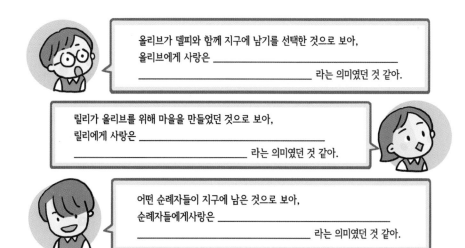

올리브가 델피와 함께 지구에 남기를 선택한 것으로 보아, 올리브에게 사랑은 _____ _____ 라는 의미였던 것 같아.

릴리가 올리브를 위해 마을을 만들었던 것으로 보아, 릴리에게 사랑은 _____ _____ 라는 의미였던 것 같아.

어떤 순례자들이 지구에 남은 것으로 보아, 순례자들에게 사랑은 _____ _____ 라는 의미였던 것 같아.

소설에서 말하는 사랑에 대해 충분히 생각했다면, 이제 자신의 삶에 적용해볼 차례입니다. 이 교사는 학생들이 자신에게 사랑은 어떤 의미인지 정의해보도록 하는 활동을 고안합니다. 이때 소설 속 사랑과 관련된 구절을 바꿔 쓰며, 자신만의 문장을 만들어 보는 활동 등을 할 수 있습니다.

4단계. 릴리의 실험 보고서 만들기 수업 진행하기

이제 지 교사는 작품을 읽고 탐구한 내용을 활용해 다양한 쓰기 활동을 진행하고자 합니다. 먼저 구상한 활동은 '릴리의 실험 보고서 만들기'입니다. 지난 수업을 통해 획득한 새로운 과학 지식을 각자만의 방식으로 확장해 보고, 나아가 연구 윤리에 대해 고민하며 릴리의 실험이 가진 문제의 대안을 마련해 보는 시간입니다. 학생들은 사전에 조사한 과학 지식과 소설의 내용을 바탕으로 소설 속 릴리가 작성한 실험 기록을 복원하게 됩니다. 실험과 관련된 과학 지식을 활용하여 작성하되, 지식의 정확성보다는 각자의 과학적 상상력을 마음껏 발휘해 다양하고 창의적인 내용으로 지식을 확장하는 것에 초점을 두어 지도한다면 더욱 다채로운 수업이 될 수 있습니다. 그러나 주제에서 벗어난 내용을 작성하는 것에는 주의가 필요합니다.

실험 보고서 양식으로는 다양한 형태가 가능합니다. 소설에 등장하는 '릴리의 연구 노트'를 만들어 빈칸을 뚫은 형태로 제공하거나, 질문을 제시한 뒤 자유롭게 답안을 작성하는 형태도 좋습니다.

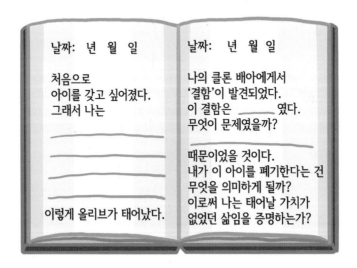

▶ 릴리가 잠적한 이후, 지구 밖 '마을'을 만들어내게 된 배경에 대해 새롭게 상상해 봅시다.

- 릴리가 성장 중인 올리브를 폐기하지 못하고 냉동시킨 이유는 무엇일까요?

- 릴리가 이전까지의 배아 디자인 연구를 모두 폐기한 이유는 무엇이고, 그녀가 새롭게 시작한 연구는 어떤 것인가요?

- 릴리는 마을을 탄생시킴으로써 어떠한 미래를 그리고자 했을까요? 또 '마을'에서 사람들은 어떤 과정을 통해 태어나고 어떠한 유전적 특성을 지니는지 각자의 과학적 상상력을 동원하여 설명해 봅시다!

또한 지 교사는 릴리의 실험이 지닌 윤리적 문제들에 대해서도 고민할 필요가 있다고 생각합니다. 윤리적 고민 없는 과학 발전은 소설과 같은 결과를 만들어낼 수 있기 때문입니다. 이를 위해 지 교사는 릴리의 실험이 지닌 문제의 대안을 마련하고, 소설에 구현된 세계를 개선할 수 있는 해결책을 고안함으로써 작품을 재구성해 보는 활동을 함께 제공하고자 합니다.

▶ 여러분은 바이오해킹 기술과 릴리의 새로운 실험이 각각 타당하다고 생각하나요? 하나의 입장을 선택하여 아래 질문 중 하나를 답해봅시다.

- 타당하다고 생각할 경우, 그 이유는 무엇인가요?

- 타당하지 않다고 생각할 경우, 그 이유는 무엇인가요? 내가 만약 릴리였다면 실험을 어떻게 진행할 것이며, 실험의 어떤 부분을 바꿀 수 있었을까요? 바뀐 실험은 어떤 결과를 만들어냈을까요?

5단계. 법안 발의문 만들기 수업 진행하기

두 번째 쓰기 활동으로 김 교사와 이 교사는 '법안 발의문 만들기'를 구상합니다. 앞선 '실험 보고서 만들기' 활동이 과학적 지식의 활용에 초점을 두었다면, 이번 활동에서는 과학 기술이 가져올 사회적·윤리적 영향을 다루고자 합니다. 이를 위해 두 교사는 작품에서 언급되는 차별과 배제의 문제에 주목했습니다. 릴리의 인간 배아 디자인 연구는 세상을 더 아름다운 곳으로 만들기 위함이었지만, 결국 세상을 '배제의 층계'로 나누는 결과를 가져왔기 때문이지요.

학생들은 소설 속 사회에서 과학 기술이 가져온 부정적 결과를 떠올리며, 같은 상황이 미래에 벌어지게 되었을 때 '더 나은 사회'를 만들기 위해 어떤 노력을 할 수 있을지 고민하게 됩니다. 이때 각자의 관심 분야에 따라 조를 구성한 뒤, 조별로 관심 분야에 맞추어 소설 속 도시의 사회적 문제를 해결하기 위한 법안을 상상해 보도록 합니다. 교사는 다양한 예시를 제공해 학생들이 인간 배아 디자인 기술과 관심 분야를 연결지을 수 있도록 돕습니다.

대략적인 법안의 내용을 떠올렸다면, 학생들은 조별 토의를 거쳐 법안을 구체화하게 됩니다. 발의문의 내용은 다양하게 구성될 수 있습니다. 발의 동기와 법안명, 관련 분야, 적용 대상, 구체적 내용, 기대 효과, 위반 시 형벌 등이 들어갈 수 있겠습니다.

법안명		예) 분리교육 금지법
법안 내용	발의 동기	예) 현재 이타사에서 시행되는 개조인과 비개조인의 분리교육은 헌법 제 11조에 명시된 평등권을 침해하며, 모든 국민은 신체적 특성과 관계없이 평등한 교육을 받을 권리가 있다.
	관련 분야	예) 교육
	적용 대상	예) 초중등교육법에 따라 설립된 모든 초등학교, 중학교, 고등학교, 특수학교 및 각종 학교들
	적용 내용	예) ① 이타사의 모든 주민을 신체적, 종교적, 정치적 특성에 의해 분리하여 교육하는 것을 금지하며, 통합 교육을 실시하도록 한다. ② 교육기본법에 의해 설립된 이타사의 모든 학교에서는 학생들이 특정 집단에 대한 차별적 인식을 갖지 않도록 인식 개선 교육을 실시하여야 한다.
기대 효과		예) 모든 이타사 주민들이 평등하게 학습할 권리를 보장받을 수 있으며, 다양성 존중의 사회 분위기를 형성할 수 있다.
위반 시 형벌		예) 차별금지교육 100시간 이수

이때 교사는 지속적인 피드백을 통해 조별로 발의할 법안의 내용과 적용 대상 등을 구체화하는 데 도움을 줄 수 있습니다. 또 아래와 같은 평가표를 구성하여, 학생들 간에도 각 조의 법안 발의문을 공유하고 피드백을 주고받을 수 있도록 한다면 더욱 적극적인 의견 공유가 가능할 것입니다. 피드백을 참고하여 각 조의 발의문을 수정하는 활동을 끝으로, 세 교사가 구상한 「순례자들은 왜 돌아오지 않는가」 융합수업은 마무리됩니다.

실현 가능성	1 2 3 4 5	예상되는 효과	1 2 3 4 5	형벌은 적당한가요?	1 2 3 4 5
잘한 점					
보완할 점					

참고문헌

[이론편] 참고자료

김보영·박상준·심완선(2019), 『SF 거장과 걸작의 연대기』, 돌베개.

남운(2018), 「현대 SF장르의 사회적·문화적 기능과 의미 고찰」, 『독어교육』 72, 한국독어독문학 교육학회, 383-413면.

노대원(2019), 「SF의 장르 특성과 융합적 문학교육」, 『영주어문』 42, 영주어문학회, 221-245면.

문선영(2019), 「TV드라마의 과학적 상상력-<M>, <RNA>를 중심으로」, 『한국문학이론과비평』 82, 한국문학이론과비평학회, 317-337면.

문선영(2020.08.24.), 콜라보레이션 드라마의 탄생: <SF8(에스 에프 에잇)>, 르몽드아티크, https:// www.ilemonde.com/news/articleView.html?idxno=13209

문선영(2022.01.10.), 한국 SF드라마의 고요한 외침: <고요의 바다>, 르몽드아티크, https://www. ilemonde.com/news/articleView.html?idxno=15324

문선영(2023), 「SF와 대학교양교육」, 『한국어문교육』 42, 고려대학교 한국어문교육연구소, 241- 265면.

셰릴 빈트, 전행선 옮김(2019), 『에스에프 에스프리』, 아르테.

손나경·김령희(2020), 「과학소설 대상 학습자 참여형 교양교육 교과목의 설계와 검토」, 『학습자 중심교과교육연구』 20-12, 학습자중심교과교육학회, 527-554면.

유리·김시정(2017), 「과학소설에 기반한 융복합교육의 가능성 탐색: '눈먼 시계공'을 중심으로」, 『우리말글』 73, 우리말글학회, 159-193면.

윤대석(2015), 「과학소설과 융합 교육」, 『구보학보』 16, 구보학회, 451-478면.

이다운(2021), 「일상의 파국과 상상된 재난-시네마틱드라마 <SF8>연구-」, 『어문논집』 85, 중앙 어문학회, 329-358면.

이지용(2021), 「한국 SF의 장르적 개별성과 현대적 주제의식」, 『한국연구』 8, (재)한국연구원, 37-68면.

전홍식·김창규(2016), 『웹소설 작가를 위한 장르가이드4: SF』, 북바이북.

정재림(2023), 「융복합 시대, 국어와 과학의 만남: 과학소설 기반 융복합 교육의 가능성」, 『한국 어문교육』 42, 고려대학교 한국어문교육연구소, 81-104면.

황인화(2020), 「경계를 넘은 도전, 신선한 작품이 되다, 드라마, 영화 크로스오버 프로젝트」, 『방송문화』 422, 한국방송협회, 233-239면.

[내용편] 참고자료

<질문 활용법>

김용은(2015), 「퍼트남과 사실/가치 이분법」, 『범한철학』 76, 범한철학회, 91-112면.

정재림(2023), 「융복합 시대, 국어와 과학의 만남: 과학소설 기반 융복합 교육의 가능성」, 『한국어문교육』 42, 고려대학교 한국어문교육연구소, 81-104면.

홍성욱(2016), 「과학기술학의 관점에서 본 과학과 인문학의 융합」, 『안과 밖』 41, 영미문학연구회, 115-145면.

닐 셀윈, 정바울·박다빈·박민혜·정소영 옮김(2022), 『로봇은 교사를 대체할 것인가?: 인공지능과 교육의 미래』, 에듀니티.

세릴 빈트, 전행선 옮김(2019), 『에스에프 에스프리』, 아르테.

<인공지능>

※ 작품 서지사항

주요 작품

문이소(2018), 「목요일엔 떡볶이를」, 『마지막 히치하이커』, 사계절.

김보영(2017), 「왓슨 의사 선생님, 셜록 판사님과 친구시죠?」, 『SF 크로스 미래과학』, 우리학교.

김혜진(2020), 「TRS가 돌보고 있습니다」, 『깃털』, 허블.

더 읽어보기

알렉스 프로야스 연출(2004), <아이, 로봇>, 20세기 폭스.

천선란(2020), 『천 개의 파랑』, 허블.

박성환(2004), 「레디메이드 보살」, 『2004 과학기술 창작문예 수상작품집』, 과학종합미디어 동아사이언스.

※ 문이소, 「목요일엔 떡볶이를」

사실 질문1

김지연·박주영·박정호·김재인·김태환(2018), 『머신러닝 기술의 이해: 기술사회학과 공학적 측면을 중심으로』, 드림미디어.

박동아(2017), 「인공지능 기반 대화형 공공 행정 챗봇 서비스에 관한 연구」, 『한국멀티미디어학회논문지』 20-8, 한국멀티미디어학회, 1347-1356면.

사실 질문2

곽노필(2022.09.05.), 인공지능 그림 "악마의 영감을 받은 느낌"…미술전 1위 논란, 한겨레, https://www.hani.co.kr/arti/science/technology/1057475.html.

김재인(2022), 「인공지능 예술가의 가능성: 회화와 문학 창작을 중심으로」, 『세한영어영문학회 학술발표회 논문집』, 세한영어영문학회, 113-114면.

손승욱(2022.07.23.), 구글, "AI에 지각력 있다" 주장한 엔지니어 결국 해고, SBS, https://news.sbs.co.kr/news/endPage.do?news_id=N1006833787&plink=ORI&cooper=NAVER.

오규진(2023.01.31.), 연설문 쓰고 시도 짓고…尹 극찬한 챗GPT가 뭐길래, 연합뉴스, https://www.yna.co.kr/view/AKR20230130079400017?input=1195m.

오니시 가나코, 전지혜 옮김(2019), 『가장 쉬운 AI 입문서』, 아티오.

장예빛(2022), 「인공지능 예술 및 인공지능 창작에 관한 국내 연구 동향」, 『한국콘텐츠학회논문지』 22-12, 한국콘텐츠학회, 52-63면.

하진욱·김상혁(2017), 「인공지능 스피커의 과거와 현재, 그리고 미래」, 『한국컴퓨터정보학회지』 25-2, 한국컴퓨터정보학회, 1-8면.

가치 질문1

이상욱·이호영(2021), 『AI 윤리의 쟁점과 거버넌스 연구』, 유네스코한국위원회.

최민영(2021.01.08.), AI 챗봇 '이루다' 성희롱 논란…개발사 "예상했던 일, 개선할 것", 한겨레, https://www.hani.co.kr/arti/economy/it/977981.html.

가치 질문2

오니시 가나코, 전지혜 옮김(2019), 『가장 쉬운 AI 입문서』, 아티오.

지승도(2021), 『꿈꾸는 인공지능 AI, 상상이 현실이 되다』, 자유문.

※ 김보영, 「왓슨 의사 선생님, 셜록 판사님과 친구시죠?」

사실 질문1

강승식(2020), 「인공지능 판사, 과연 가능한가?」, 『헌법학연구』 26-3, 한국헌법학회, 229-262면.

김형수·전우택·양광모·김영보·오승민·윤상철(2017), 「인공지능 시대, 보건의료 미래 전망」, 『의료정책포럼』 15-1, 대한의사협회 의료정책연구소, 86-102면.

최윤섭(2016), 「인공지능: 미래의사의 역할을 대체할 것인가」, 『의학교육논단』 18-2, 연세대학교 의과대학, 47-50면.

사실 질문2

나해란·김헌성(2020), 「빅데이터, 인공지능시대의 의료윤리」, 『Journal of Korean Diabetes』 21-3, 대한당뇨병학회, 126-129면.

안드레스 오펜하이머, 손용수 옮김(2020), 『2030 미래 일자리 보고서』, 가나문화콘텐츠.

제리 카플란, 신동숙 옮김(2017), 『인공지능의 미래』, 한스미디어.

취청, 권용중 옮김(2021), 『AI 시대의 일자리 트렌드』, 보아스.

가치 질문1

강승식(2020), 「인공지능 판사, 과연 가능한가?」, 『헌법학연구』 26-3, 한국헌법학회, 229-262면.

양희철(2021), 『법정에 출석한 인공지능』, 스리체어스.

가치 질문2

김형수·전우택·양광모·김영보·오승민·윤상철(2017), 「인공지능 시대, 보건의료 미래 전망」, 『의료정책포럼』 15-1, 대한의사협회 의료정책연구소, 86-102면.

이강윤·김준혁(2016), 「인공지능 왓슨 기술과 보건의료의 적용」, 『의학교육논단』 18-2, 연세대학교 의과대학, 51-57면.

최윤섭(2018), 『의료 인공지능』, 클라우드나인.

※ 김혜진, 「TRS가 돌보고 있습니다」

사실 질문1

정문성·김경모·박기범·설규주·전영은(2019), 「중학교 사회 교과서에 나타난 저출산·고령화 내용 분석」, 『시민교육연구』 51-1, 한국사회과교육학회, 239-273면.

통계청, '인구로 보는 대한민국', https://kosis.kr/visual/populationKorea/index/index.do.

사실 질문2

오진환(2018), 「로봇 테크놀로지 기반의 노인간호 활용전망」, 『노인간호학회지』 20, 한국노인간
호학회, 127-136면

최소연(2022), 「독거 노인 돌봄에 있어 인간중심의 IT 활용방안에 관한 연구」, 『디지털융복합연
구』 20-2, 한국디지털정책학회, 455-462면.

가치 질문1

마이클 샌델, 이창신 옮김(2011), 『정의란 무엇인가』, 김영사.

황지선(2021), 「SF적 상상력의 변용과 AI 로봇의 형상화: 「TRS가 돌보고 있습니다」와 <간호중>
각색 양상 연구」, 『문학과 영상』 22-1, 문학과영상학회, 291-312면.

<생태와 아포칼립스>

※ 작품 서지사항

주요 작품

정세랑(2020), 「리셋」, 『목소리를 드릴게요』, 아작.

천선란(2022), 「바키타」, 『노랜드』, 한겨레출판.

연여름(2022), 「리시안셔스」, 『리시안셔스』, 황금가지.

김효인(2019), 「우주인, 조안」, 『미세먼지』, 안전가옥.

더 읽어보기

정세랑(2020), 「7교시」, 『목소리를 드릴게요』, 아작.

듀나(2020), 「죽은 고래에서 온 사람들」, 『팬데믹』, 문학과 지성사.

※ 정세랑, 「리셋」

사실 질문1

레이나 딜라일, 현혜진 옮김(2022), 『오늘은 유행, 내일은 쓰레기: 멋을 포기하지 않고 지구를 살
리는 옷 입기』, 초록개구리.

차윤경(2017), 『패스트패션 맥락의 융복합교육』, 학지사.

최원형(2022), 『제로웨이스트 쫌 아는 10대: 어쩌다 쓰레기가 이토록 많아진 걸까요?』, 풀빛.

사실 질문2

김태산 외 9인(2009), 「식물유전자원관련 국제협약 및 국제협상에 관한 최근동향」, 『한국국제농업개발학회지』 21-4, 한국국제농업개발학회, 289-303면.

이상용 외 10인(2022), 『시드볼트: 지구의 재앙을 대비하는 공간과 사람들』, 시월.

김한중 연출(2010.03.29.), <지식채널e> 인류 최후의 금고편, https://jisike.ebs.co.kr/jisike/vodReplayView?siteCd=JE&prodId=352&courseId=BP0PAPB0000000009&stepId=01BP0PAPB0000000009&lectId=3045020.

가치 질문1

김병석·김옥진(2020), 「동물 복지를 위한 동물의 도덕적 지위에 관한 고찰」, 『한국동물매개심리치료학회지』 9-1, 한국동물매개심리치료학회, 25-34면.

최훈(2015), 『동물을 위한 윤리학: 왜 우리는 동물을 도덕적으로 대해야 하는가?』, 사월의 책.

캐서린 그랜트, 황성원 옮김(2012), 『동물권, 인간의 이기심은 어디까지인가』, 이후.

한양대학교 과학철학교육위원회(2017), 『과학 기술의 철학적 이해 1』, 한양대학교출판부.

※ 천선란, 「바키타」

사실 질문1

이재혁(2022), 『(멸종 위기 동물이 인간에게 보내는) 편지가 왔어요』, 자연과 생태.

조홍섭(2022.05.09.), 지구상에 딱 10마리...판다 닮은 바키타 돌고래의 마지막 '희망', 한겨레, https://www.hani.co.kr/arti/animalpeople/ecology_evolution/1042046.html.

사실 질문2

최평순, 다큐프라임 <인류세> 제작팀(2020), 『인류세: 인간의 시대』, 해나무.

클라이브 해밀턴, 정서진 옮김(2018), 『인류세: 거대한 전환 앞에 선 인간과 지구 시스템』, 이상북스.

허정림(2022), 『인류세 쫌 아는 10대: 인류세가 지구의 마지막 시대가 되지 않으려면』, 풀빛.

가치 질문2

곽희승·박정아·이현화(2022), 「소비자의 브랜드에 대한 인식은 어떻게 변하는가?-그린워싱 상황에서 그린 마케팅 활동, 브랜드 진정성, 구매의도를 중심으로」, 『복식문화연구』 30-2, 복식문화학회, 189-207면.

타일러 라쉬(2020), 『두 번째 지구는 없다』, RHK.

※ 연여름, 「리시안셔스」

사실 질문1

이유미(2017), 『10대와 통하는 동물 권리 이야기』, 철수와 영희.

함태성(2022), 「동물의 법적 지위 변화와 동물보호법의 변화 모색」, 『환경법과 정책』 8, 강원대학교 비교법학연구소, 113-150면.

사실 질문2

강상욱·천이진(2021), 「해외 화성탐사 개발 현황」, 『항공우주산업기술동향』 19-2, 한국항공우주연구원, 131-141면.

곽노필(2021.03.19.), 그 많던 화성의 물은 모두 어디로 갔을까, 한겨레, https://www.hani.co.kr/arti/science/science_general/987449.html.

김민수(2021.05.01.), 첫 동력비행-산소추출 성공…'화성인' 가능성 열다[토요기획], 동아일보, https://www.donga.com/news/article/all/20210430/106703536/1.

허영섭(2014), 「화성에 식민지 건설은 가능할까」, 『대한토목학회지』 62-7, 대한토목학회, 80-81면.

가치 질문1

김연순(2013), 「트랜스휴먼, 인간과 기계의 혼성적 실재에 대한 문화학적 고찰」, 『인문과학연구논총』 34-1, 명지대학교(서울캠퍼스) 인문과학연구소, 279-298면.

홍성욱(2020), 『포스트휴먼 오디세이』, 휴머니스트.

※ 김효인, 「우주인, 조안」

사실 질문1

김동식·반기성(2019), 『미세먼지에 관한 거의 모든 것』, 프리스마.

환경부(2016), 『바로 알면 보인다. 미세먼지, 도대체 뭘까?』.

환경부(2016), 『미세먼지리플렛』.

사실 질문2

김동식·반기성(2019), 『미세먼지에 관한 거의 모든 것』, 프리스마.

좋은정보사 편집부(2018), 『미세먼지 관련 국내외 시장·정책현황과 분야별 사례분석 및 기술개발 동향』, 좋은정보사.

한상윤(2017), 「전기방사 나노섬유 필터를 활용한 미세먼지 마스크의 구조 분석 및 디자인 제안」, 『한국결정성장학회지』 27-4, 한국결정성장학회, 191-195면.

황석주 외(2022), 「미세먼지 차단 기능성 의류 제품의 성능 평가에 관한 연구」, 『PARTICLE AND AEROSOL RESEARCH』 18-4, 한국입자에어로졸학회, 137-145면.

가치 질문1

권희중·신승철(2021), 『10대와 통하는 기후정의 이야기』, 철수와 영희.

김추령(2022), 『지금 당장 기후토론』, 우리학교.

루카스 첸슬(2022), *Global carbon inequality over 1990–2019*, *Nature Sustainability* 5, 931-938면.

마이클 샌델, 안기순 옮김(2013), 『돈으로 살 수 없는 것들』, 와이즈베리.

박재용(2023), 『녹색성장 말고 기후정의』, 뿌리와이파리.

윤순진(2006), 「환경정의 관점에서 본 중·저준위 방사성 폐기물 처분장 입지선정과정」, 『환경사회학연구 ECO』 10-1, 한국환경사회학회, 7-42면.

이정전(2013), 『시장은 정의로운가』, 김영사.

줄리안 애저먼(2005), *Sustainable Communities and the Challenge of Environmental Justice*. NYU Press.

<시간여행과 우주>

※ 작품 서지사항

주요 작품

김보영(2020), 「0과 1사이」, 『얼마나 닮았는가』, 아작.

베르나르 베르베르, 이세욱 옮김(2003), 「바캉스」, 『나무』, 열린책들.

김초엽(2019), 「공생 가설」, 『우리가 빛의 속도로 갈 수 없다면』, 허블.

더 읽어보기

이지은(2020), 「고조를 찾아서」, 『고조를 찾아서』, 사계절.

허버트 조지 웰스(2014), 「별」, 『허버트 조지 웰스』, 현대문학.

※ 김보영, 「0과 1사이」

사실 질문1

김필영(2018), 『시간여행, 과학이 묻고 철학이 답하다』, 들녘.

짐 알칼릴리, 이경아 옮김(2003), 『블랙홀, 웜홀, 타임머신』, 사이언스북스.

킵 손, 전대호 옮김(2015), 『인터스텔라의 과학』, 까치글방.

사실 질문2

곽영직(2009.11.27), 동에서 번쩍 서에서 번쩍 광자는 홍길동, 네이버 지식백과 물리산책. https://
        m.terms.naver.com/entry.naver?docId=3568271&cid=58941&categoryId=58960.

김상욱(2018), 『떨림과 울림』, 동아시아.

야무차, 김은진 옮김(2011), 『철학적 사고로 배우는 과학의 원리』, Gbrain.

짐 알칼릴리, 김성훈 옮김(2022), 『어떻게 물리학을 사랑하지 않을 수 있을까?』, 윌북.

가치 질문1

박의수·강승규·정영수·강선보(2020), 『교육의 역사와 철학』, 동문사.

윤선인(2022), 「미래교육 담론 비판: 교사, 학생, 그리고 현재의 관점을 중심으로」, 『교육연구논
        총』 43-2, 충남대학교 교육연구소, 205-235면.

이상은·소경희(2019), 「미래지향적 교육과정 설계를 위한 OECD 역량교육의 틀 변화 동향 분석:
        'Education 2030'을 중심으로」, 『교육과정연구』 37-1, 한국교육과정학회, 139-164면.

OECD(2018), *The future of education and skills: Education 2030*.

가치 질문2

김원식(2015), 『하버마스 읽기』, 세창미디어.

남석인·한상윤·김태현·박유빈(2022), 「왜 여전히 나는 소외되고 있는가?: 노인 집단 내 디지털
        정보격차 심화에 관한 연구」, 『한국노년학』 42-3, 한국노년학회, 731-753면.

박재흥(2010), 「한국사회의 세대갈등: 권력·이념·문화갈등을 중심으로」, 『한국인구학』 33-3, 한
        국인구학회, 75-99면.

최고원(2021), 『가다머vs하버마스』, 세창출판사.

문학 돋보기

노시훈(2019), 「SF영화 <스타트랙> 시리즈와 시간여행의 모티프」, 『대중서사연구』 25-1, 대중서
사학회, 165-191면.

이동신(2022), 『SF, 시대정신이 되다』, 21세기 북스.

최지운(2019), 「2010년대 한 국타임슬립 드라마 연구-유형과 함의를 중심으로」, 『스토리앤이미
지텔링』 17, 건국대학교 스토리앤이미지텔링연구소, 297-321면.

※ 베르나르 베르베르, 「바캉스」

사실 질문1

짐 알칼릴리, 이경아 옮김(2003), 『블랙홀, 웜홀, 타임머신』, 사이언스북스.

클리퍼드 피코버, 구자현 옮김(2004), 『TIME: 시간여행 가이드』, 들녘.

현우식(2014), 「괴델이 해석하는 상대성 이론과 관념론 철학의 관계」, 『한국수학사학회지』 27-1,
한국수학사학회, 59-66면.

사실 질문2

다니엘 푸러, 선우미정 옮김(2005), 『화장실의 작은 역사』, 들녘.

김한중 연출(2010.10.11.), <지식채널e> 마녀사냥편, https://jisike.ebs.co.kr/jisike/vodReplayView
?siteCd=JE&courseId=BP0PAPB0000000009&stepId=01BP0PAPB0000000009&lectId
=3059088&searchType=&searchKeyword=&searchYear=&searchMonth=.

윤승준(2004), 『유럽의 역사를 한눈에 그림으로 읽는다! 하룻밤에 읽는 유럽사』, 랜덤하우스중앙.

최문형(2009), 『유럽이란 무엇인가, 근대 세계의 개막과 그 원동력』, 지식산업사.

최성훈(2020), 「중세 마녀사냥과 사회적 약자: 여성의 사례를 중심으로」, 『선교와신학』 52, 장로
회신학대학교 세계선교연구원, 437-466면.

가치 질문1

귀스타브 르 봉, 강주헌 옮김(2021), 『군중심리』, 현대지성.

김한중 연출(2010.10.11.), <지식채널e> 마녀사냥편, https://jisike.ebs.co.kr/jisike/vodReplayView
?siteCd=JE&courseId=BP0PAPB0000000009&stepId=01BP0PAPB0000000009&lectId
=3059088&searchType=&searchKeyword=&searchYear=&searchMonth=.

가치 질문2

임지봉(2014), 『차별의 역사 속에서 발전한 법과 인권 이야기』, 책세상.

정달현(2007), 『로크의 정치 철학』, 영남대학교출판부.

정달현(2020), 『기본권의 새로운 이해』, 법문사.

※ 김초엽, 「공생 가설」

사실 질문1

이강환(작성일 미상), 외계 생명체는 존재할까?, 사이언스올, https://www.scienceall.com/%EC%9
　　　　9%B8%EA%B3%84%EC%83%9D%EB%AA%85%EC%B2%B4%EB%8A%94-%EC
　　　　%A1%B4%EC%9E%AC%ED%95%A0%EA%B9%8C/.

한국천문연구원 천문우주지식정보, 외계 생명체 연구, https://astro.kasi.re.kr/learning/pageView/
　　　　5264.

사실 질문2

구본권(2019.02.12.), 뇌 신호 해독해 음성 전환 기술 잇단 성과…'꿈의 기술' 현실로?, 한겨레,
　　　　https://www.hani.co.kr/arti/science/future/881533.html.

원호섭(2019.01.13.), 머릿속으로 생각한 문장 AI가 음성으로 전환해줘, 매일경제, https://www.
　　　　mk.co.kr/news/it/8651277.

가치 질문1

김대권(2021), 「헤르더의 인간성 사상, 인류 역사에서 나타난 "인간성의 진보와 퇴보"」, 『인문학
　　　　연구』 50, 숭실대학교 인문과학연구소, 31-71면.

한일조(2018), 「인간성의 재옹호와 교육: Raymond Tallis의 철학적 인간학을 중심으로」, 『교육철
　　　　학』 66, 한국교육철학회, 133-154면.

가치 질문2

한정연(2011), 「인체실험윤리에 관한 주요 문헌 연구」, 동아대학교 교육대학원 석사 학위 논문.

<가상현실>

※ 작품 서지사항

주요 작품

황모과(2020), 「모멘트 아케이드」, 『밤의 얼굴들』, 허블.

김초엽(2019), 「관내분실」, 『우리가 빛의 속도로 갈 수 없다면』, 허블.

더 읽어보기

김종우·조윤미 연출(2021), <VR 휴먼 다큐 너를 만났다> 5회(용균이를 만났다편), MBC.

최상열 연출(2021), <KBS 드라마 스페셜-희수>, KBS.

김보영(2022), 「스크립터」, 『다섯 번째 감각』, 아작.

※ 황모과, 「모멘트 아케이드」

사실 질문1

데이비드 이글먼, 전대호 옮김(2021), 『THE BRAIN: 삶에서 뇌는 얼마나 중요한가?』, 해나무.

박영석·문재철(2022), 「VR의 현실효과 그리고 가상과 실재의 관계: SF영화의 미래적 비전을 중심으로」, 『현대영화연구』 18-2, 한양대학교 현대영화연구소, 63-90면.

송은지(2021), 「몰입형 가상현실 콘텐츠를 위한 가상현실 글러브 개선 알고리즘 개발」, 『한국정보통신학회논문지』 25-6, 한국정보통신학회, 807-812면.

정동훈(2017), 『가상현실 개념사전』, 21세기 북스.

사실 질문2

전병현·김기도(2022), 「가상현실 거울치료가 뇌졸중 환자의 운동관련 뇌 전위 및 상지기능에 미치는 영향」, 『한국보건기초의학회지』 15-2, 한국보건기초의학회, 188-194면.

주유미(2020), 「치매 환자를 대상으로 하는 가상현실 재활치료에 관한 체계적 고찰」, 『대한인지재활학회지』 9-1, 대한인지재활학회, 61-80면.

최영희·최연숙(2005), 「정신건강 분야에서 가상현실의 적용」, 『인지행동치료』 5-2, 한국인지행동치료학회, 75-84면.

가치 질문1

윤명숙·김남희(2018), 「성인의 SNS중독과 SNS피로감, 우울의 관계」, 『정신보건과 사회사업』 46-2, 한국정신건강사회복지학회, 120-149면.

조소연·정주원(2017), 「중학생의 SNS중독 경향성에 있어 내현적 자기애와 소외감, 자아존중감의 관계」, 『한국가정과교육학회지』 29-3, 한국가정과교육학회, 125-140면.

가치 질문2

김태경(2019), 「장기기증을 위한 뇌사자의 안락사 문제」, 『생명, 윤리와 정책』 3-1, 국가생명윤리 정책원, 16-33면.

이재석(2013), 「형법에 있어서 생명의 보호」, 『법학연구』 52, 한국법학회, 257-280면.

※ 김초엽, 「관내분실」

사실 질문1

정연덕(2008), 「가상현실에서의 플랫폼과 이용자에 대한 현실법의 적용」, 『정보법학』 12-1, 한국 정보법학회, 81-104면.

사실 질문2

김은준(2008), 「시냅스의 형성과 소멸-뇌신경 작용의 기본 단위 '시냅스'」, 『과학과기술』 41-11, 한국과학기술단체총연합회, 28-31면.

한국정보통신기술협회(2021), 『용어로 알아보는 우리시대 DATA』.

<사회비판>

※ 작품 서지사항

주요 작품

남유하(2020), 「실험도시 17」, 『우주의 집』, 사계절.

배명훈(2016), 「스마트 D」, 『예술과 중력가속도』, 북하우스.

더 읽어보기

천선란(2020), 「어떤 물질의 사랑」, 『어떤 물질의 사랑』, 아작.

심너울(2020), 「정적」, 『땡스 갓, 잇츠 프라이데이』, 안전가옥.

하오징팡, 강초아 옮김(2018), 「접는 도시」, 『고독 깊은 곳』, 글항아리.

※ 남유하, 「실험도시 17」

사실 질문1

강신익·윤난희·박남수·김영복·곽민선·장사랑(2010), 「노화의 과학과 나이 듦의 철학」, 『의철학연구』 10, 한국의철학회, 29-60면.

김광일(2007), 「노화의 생물학적 원인」, 『대한의사협회지』 50-3, 대한의사협회, 216-220면.

박상철(2007), 「노화 현상의 수수께끼」, 『과학과 기술』 40, 한국과학기술단체총연합회, 104-108면.

성미애·이현숙(2022), 『노인복지론』, 한국방송통신대학교출판문화원.

오상진·임욱빈(2018), 『노화생리학』, 탐구당.

사실 질문2

김지연·김민희·민경환(2012), 「한국판 노인차별주의 척도의 타당화: 대학생 표본을 대상으로」, 『한국심리학회지: 사회및성격』 26-4, 한국사회및성격심리학회, 89-106면.

김진경(2021), 「레비나스의 타자윤리로 본 노인 차별」, 『철학논총』 103-1, 새한철학회, 27-44면.

배수현·김기연(2022), 「한국 청년 및 장년 세대의 노인에 관한 연령주의의 심리적 기제: 연령사회정체성과 노화불안을 중심으로」, 『보건사회연구』 42-3, 보건사회연구원, 260-281면.

보건복지부(2020), 『노인실태조사 보고서』.

안순태·이하나·정순둘(2021), 「온라인상에서 공유되는 노인에 대한 사회적 인식과 태도: 소셜 빅데이터 분석을 중심으로」, 『한국노년학』 41-4, 한국노년학회, 505-525면.

추병완(2013), 「편견의 원인과 결과: 공포 관리 이론을 중심으로」, 『도덕윤리과교육』 38, 한국도덕윤리과교육학회, 27-48면.

가치 질문1

김소윤·이관표(2017). 「현대의학의 영생 기술과 그 신학적 성찰-텔로미어와 유전자 가위를 중심으로」, 『신학사상』 178, 신학사상연구소, 279-309면.

데이비드 싱클레어·매튜 라플란드, 이한음 옮김(2020), 『노화의 종말: 하버드 의대 수명 혁명 프로젝트』, 부키.

데스크(2008.08.02.), 영원한 삶은 행복할까?, 강원일보, https://washingtonpost.com/1321564.

가치 질문2

데이비드 싱클레어·매튜 라플란드, 이한음 옮김(2020), 『노화의 종말 : 하버드 의대 수명 혁명 프로젝트』, 부키.

양용열(2022.12.19.), [사이언스온고지신]노화는 질병일까?, 전자신문(etnews), https://www.etnews.com/20221216000102.

정채연(2013), 「의료화의 역사에 대한 법사회학적 반성 -새로운 의료법 패러다임의 구상」, 『법학논집』 17-3, 법학연구소, 167-216면.

피터 콘래드, 정준호 옮김(2018), 『어쩌다 우리는 환자가 되었나-탈모, ADHD, 갱년기의 사회학』, 후마니타스.

※ 배명훈, 「스마트 D」

사실 질문1

김송희(2022), 「사회 거버넌스(社會治理)를 위한 중국 사회신용시스템의 등장과 한계」, 『국제지역연구』 26-1, 한국외국어대학교 국제지역연구센터, 197-218면.

김승주(2019), 「강화된 불법 음란물 차단 정책: 인터넷 사전 검열인가, 디지털 성범죄 방지책인가」, 『언론중재』 151, 언론중재위원회, 62-67면.

남민우(2021.02.28.), 당신이 일 하는지 딴짓 하는지 '보스웨어'가 지켜보고 있다, 조선일보, https://www.chosun.com/economy/mint/2021/02/26LHL4HJ4QCBD35NML75JKGXCJRE/.

박정훈(2010), 「전자감시와 프라이버시의 관계 정립에 관한 연구」, 『법조』 59-6, 법조협회, 124-177면.

임효준(2019), 「검열금지 법리의 시기 요건에 관한 재검토」, 『법학논집』 24-1, 이화여자대학교 법학연구소, 113-154면.

지타니 가이·다카구치 고타, 박성민 옮김(2021), 『행복한 감시국가 중국』, 눌와.

사실 질문2

김표향(2021.02.17.), '낙인찍기 논란' 佛 이슬람 극단주의 방지법 국회 문턱 넘었다, 한국일보, https://www.hankookilbo.com/News/Read/A2021021710140002344.

박옥평·김현호·채규칠(2021), 「테러리즘 동향 및 대비책 분석에 관한 연구: 최근 테러 양상을 중심으로」, 『시큐리티연구』 69, 한국경호경비학회, 169-190면.

심세현·박광기(2021), 「4차 산업혁명시대 뉴테러리즘에 관한 연구」, 『정치·정보연구』 24-1, 한국정치정보학회, 245-275면.

오정은(2022), 「프랑스 테러방지법 제정의 의미와 전망」, 『유럽연구』 40-1, 한국유럽학회, 189-208면.

이호수·설진배(2016), 「미국의 테러리즘 대응 입법 동향과 특징」, 『한국위기관리논집』 12-8, (사)위기관리이론과실천, 15-32면.

가치 질문1

김동윤(2006), 「정보테크놀로지, 전자감시, 그리고 프라이버시 위기: 푸코와 루크스의 권력개념을 중심으로」, 『사이버커뮤니케이션학보』 18, 사이버커뮤니케이션학회, 43-68면.

김상진·김찬선(2014), 「감시사회의 도래에 따른 사회적 이슈에 관한 고찰: 혜택인가, 통제인가?」, 『융합보안 논문지』 14-2, 한국융합보안학회, 73-79면.

박정희(2018), 「디지털 사회:모바일 파놉티콘」, 『대동철학』 85, 대동철학회, 223-247면.

임상재(2022.09.14.), "나를 감시하나?" 개인정보 불법 수집 구글·메타에 1천억 원, mbc뉴스, https://imnews.imbc.com/replay/2022/nwdesk/article/6407750_35744.html.

조성신(2018.08.27.), 고려대-영등포구, 전국 최초 '여성안심(CPTED) 빅데이터 협업 플랫폼' 구축, 매일경제, https://www.mk.co.kr/news/society/8451158.

가치 질문2

조동원(2013), 「정보의 자본화 과정 비판-정보의 추상화·사유화·상품화, 지적 재산권」, 『정보사회와 미디어』 26, 한국정보사회학회, 1-37면.

지식재산 기본법(2022.12.11.), 법제처 국가법령정보센터, https://www.law.go.kr/법령/지식재산기본법.

특허청(2012), 『지식재산권 문제의 사회적·철학적 접근』, 한국지식재산연구원.

특허청(2022), 『2022년 지식재산권의 손쉬운 이용』.

[교수방법편] 참고자료

<질문과 토의로 작품 깊이 읽기>

김보영(2017), 「왓슨 의사 선생님, 셜록 판사님과 친구시죠?」, 『SF 크로스 미래과학』, 우리학교.

로버트 마르자노·줄리아 심스, 정혜승·정선영 옮김(2017), 『학생 탐구 중심 수업과 질문 연속체』, 사회평론아카데미.

서울특별시교육청(2021), 『토론 2.0, 수업과 삶을 잇다』.

송지언(2014), 「학습자 질문 중심의 문학 감상 수업 연구 - <춘향전> 감상 수업을 중심으로」, 『문학교육학』 43, 한국문학교육학회, 253-283면.

이인화(2013), 「문학토론에서 소설 해석의 양상에 관한 연구」, 『새국어교육』 94, 한국국어교육학회, 249-280면.

정혜승·김소현·김지연·서수현·윤구희·한기덕(2020), 『학생이 질문하는 즐거운 수업 만들기-중 등활동편』, 사회평론아카데미.

주디스 랑거, 김영란·정재림·박수현·박치범 옮김(2022), 『구상 구축과 문학 교육-문학적 사고와 문학 수업』, 박이정.

최인자(2007), 「'서사적 대화'를 활용한 문학 토의 수업 연구」, 『국어교육학연구』 29, 국어교육학 회, 283-310면.

<문제 발견하여 바꿔쓰기>

구지윤·김유나(2016), 「청소년 체험활동과 학교생활 적응이 공동체 의식에 미치는 영향」, 『청소 년학연구』 23-8, 한국청소년학회, 287-309면.

권이은(2018), 「5학년 학생들의 시점 바꾸어 쓰기 양상 연구: 시점 교육에 대한 문제의식을 중심 으로」, 『리터러시연구』 9-4, 한국리터러시학회, 409-438면.

김미령(2015), 「'공감적 자기화'를 활용한 글쓰기 수업 방안:'문제해결형' 글쓰기와 관련하여」, 『한국리터러시학회 전국학술대회 자료집』 2015-5, 한국리터러시학회, 113-120면.

김은정·이상수(2018), 「중등학교의 '공감적 학교 공동체 역량'구축을 위한 요구분석」, 『교육방법 연구』 30, 한국교육방법학회, 29-54면.

남유하(2019), 「푸른 머리카락」, 『푸른 머리카락』, 사계절.

현대차정몽구재단(2017.07.10.), [다문화 인식개선 캠페인] 편견에서 시작된 친절은 편견이 될 수 있습니다., https://www.youtube.com/watch?v=vr10BU_a2C0.

안지현(2022), 「'문제 발견하여 바꿔쓰기'를 활용한 소설 수업 사례 연구: 공동체 역량을 중심으 로」, 고려대학교 교육대학원 석사 학위 논문.

이봉희(2008), 「글쓰기 치료: 소설 고쳐 쓰기를 통한 자아 성찰 사례」, 『새국어교육』 80, 한국국어 교육학회, 339-360면.

조현기(2017), 「W.I.T.H. 세계시민교육을 통한 공동체 역량 신장」, 『글로벌교육연구』 9, 글로벌 교육연구학회, 87-114면.

<작가가 되어 작품 창작하기>

고호관(2020), 「우주의 집」, 『우주의 집』, 사계절.

김은태(2023), 「SF 창작을 통한 융합 교육 방안 연구-비판적 문식성 신장을 중심으로」, 고려대 학교 일반대학원 석사 학위 논문.

남유하(2020), 「실험도시 17」, 『우주의 집』, 사계절.

낸시 크레스·로리 램슨·리 마이클스·루이즈 페니·셰리 엘리스, 지여울 옮김(2007), 『Now Write 장르 글쓰기 1: SF 판타지 공포』, 다른.

셰릴 빈트, 전행선 옮김(2019), 『에스에프 에스프리』, 아르테.

송슬기(2022), 「융합적 생태전환교육을 위한 교육활동 모형 개발-기후 아포칼립스 배경 소설 창작 활동을 중심으로」, 『한국어문교육』 40, 고려대학교 한국어문연구소, 367-395면.

오탁번·이남호(1999), 『서사문학의 이해』, 고려대학교 출판부.

전상국(2003), 『전상국 교수의 소설쓰기 명강의』, 문학사상.

최용석(2021), 「문학교육을 위한 창작 수업 연구: 소설 쓰기 수업을 중심으로」, 고려대학교 일반대학원 박사 학위 논문.

파울로 프레이리, 남경태·허진 옮김(2018), 『페다고지-50주년 기념판』, 그린비.

<교육과정 기반 범교과 융합수업>

김윤정(2020), 「한국 SF 문학에 나타난 생존의 역설과 노년 정동」, 『현대문학이론연구』 85, 현대문학이론학회, 25-56면.

김자미(2022), 『모듈형 융합교육 직무연수 프로그램 교재』, 한국과학창의재단.

김자미(2022), 『모듈형 융합교육 직무연수 프로그램 개발 연구 연구보고서(교육)』, 한국과학창의재단.

김정근(2021), 「코로나19 팬데믹 시대 미국의 AI/로봇을 활용한 노인 돌봄 사례와 이슈」, 『국제사회보장리뷰』 16, 한국보건사회연구, 16-26면.

김혜진(2020), 「TRS가 돌보고 있습니다」, 『깃털』, 허블.

황지선(2021), 「SF적 상상력의 변용과 AI 로봇의 형상화: 「TRS가 돌보고 있습니다」와 <간호중> 각색 양상 연구」, 『문학과 영상』 21-1, 문학과영상학회, 291-311면.

<주제 중심 교과 간 융합수업>

김초엽(2019), 「순례자들은 왜 돌아오지 않는가」, 『우리가 빛의 속도로 갈 수 없다면』, 허블.

찾아보기